U1016129

会计与财务管理专业实务操作系列教材

KUAIJI YU CAIWU GUANLI ZHUANYE
SHIWU CAOZUO XILIE JIAOCAI

企业财务管理

QIYE CAIWU GUANLI

主　编◎赵　燕　李　艳
副主编◎盛　洁　龙凤好
　　　　梁　杏　陈凤香

首都经济贸易大学出版社
Capital University of Economics and Business Press
·北 京·

图书在版编目(CIP)数据

企业财务管理/赵燕,李艳主编. —北京:首都经济贸易大学出版社,2016.12
ISBN 978-7-5638-2589-9
(会计与财务管理专业实务操作系列教材)
Ⅰ.①企… Ⅱ.①赵… ②李… Ⅲ.①企业管理—财务管理 Ⅳ.①F275

中国版本图书馆 CIP 数据核字(2016)第 284965 号

企业财务管理
主　编　赵燕　李艳
副主编　盛洁　龙凤好　梁杏　陈凤香

责任编辑　文则
封面设计　砚祥志远·激光照排 TEL: 010-65976003
出版发行　首都经济贸易大学出版社
地　　址　北京市朝阳区红庙(邮编 100026)
电　　话　(010)65976483　65065761　65071505(传真)
网　　址　http://www.sjmcb.com
E-mail　publish@cueb.edu.cn
经　　销　全国新华书店
照　　排　首都经济贸易大学出版社激光照排服务部
印　　刷　人民日报印刷厂
开　　本　710 毫米×1000 毫米　1/16
字　　数　334 千字
印　　张　19
版　　次　2016 年 12 月第 1 版　2016 年 12 月第 1 次印刷
书　　号　ISBN 978-7-5638-2589-9/F·1448
定　　价　36.00 元

图书印装若有质量问题,本社负责调换
版权所有　侵权必究

前　言

财务管理是一门理论与实践紧密结合的专业技能性很强的学科。传统的财务管理教材基本以理论为主,学生对所学的理论知识难以运用,也就难以真正理解。为此,我们尝试突破教材编写的传统模式和方法,编写一本体现理论与实务相结合的一体化应用型教材。

财务管理是现代企业经营管理系统中极为重要的组成部分,科学有效的财务管理是企业价值保持持续增长的基本前提。随着我国改革的深化和市场经济的发展,企业的管理方式和理财环境不断变化,财务管理的思想和理念也在不断更新和发展。而社会发展需要始终是人才培养的动力。在我国,市场上从事财务管理的人员很多,但是具有现代理财观念的人才却较少。为了适应时代进步的要求和培养现代财务管理人才的需要,在行业专家的指导下,我们组织了有多年一线财务管理工作经验和多年教学经验的双师型教师,编写了这本教材。

本教材以资金时间价值和风险价值观念为基本原理,以财务管理的环节为主线,围绕财务决策这一核心,以筹资决策、投资决策、营运资金管理决策和利润分配决策为主要内容,设计了两个篇章,即:财务管理认知篇,财务管理实务篇。其中认知篇主要包括财务管理的认知和理财观念的形成;实务篇以一家家具上市公司发生的财务管理业务为主要线索,设计了7个学习情景,包括:财务预测、财务预算、筹资决策、投资决策、营运资金管理决策、利润分配决策、财务分析与评价。每一个工作情境都根据业务流程设计了多项工作任务,每个工作任务包括任务目标、任务引入、知识链接、任务实施、拓展领域、技能训练等栏目。通过工作任务的完成,一方面让学生掌握财务管理基本理论和基本技能,另一方面锻炼和提高学生分析问题和解决问题的综合能力,有利于培养学生的职业能力。

本书内容充实、设计科学、结构新颖,紧密联系当前的财务管理工作要求,注重理论与实务的结合。在编写的过程中,一方面,遵循与会计专业技术职务考试和注册会计师资格考试知识点相结合的原则;另一方面,将问题思维和创新意识贯穿全书,突出了学生职业能力的培养和基本素质的培养。

本书可以作为高校财务管理、会计专业的财务管理教材,以及参加会计专业技术职务考试和注册会计师资格考试的课外参考书,也可以作为企业财务管理人员的参考和培训用书。

本书为广东理工学院企业财务管理精品共享课程的阶段性成果,由本院会计系财务管理课程组教师编写。同时,本教材的编写得到广东理工学院有关领导和同仁的大力支持和帮助,特别是要感谢邓先礼教授,在百忙之中仍然抽出宝贵的时间和精力进行指导。本书在编写的过程中，参阅了大量的文献，在参考文献中已经尽量列出，在此一并表示诚挚的感谢！另外，还要感谢我们财务管理组团队所付出的辛勤劳动和大力支持。

尽管作者在编写过程中做了大量的工作，但限于时间和学识所限，书中难免存在疏漏与不足之处，恳请各位读者及时反馈意见，以便以后进行修订时采纳提高。

目　录

财务管理认知篇

财务管理实务篇

财务管理认知篇

第一章　财务管理基本认识

☆传说古时有一大户人家，老爷出门远游，想趁机会试试家里的仆人除了会干活以外，还会不会利用银子来赚取银子，于是他给三个仆人每人一笔银子。三年后老爷归来，甲仆说用主人给的银子经商赚了 2 倍，乙仆说用这些银子放贷赚了 1 倍，丙仆说为防盗将银子埋进了地里。主人对甲乙的做法都很满意，又分别奖给他们银子。而对丙则收回了之前给的银子。——作为一个企业，生存、发展和获利是永恒的主题。

☆李嘉诚说：企业家必须修炼的一门功课就是财务管理，通过财务数字一眼看穿经营风险。

巴菲特说：我们所有投资的收益，都是对企业财务数字深度分析的结果，企业家都要懂得财务管理！

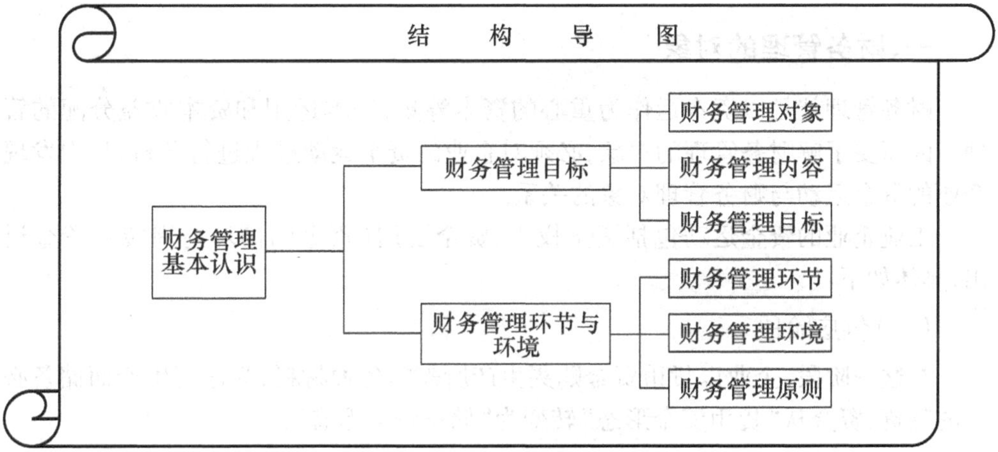

第一节　财务管理目标

【节点目标】

知识目标：

- 了解财务管理的对象
- 理解财务管理的目标
- 掌握财务管理的内容

能力目标：

- 能初步认识和了解企业的财务管理情况
- 能正确处理企业内外部相关部门的关系
- 能合理确定企业的财务管理目标

企业兴衰，财务为本。近年来，财务管理在企业经营中的重要性越来越被人们所认识、关注。财务管理即管理财务，简言之“理财”。企业财务管理是企业根据财经法规制度，按照财务管理的原则，组织企业财务活动，处理各种财务关系的一项经济管理活动。

财务管理在企业整个经营管理活动中居于核心地位，是随管理的需要而产生，随生产的发展而发展。

一、财务管理的对象

财务管理就是以资本运作为重心的资本筹集，资本运用和资本收益分配的管理。因而要了解财务管理的对象，必须对企业的资金运动过程进行分析，从中发现企业的资金运动与财务管理对象的关系。

工业企业的资金运动包括资金投入、资金运用（资金的循环与周转）、资金退出，具体如下：

（一）供应阶段

在这一阶段，企业以货币资金购买生产所需的各种材料，为进行生产而储备必要的物资，资金从“货币资金形态”转变为“储备资金形态”。

（二）生产阶段

这个过程是对材料进行加工，生产出社会所需要的产品，并发生人工和其他管理费用，“储备资金”转化为在产品形式的“生产资金”，随着产品的完工并验收入库，在产品制成为产成品，“生产资金”转变为“成品资金”。

（三）销售阶段

企业将生产出来的产品销售出去，完成其价值的实现，从流通中收回货币，通过销售过程,“成品资金”转变为“货币资金”。

由此看出,随着生产经营活动的不断进行,企业的资金也在周而复始地运动,资金从货币资金形态顺次经过储备资金、生产资金、成品资金形态,最终又回到货币资金形态,并通过产品的销售实现资金的增值。工业企业资金在向国家交税、分配股利和利润、归还借款时退出企业。

在企业的生产经营活动中,能引起资金发生增减变化的各种活动都是企业的财务活动,包括筹资活动、投资活动和资金分配活动,而资金运动都是通过各种财务活动来实现的。这些活动都是财务管理的对象。

二、财务管理的内容

企业的财务管理是基于企业在生产过程中客观存在的财务活动和由此产生的财务关系,因此,财务管理的内容包括财务活动和财务关系两个方面。

(一)财务活动

财务活动是指企业经营过程中发生的涉及资金的收支活动,包括筹资、投资、运营、分配等一系列活动。财务活动作为一种资本经营活动,其实质是一种管理活动。

1. 筹资活动

企业组织商品运动,必须以一定的资金为前提。在企业创办之初,投资者应当按照有关法律的规定投入一定量的资本。企业投入运营后,还将根据生产经营需要进一步筹集必要的资金。企业筹集资金,表现为企业资金的流入;企业偿还借款,支付利息、股利以及付出各种筹资费用等,则表现为企业资金的流出。这种因为资金筹集而产生的资金收支,便是由企业筹资而引起的财务活动,是企业财务管理的主要内容之一。

2. 投资活动

企业取得资金后,必须将资金投入使用,以谋求最大的经济效益,否则,筹资就失去了目的和效用。企业的投资包括对内投资和对外投资,如购置流动资产、固定资产、无形资产等属于对内投资,如投资股票、债券等属于对外投资。无论企业购买内部所需资产,还是购买各种证券,都需要支付资金,而当企业变卖其对内投资形成的各种资产或收回其对外投资时,则会产生资金的收入,这种因企业投资而产生的资金的收付,便是由投资而引起的财务活动。

3. 运营活动

企业在日常生产经营过程中,会发生一系列的资金收付,包括采购材料或商品物资、支付职工薪酬和其他营业费用、缴纳税费等引起的资金支出,以及销售商品或提供劳务产生的资金收入等。这种因企业经营而引起的财务活动,也称为资金营运活动。

4. 分配活动

企业通过投资(或资金运营活动)应当取得收入,并相应实现资金的增值,分配总是作为投资的结果而出现的，它是对投资成果的分配。利润分配过程实际是利润在国家（税收）、企业（留存收益）和投资者（股利）之间的划分，这种划分既要遵守相关法律、章程，又要结合企业当时外部环境和内部条件来决定留存比率。随着分配过程的进行，资金退出或者留存企业，它必然会影响企业的资金运动，这种因利润分配而产生的资金收支便属于由利润分配而引起的财务活动。

上述财务活动的各个方面不是孤立的，而是相互联系、相互依存的。资金的筹集是资金运动的起点和条件；资金的投放是资金筹集的目的和运用；资金的运营是资金运用的日常控制；资金的分配则反映了企业资金运动的状况及其最终成果，正是上述互相联系又有一定区别的四个方面，构成了完整的企业财务活动。

（二）财务关系

企业财务关系是指企业在组织财务活动过程中与各有关方面发生的经济关系。企业的财务关系可概括为以下几个方面。

1. 企业与政府之间的财务关系

企业与政府之间的财务关系主要是指企业要按税法的规定依法纳税而与国家税务机关所形成的经济关系。政府作为社会管理者，为企业生产经营活动提供公平竞争的经营环境和公共设施等条件，强制和无偿参与企业的分配，企业应及时、足额地纳税是企业对国家的贡献，也是对社会应尽的义务。因此，企业与政府的财务关系反映的是依法纳税和依法征税的权利义务关系。

2. 企业与投资者和受资者之间的财务关系

企业与投资者之间的财务关系指投资者向企业投入资金，企业向其支付投资报酬所形成的经济关系。企业的投资者先向企业注入资本，以便及时形成企业的资本金，企业利用资本金进行经营，实现利润后，向其所有者分配利润。一般而言，所有者的出资不同，他们各自对企业承担的责任也不同，相应对企业享有的权利和利益也不相同。因此，企业与所有者之间的关系是风险分担和以资本保值、增值为核心的剩余权益分配关系，体现着一种经营权与所有权关系。

企业与受资者之间的财务关系是指企业将其闲置资金以购买股票或直接投资的形式向其他企业投资所形成的经济关系。企业向其他单位投资，应按约定履行出资义务，参与被投资单位的利润分配。企业与被投资单位的关系是体现所有权性质的投资与受资的关系。

3. 企业与债权人、债务人之间的财务关系

企业与债权人之间的财务关系是指企业向债权人借入资金，并按借款合同的规定按时支付利息和归还本金所形成的经济关系。企业除利用权益资本进行经营活动外，还要借入一定数量的资金，以弥补企业资金的不足，企业利用债权人的资金，需要还本付息。企业同债权人的关系体现的是债务与债权的关系。

企业与债务人之间的财务关系是指企业将资金以购买债券、提供借款或商业信用等形式出借给其他单位所形成的经济关系。企业将资金借出后，有权要求债

务人按约定的条件支付利息和归还本金。企业同债务人的关系体现的是债权与债务关系。

4. 企业内部的财务关系

企业内部的财务关系主要包括两个方面,一是企业内部各单位之间在生产经营各环节中相互提供产品或劳务所形成的经济关系,二是企业与职工之间支付劳动报酬过程中所形成的经济利益关系。前者体现了在实行内部经济核算制的条件下,企业内部各单位之间的利益关系,后者体现了企业与职工之间以权、责、劳、绩为依据的在劳动成果上的分配关系。

三、财务管理目标

企业财务管理目标是企业财务管理活动所希望实现的结果,它决定着企业财务管理的基本方向,是企业财务管理工作的出发点。企业财务管理目标从它的演进过程来看,均直接反映着财务管理环境的变化,反映着企业利益集团利益关系的均衡,是各种因素相互作用的综合体现。目前,企业财务管理目标有以下几种具有代表性的模式:

(一)利润最大化

起源于亚当·斯密关于“经济人”假说的利润最大化目标,是西方微观经济学的理论基础。西方经济学家以往都是以利润最大化这一概念来分析和评价企业行为和业绩的。利润最大化目标认为:利润代表了企业新创造的财富,利润越多则说明企业的财富增加得越多,越接近企业的目标。

企业追求利润最大化,就必须讲求经济核算,加强管理,改进技术,提高劳动生产率,降低产品成本,这些措施都有利于企业资源的合理配置,有利于企业整体经济效益的提高。但是,该目标在以下方面有所欠缺:

一是没有考虑利润取得的时间价值因素。如今年取得 100 万的利润和 10 年后取得 100 万的利润显然不一样,其实际价值是不可比的。

二是没有考虑所获得利润和投入资本的关系。如用 5 000 万元投入资本赚取的 100 万元利润与用 6 000 万元投入资本赚取的 100 万元利润相比,仅从利润的角度来看,这两种投入方式对企业的贡献是一样的,但是如果考虑了投入资本就显然不太一样了。

三是没有考虑所获取的利润和所承担风险的关系。如同样是获利,一个以现金收回,另一个全部是应收账款,这两个的风险显然不相同。

四是可能导致企业短期财务决策倾向,影响企业长远发展。由于利润指标通常按年计算,因此,企业决策也往往会服务于年度指标的完成或实现。

五是没有明确利润最大化中利润的概念,这就给企业管理当局提供了进行利润操纵的空间。

（二）股东财富最大化

股东财富最大化指通过财务上的合理经营，为股东带来最多的财富。持这种观点的学者认为，股东创办企业的目的是扩大财富，他们是企业的所有者，股东投资的价值在于企业能给所有者带来未来报酬，包括获得股利和出售股权换取现金。

与利润最大化相比，该指标有一些改进：

一是考虑了资金的时间价值和风险因素。股票的内在价值是按照风险调整折现后的现值计算的。

二是在一定程度上能避免企业追求短期行为。因为不仅目前的利润会影响股票价格，预期未来的利润对企业股票价格也会产生重要影响。

三是对上市公司而言，股东财富最大化目标比较容易量化，便于考核和奖惩。

但是，这一目标也存在一些缺点：

首先，适用范围存在限制。它只适用于上市公司，对非上市公司很难适用。就中国目前国情而言，上市公司并不是中国企业的主体，因此在现实中，股东财富最大化并不适于中国所有的企业。

其次，股价受众多因素影响，有些是企业外在因素，有些还可能是非正常因素，不能完全准确反映企业财务管理状况。

最后，它强调的更多的是股东利益，而对其他相关者的利益重视不够。

（三）公司价值最大化

传统上，人们都认为股东承担了企业全部剩余风险，也应享受全部的经营收益，而其他利益相关者如债权人、职工等，在财务管理的目标设定中往往被忽视。事实上，现代企业是多边契约关系的总和，股东、债权人、职工以及企业上下游关系人都会承担一定的风险，他们利益的满足和实现也都会对企业产生影响，因此企业在设定财务管理目标时应全面考虑。企业价值最大化也就是在这一思路上提出来的。

企业价值最大化是指采用最优的财务结构，充分考虑资金的时间价值以及风险与报酬的关系，使企业价值达到最大。企业价值就是企业的市场价值，是企业所能创造的预计未来现金流量的现值。该目标的一个显著特点就是全面地考虑到了企业利益相关者和社会责任对企业财务管理目标的影响。

企业价值最大化的财务管理目标的优点主要表现在：

一是价值最大化目标考虑了取得现金性收益的时间因素，并用货币时间价值的原理进行科学的计量，反映了企业潜在或预期的获利能力，从而考虑了资金的时间价值和风险问题，有利于企业统筹安排长短规划、合理选择投资方案、有效筹措资金、合理制订股利政策，等等。

二是将企业长期、稳定的发展和持续的获利能力放在首位，能克服企业在追求利润上的短期行为。

三是用价值代替价格，克服了过多受外界市场因素的干扰，有利于克服管理上的片面性。

四是有利于社会资源的合理配置，使资金流向企业价值最大化的企业或行业，有利于实现社会效益最大化。

以企业价值最大化作为财务管理目标也存在一定的问题：

首先，对于非上市公司，这一目标值不能依靠股票市价做出评判，需通过资产评估方式进行，由于评估标准和评估方式的影响，这种估价不易客观准确。

其次，企业价值，特别是股票价值并非为企业所控，其价格波动受多方面影响，这对企业实际经营业绩的衡量也会产生一定的影响。

由此可见，不同的财务管理目标，其特点也不同。比如利润最大化，它出现得较早，可能缺陷也最多，但它有一个最大优点——简单直观，因此，对一些小型企业来说，它的实用性远远高于其他；股东财富最大化对正常经营情况下的上市公司来说，使用起来比较方便；企业价值最大化考虑比较全面，但量化有难度，因此，使用起来有一定的局限性，但这一考虑思路仍可以作为借鉴。因而，企业应根据自身具体情况来选择财务管理目标。

【拓展领域】

财务管理目标——企业资本可持续有效增值

这一目标是近年来逐步被提出和受到重视的，其核心是要保证资本的有效增值。该目标认为，资本可持续有效增值能较好体现财务管理的综合目标与效果，同时也是财务管理目标的回归。因为财务管理最终要落实在资金的管理，资本持续的、有效的增加直接体现财务管理的效果。企业资本可持续有效增值计量时可以用“所有者权益有效报酬率 = 资产报酬率 × 有效增值乘数 × 资金有效回收率”这一关系式。这一计量过程对资金结构、资金回收以及资金使用都有所考虑，它一定程度上避免了虚假利润和短期效应问题。许多西方经济学家认为，从长远观点看，企业长期追求资本可持续有效增值对企业、对社会均有好处。但同时，也有许多学者认为该指标的科学性还有待进一步研究。

【技能训练】

一、选择题：

1. 企业价值最大化目标强调的是企业的(　　)。

A. 预计获利能力	B. 现有生产能力
C. 潜在销售能力	D. 实际获利能力

2. ABC 公司是一家上市公司，2011 年年初公司董事会召开公司战略发展讨论会，拟将股东财富最大化作为财务管理目标，下列理由中，难以成立的是(　　)。

A. 股东财富最大化目标考虑了风险因素

B. 股东财富最大化目标在一定程度上能避免企业短期行为

C. 股价能完全准确反映企业财务管理状况

D. 股东财富最大化目标比较容易量化，便于考核和奖惩

3. 下列关于利润最大化目标和股东财富最大化目标的说法不正确的有（ ）。

A. 均没有考虑风险因素　B. 均受股价变动的影响

C. 均不能避免企业的短期行为　D. 通常只适用于上市公司

4. 与利润最大化相比，下列属于股东财富最大化优点的是（ ）。

A. 重视众多相关者的利益　B. 适合所有企业

C. 考虑了风险因素　D. 以上均错误

5. 甲乙两企业投入的资本额度一样，本年获利均为100万元，但甲企业的获利已经全部转化为现金，而乙企业则全部是应收账款。A投资者在分析两个企业时，认为它们的收益水平相同，请你判断，A投资的观点不当之处是（ ）。

A. 没有考虑利润的取得时间

B. 没有考虑利润获得所承担风险的大小

C. 没有考虑所获利润和投入资本的关系

D. 没有考虑剩余产品的创造能力

6. 公司的基本活动包括（ ）。

A. 投资　B. 筹资　C. 运营　D. 分配活动

7. 下列各项中体现债权与债务关系的是（ ）。

A. 企业与债权人之间的财务关系　B. 企业与受资者之间的财务关系

C. 企业与债务人之间的财务关系　D. 企业与政府之间的财务关系

8. 投资者与企业之间通常发生（ ）财务关系。

A. 投资者可以对企业进行一定程度的控制或施加影响

B. 投资者可以参与企业净利润的分配

C. 投资者对企业的剩余资产享有索取权

D. 投资者对企业承担一定的经济法律责任

二、判断题：

企业与受资者之间的财务关系体现债权性质的投资与受资关系。（ ）

第二节 财务管理环节与环境

【节点目标】

知识目标：

- 了解财务管理的原则
- 理解财务管理的环境
- 掌握财务管理的环节

能力目标：

- 能明确财务管理各环节之间的联系，为财务管理服务
- 初步具备评价企业财务管理环境的能力

一、财务管理环节

财务管理环节是企业财务管理的工作步骤与一般工作程序。一般而言，企业财务管理包括财务预测、财务预算、财务决策、财务控制、财务分析几个环节。财务管理的各个环节相互连接，形成财务管理工作的完整过程，这一过程称为财务管理循环。

（一）财务预测

财务预测是根据企业过去一段时期财务活动的历史资料，结合企业当前面临和即将面临的各种变化因素，运用数理统计方法，以及结合主观判断，来预测企业未来财务状况。其主要任务在于，一是测算各项生产经营方案的经济效益，为决策提供可靠的依据；二是预计财务收支的发展变化情况，以确定经营目标；三是测定各项定额和标准，为编制计划，分解计划指标服务。财务预测既是各个管理循环的联结点，又是财务计划环节的必要前提。

进行财务预测的目的，是为了体现财务管理的事先性，即帮助财务人员认识和控制未来财务预算不确定性，使对未来的无知降到最低限度，使财务计划的预期目标同可能变化的周围环境和经济条件保持一致，并对财务计划的实施效果做到心中有数。

财务预测环节主要包括明确预测目标，搜集相关资料，建立预测模型，确定财务预测结果等步骤。财务预测的方法主要有定性预测和定量预测两类。定性预测法，主要是利用直观材料，依靠个人的主观判断和综合分析能力，对事物未来的状况和趋势作出预测的一种方法；定量预测法，主要是根据变量之间存在的数量关系建立数学模型来进行预测的方法。这两类方法并不是相互孤立的，在进行财务预测时，经常要综合运用。

（二）财务预算

财务预算是一系列专门反映企业未来一定预算期内预计财务状况和经营成果，以及现金收支等价值指标的各种预算的总称，具体包括销售预算、生产预算、材料采购预算、人工预算、制造费用预算、产品生产成本预算、销售费用和管理费用预算等业务预算，资本预算、一次性专门决策预算等专门决策预算，以及现金预算、预计利润表、预计资产负债表等财务预算。财务预算是财务预测的具体化，是控制财务活动的依据。

财务预算环节主要包括分析财务环境，确定财务指标；协调财务能力，组织综合平衡；选择预算方法，编制财务预算等步骤。财务预算的方法通常包括固定预算与弹性预算、增量预算与零基预算、定期预算和滚动预算等。

（三）财务决策

财务决策是对财务方案、财务政策进行选择和决定的过程，力求使企业的财务活动取得最佳经济效益的活动，又称为短期财务决策。财务决策的目的在于确定最为令人满意的财务方案。只有确定了效果好并切实可行的方案，财务活动才能取得好的效益，完成企业的财务管理目标。因此财务决策是整个财务管理的核心，决策成功与否直接关系到企业的兴衰成败。

财务决策的主要程序包括确定决策目标、拟定备选方案、方案评价与选优、决策实施和反馈。财务决策是一种多标准的综合决策。决定方案的取舍，既有货币化、可计量的经济标准，又有非货币化、不可计量的非经济标准，因此决策方案往往是多种因素综合平衡的结果。

（四）财务控制

财务控制是指利用有关信息和特定手段，对企业的财务活动施加影响或调节，以便实现计划所规定的财务目标的过程。它是落实预算的任务、保证预算实现的有效措施。

财务控制环节主要包括制定控制标准，分解落实责任；实施追踪控制，及时调整误差；分析执行情况，搞好考核奖惩等步骤。财务控制的方法通常有前馈控制（事前）、过程控制（事中）、反馈控制（事后）几种。财务控制措施一般包括：预算控制、运营分析控制和绩效考评控制等。

（五）财务分析

财务分析是以会计核算和报表资料以及其他相关资料为依据，采用一系列专门的分析技术和方法，对企业等经济组织过去和现在有关筹资活动、投资活动、经营活动、分配活动的盈利能力、营运能力、偿债能力和发展能力等状况进行分析与评价的经济管理活动。通过财务分析，可以掌握财务计划的完成情况，研究企业财务活动的规律性，挖掘企业潜力，提出改进措施。

财务分析环节主要包括收集资料，掌握信息；指标对比，揭露矛盾；分析原因，明确责任;提出措施,改进工作等步骤。财务分析最经常用到的方法是围绕财务指标进行单指标、多指标综合分析,再加上借用一些预算指标等参照值,采用一些比率、趋势、结构、因素等分析方法进行分析。

二、财务管理环境

财务管理环境,又称理财环境,是指对企业财务活动产生影响作用的企业内外部环境,是构成企业财务活动的客观条件。企业财务活动是在一定的环境下进行的,必然受到环境的影响。在财务管理活动中,财务管理的环境是企业财务决策难以改变的外部约束条件,财务管理主体需要不断地对财务管理环境进行审视和评估,并根据其所处的具体财务管理环境的特点,趋利避害,以实现财务管理的目标。

企业财务管理环境涉及的范围较广,其中影响比较大的有经济环境、法律环境和金融环境。

(一)经济环境

影响财务管理的经济环境因素主要有经济周期、经济发展水平、经济政策、通货膨胀水平等。

1. 经济周期

在市场经济条件下,经济发展与运行带有一定的波动性,大体上经历复苏、繁荣、衰退和萧条几个阶段的循环,这种循环叫作经济周期。这种发展过程是一个非人力所能完全控制而又有其内在运动规律的过程。在经济周期的不同阶段,企业应采用不同的财务管理策略。西方经济学者探讨了经济周期的财务管理策略,如表1-1所示。

表1-1　经济周期中的财务管理策略

复苏	繁荣	衰退	萧条
1. 增加厂房设备	1. 扩充厂房设备	1. 停止扩张	1. 建立投资标准
2. 实行长期租赁	2. 继续建立存货	2. 出售多余设备	2. 保持市场份额
3. 建立存货	3. 高产品价格	3. 停产不利产品	3. 压缩管理费用
4. 开发新产品	4. 开展营销规划	4. 停止长期采购	4. 放弃次要利益
5. 增加劳动力	5. 增加劳动力	5. 削减存货	5. 削减存货
		6. 停止扩招雇员	6. 裁减雇员

经济周期性波动对企业理财有重要影响。一般而言,在繁荣阶段,市场需求旺盛,销售大幅度上升,社会资金充裕,企业发展所需资金较容易筹集。在萧条阶段,由于整个宏观环境的不景气,企业很可能处于紧缩状态之中,产量和销售量下降,投资锐减,社会资金短缺,利率上涨,企业资金周转也会受到影响,财务人员则需要及时调整资金配置,调整生产经营。总之,面对周期性波动,财务人员必须预测经

济变化情况，适当调整财务管理策略。

2. 经济发展水平

财务管理的水平与经济发展水平密切相关，经济发展水平越高，财务管理水平也越高。财务管理水平的提高，将推动企业降低成本，改进效率，提高效益，从而促进经济发展水平的提高；而经济发展水平的提高，将改变企业的财务策略、财务理念、财务管理模式和财务管理的方法手段，从而促进企业财务管理水平的提高。财务管理应当以经济发展水平为基础，以宏观经济发展目标为导向，积极探索与经济发展水平相适应的财务管理模式，从而保证企业经营目标和经营战略的实现。

3. 经济政策

经济政策是国家进行宏观经济调控的重要手段，国家的产业政策、金融政策、财税政策、会计制度、社会保障制度等对企业的发展和财务活动有着重要的影响。例如：金融政策中的货币发行量和信贷规模会影响企业投资的资金来源和投资的预期收益；财税政策会影响企业的资金结构和投资项目的选择等；会计制度的改革会影响会计要素的确认和计量，进而对企业财务活动的事前预测、决策及事后的评价产生影响等。企业在财务决策时，要认真研究经济政策，努力预见其变化趋势，从而更好地为企业的经营理财活动服务。

4. 通货膨胀水平

社会总供给和总需求的平衡状态以及由此决定的社会通胀水平，即通货膨胀，会对企业供、产、销产生全面的影响，增加财务风险。

通货膨胀对企业财务活动的影响主要表现为：引起资金占用的增加，从而增加企业的资金需求；引起利率的上升，增加筹资成本；引起有价证券价格下跌，给筹资带来困难；引起利润虚增，造成资金流失。财务人员必须对通货膨胀有所预测，并采取相应措施，减少损失。在通货膨胀时期，企业可采取的应对策略如表 1 – 2 所示。

表 1 – 2 通货膨胀应对策略

所处阶段	措施
通货膨胀初期	进行投资可以避免风险，实现资本保值 签定长期购货合同，以减少物价上涨造成的损失
通货膨胀持续期	采用比较严格的信用条件，减少企业债权 调整财务政策，防止和减少企业资本流失等

（二）法律环境

财务管理的法律环境是指国家制定的企业所应遵守的各种法律、规定和制度，财务管理作为一种社会行为，无论是筹资，投资还是利润分配，必然要受到法律规范的约束。法律环境对财务管理的影响主要包括：

经济组织法规，指涉及经济组织方面的法规，包括全民所有制企业法规、集体所有制企业法规、私营企业法规、公司法规、涉外企业法规等。不同类型的组织形式对财务管理有着不同的影响。

经济管理法规，指国家在组织管理和协调经济活动中形成的法规，包括计划法规、基本建设法规、税收法规、金融法规、会计和审计法规、产品质量责任法规、价格法规、自然资源法规、市场管理法规、知识产权法规等。

经济合同法规，指企业在经济流通和交换过程中形成的法规，包括经济合同法规、技术合同法规等。

与财务活动有关的各种法律、规定和制度，约束着企业的经济行为，企业必须按照有关法规的要求组织经济活动，处理与各方面的关系。

（三）金融市场环境

金融市场环境与企业的理财活动密切相关。金融市场是资金融通的场所，它为企业提供了筹资、投资的机会和条件。金融市场为企业理财提供有效的信息，然而金融市场的形势变化不定，金融市场的利率变动，反映资金的供求状况；有价证券市场的行市反映投资人对企业经营状况和盈利水平的评价。面对复杂多变的金融市场，企业需要作出及时、科学的筹资、投资决策，合理利用财务杠杆，降低资金成本，优化资本结构，正确估量和尽量减少投资风险，提高投资收益。

1. 金融市场的构成要素

金融市场的构成要素主要包括三个：金融市场的参与者、金融工具、金融交易场所。

(1)金融市场的参与者是指参与金融交易活动的各个经济单位，包括居民、企事业单位、政府、金融机构等。

(2)金融工具是指融通资金双方在金融市场上进行资金交易、转让的工具。金融工具分为基本金融工具和衍生金融工具两大类。常见的基本金融工具有货币、票据、债券、股票等；衍生金融工具又称派生金融工具，如各种远期合约、互换、掉期、资产支持证券、期货等。

(3)金融交易场所是进行金融工具交易的地方。金融交易场所既可以是有形的，也可以是无形的。有形的金融交易场所通常有固定的地方和设施，如证券交易所、银行等；无形的金融交易场所通常没有固定的场所，形式灵活，如利用电脑、电传、电话等设施通过经纪人进行的资金融通活动，这种形式可以跨越不同的城市和国家。

2. 金融市场的种类

金融市场的分类比较复杂，一般可以按以下标准进行分类：

(1)按交易的期限分为：短期资金市场和长期资金市场。

短期资金市场是指期限不超过一年的资金交易市场，因为短期有价证券易于变成货币或作为货币使用,所以也叫货币市场。货币市场的主要功能是调节短期资金融通,主要有拆借市场、票据市场、大额定期存单市场和短期债券市场等。

长期资金市场,是指期限在一年以上的股票和债券交易市场,因为发行股票和债券主要用于固定资产等资本货物的购置,所以也叫资本市场。资本市场的主要功能是实现长期资本融通,主要包括债券市场、股票市场和融资租赁市场等。

(2)按交易的性质分为:发行市场和流通市场。

发行市场主要处理金融工具的发行与最初购买者之间的交易,又称初级市场或一级市场。流通市场主要处理现有金融工具转让和变现的交易,又称次级市场或二级市场。

(3)按交易的直接对象分为:同业拆借市场、国债市场、企业债券市场、股票市场和金融期货市场等。

(4)按交割的时间分为:现货市场和期货市场。

现货市场是指买卖双方成交后,当场或几天之内交割的交易市场。期货市场是指买卖双方成交后,在双方约定的未来某一特定的时日才交割的交易市场。

3. 金融市场中的利率

在金融市场的运作过程中,引导资本流动的重要机制就是其价格,即利率。资金作为一种特殊商品,以利率为价格标准的流通,实质上是资源通过利率实行的再分配。利率政策是宏观货币政策的主要措施,政府为了干预经济,可通过变动利率的办法来间接调节国内通货膨胀水平。在萧条时期,降低利率,扩大货币供应,刺激经济发展;在膨胀时期,提高利率,减少货币供应,抑制经济的恶性发展。所以,利率对企业财务活动有很大的影响。

(1)利率类型:

按利率之间的变动关系,分为基准利率和套算利率:

基准利率又称基本利率,是指在多种利率并存的条件下起决定作用的利率。基准利率在西方是中央银行的再贴现率,在我国是中国人民银行贷款的利率。套算利率是指在基准利率确定后,各金融机构根据基准利率和借贷款项的特点在基准利率的基础上加0.5%、1%、1.5%等,加总计算所得的利率。

按利率与市场资金供求情况的关系,分为固定利率和浮动利率:

固定利率是指在借贷期内固定不变的利率,若在借贷期内发生通货膨胀,实行固定利率会使债权人的利益受到损害。浮动利率是指在借贷期内可以随物价变动加以调整的利率,在通货膨胀条件下采用浮动利率,可减少债权人的损失。

按利率变动与市场的关系,分为市场利率和法定利率:

市场利率是指根据资金市场上的供求关系,随着市场而自由变动的利率。法定利率是指由政府金融管理部门或者中央银行确定的利率。

(2)利率的计算公式:

资金的利率通常由三个部分组成:纯粹利率、通货膨胀补偿率、风险收益率。

利率的一般计算公式：

利率 = 纯粹利率 + 通货膨胀补偿率 + 风险收益率

纯粹利率是指无通货膨胀、无风险情况下的平均利率。一般情况下，在没有通货膨胀时，国库券的利率可以视为纯粹利率。纯粹利率的高低，受平均利润率、资金供求关系和国家政策调节的影响。

通货膨胀补偿率是指由于持续的通货膨胀会不断降低货币的实际购买力，为补偿其购买力损失而要求提高的利率。

风险收益率包括违约风险报酬率、流动性风险报酬率、期限风险报酬率。违约风险报酬率是指借款人无法按时支付利率或偿还本金给投资人带来风险，投资人为了弥补这些风险而要求提高的利率；流动性风险报酬率是指由于债务人资产的流动性不好给债权人带来风险，为补偿这种风险而提高的利率。期限风险报酬率是指对于一项负债，到期日越远，债权人承受的不确定因素就越多，所承受的风险也越大，为弥补这种风险而要求提高的利率。投资者除了关心通货膨胀率以外，还关心资金使用者能否保证他们收回本金并取得一定的收益，这种风险越大，投资人要求的收益率越高。

三、财务管理原则

财务管理原则是企业在自觉认识和掌握财务活动规律的基础上，组织财务活动，处理财务关系的行为准则。它是从企业理财实践中概括出来，并体现理财活动规律的行业规范，是对财务管理工作的基本要求。这些原则一般包括以下几项：

（一）依法理财原则

市场经济是法治经济，财务管理必须依法办事，贯彻依法理财原则。企业应该建立健全财务管理制度，做好财务管理基础工作；依法合理筹集资金并有效使用资金，严格执行国家规定的各项财务收支范围和标准，做好各项财务收支的计划预测、控制核算和分析考核；正确计算企业经营成果，如实反映企业财务状况，努力提高经济效益；依法计算和缴纳税金；按照规定顺序和要求分配利润，保证投资者的权益不受侵犯。

（二）收支平衡原则

在财务管理中，贯彻的是收付实现制，而非权责发生制，客观上要求在理财过程中做到现金收入（流入）与现金支出（流出）在数量上、时间上达到动态平衡，即现金流转平衡。如果一定时期的收支总额可以平衡，但支出在前，收入在后，也会妨碍资金的顺利周转。资金收支在每个时点上的平衡性，是资金循环过程周而复始进行的先决条件。企业要在一系列的复杂财务活动中保持现金的收支平衡，最有效的方法是现金预算控制。现金预算可以说是筹资计划、投资计划、分配计划的综合平衡，因而现金预算是进行现金流转控制的有效工具。

（三）成本效益原则

成本效益原则是指对企业生产经营活动中的投入和产出进行比较，要求以尽可能少的智力资源和财务资源，创造出尽可能多的财富。在财务管理中，时时刻刻都需要进行成本与收益的权衡。在筹资管理中，要对资金成本与息税前资金利润进行权衡；在长期投资管理中，要对投资成本与投资收益进行权衡；在企业经营活动中，要将企业产品和劳务的成本费用与其营业收入、利润进行权衡。通过上述计算、分析和比较，促使企业降低成本费用，增加收入，不断提高经济效益和社会效益，保证企业财务管理目标的实现。

（四）收益风险均衡原则

在激烈的市场竞争中，企业进行生产经营活动不可避免地要遇到风险。收益与风险的基本关系是一个对等关系，高收益、高风险，低收益、低风险。但应注意的是，高风险并不必然带来高收益，有时甚至是高损失。风险与收益平衡原则要求企业不能只顾收益最大而不顾风险，应当在风险与收益的比较中作出正确而谨慎的抉择，趋利弊害，确保财务管理目标的实现。

（五）弹性原则

弹性原则是指企业适应市场变化的能力，即企业生产经营和财务活动的可调整性。弹性原则要求企业在财务管理工作中，必须在追求准确和节约的同时，留有合理的伸缩余地，以便当市场出现变动时，企业可以随时自动做出调整。

（六）兼顾各方利益原则

企业在筹资、投资、分配等财务活动过程中，形成了与国家、投资者、债权人、债务人、职工以及企业内部其他部门之间的财务关系。这一关系实质上是物质利益关系。要处理好这一关系，必须兼顾各方利益，统筹兼顾，维护和协调各方的合法权益，实现企业内部和外部经济利益关系相协调。

【拓展领域】

利益冲突与协调

协调相关者的利益冲突，要把握的原则是：尽可能使企业相关者的利益分配在数量上和时间上达到动态的协调平衡。而在所有的利益冲突协调中，所有者与经营者、所有者与债权人的利益冲突与协调至关重要。

（一）所有者和经营者利益冲突与协调

在现代企业中，经营者一般不拥有占支配地位的股权，他们只是所有者的代理人。所有者期望经营者代表他们的利益工作，实现所有者财富最大化，而经营者则有其自身的利益考量，二者的目标经常会不一致。通常而言，所有者支付给经营者报酬的多少，取决于经营者能够为所有者创造多少财富。经营者和所有者的主要利益冲突是经营者希望在创造财富的同时，能够获取更多的报酬、更多的享受，并

避免各种风险;而所有者则希望以较小的代价(支付较少报酬)实现更多的财富。为了协调这一利益冲突,通常可采取以下方式解决:

1. 解聘

这是一种通过所有者约束经营者的办法。所有者对于经营者予以监督(比如派财务总监),如果经营者绩效不佳,就解聘经营者。

2. 接收

这是一种通过市场约束经营者的办法。如果经营者决策失误,经营不力,绩效不佳,该企业就可能被其他企业强行接收或吞并,相应地经营者也会被解聘。

3. 激励

激励就是将经营者的报酬与其绩效直接挂钩。激励通常有两种方式:

(1)股票期权。它是允许经营者以约定的价格购买一定数量的本企业股票。

(2)绩效股。它是企业视其绩效大小给予经营者数量不等的股票作为报酬。

(二)所有者与债权人的利益冲突协调

所有者的目标可能与债权人期望实现的目标发生矛盾。首先,所有者可能要求经营者改变举债资金的原定用途,将其用于风险更高的项目,这会增大偿债风险,债权人的负债价值也必然会降低,造成债权人风险与收益的不对称。因为高风险的项目一旦成功,额外的利润会被所有者分享;但若失败,债权人却要与所有者共同负担由此而造成的损失。其次,所有者可能在未征得现有债权人同意的情况下,要求经营者举借新债,因为偿债风险相应增大,从而致使原有债权的价值降低。

所有者与债权人的上述利益冲突,可以通过以下方式解决:

1. 限制性借债

债权人通过事先规定借债用途限制、借债担保条款和借债信用条件,保护债权人债权价值。

2. 收回借款或停止借款

当债权人发现企业有侵蚀其债权价值的意图时,采取收回债权或不再给予新的借款的措施,从而保护自身权益。

【技能训练】

一、选择题:

1. 没有通货膨胀时,(　　)的利率可以视为纯粹利率。

A. 短期借款　　B. 金融债券　　C. 国库券　　D. 公司债券

2. 下列各项中,不属于货币市场主要特点的是(　　)。

A. 期限短,最长不超过一年　　B. 流动性强

C. 交易目的是解决短期资金周转　　D. 收益较高但风险也较大

3. 在经济周期的不同阶段,企业应采用不同的财务管理战略。下列说法中不正确的有(　　)。

A. 在萧条阶段,应该停产不利产品

B. 在衰退阶段,应该放弃次要利益

C. 在萧条阶段和衰退阶段,都应该削减存货

D. 在复苏阶段和繁荣阶段,都应该增加劳动力

4. (　　)是根据财务活动的历史资料,考虑现实的要求和条件,对企业未来的财务活动和财务成果做出科学的预计和测算。

A. 财务预测　　B. 财务预算　　C. 财务决策　　D. 财务控制

5. 影响企业财务管理的经济环境因素主要包括(　　)。

A. 企业组织形式　B. 经济周期　　C. 经济发展水平D. 经济政策

6. 风险收益率包括(　　)。

A. 通货膨胀补偿率　　　　B. 违约风险收益率

C. 流动性风险收益率　　　　D. 期限风险收益率

二、判断题:

1. 在风险相同时,提高投资报酬率能够增加股东财富。(　　)

2. 人们在进行财务决策时,之所以选择低风险的方案,是因为低风险会带来高收益,而高风险的方案则往往收益偏低。(　　)

3. 企业应正确权衡风险和投资报酬率之间的关系,努力实现两者的最佳组合,使得企业价值最大化。(　　)

4. 在金融市场上,利率是一定时期购买资金这一特殊商品的价格。(　　)

5. 在经济复苏阶段,公司一般应当增加厂房设备,开发新产品。(　　)

6. 财务预算是财务预测的具体化,是财务管理的核心。(　　)

7. 市场经济条件下,经济的发展与运行带有一定的波动性,大体上要经历复苏、繁荣、衰退和萧条几个阶段的循环,这种循环就叫作经济周期。(　　)

第二章　财务管理理财观念

☆一位人类学家无意中发现一则古老的声明：恺撒借给某人相当于罗马一便士的钱。由于没有记录说明这一便士曾被还过，这位人类学家想知道，如果在21世纪的今天，恺撒的后代想从借款人的后代那里要回这笔钱，那么本息值总共会是多少。他认为6%的借款利率是比较合适的。令人震惊的是，2000多年后，这一便士的本息价值竟成为天文数字！

☆你相信吗？答案就在本章。

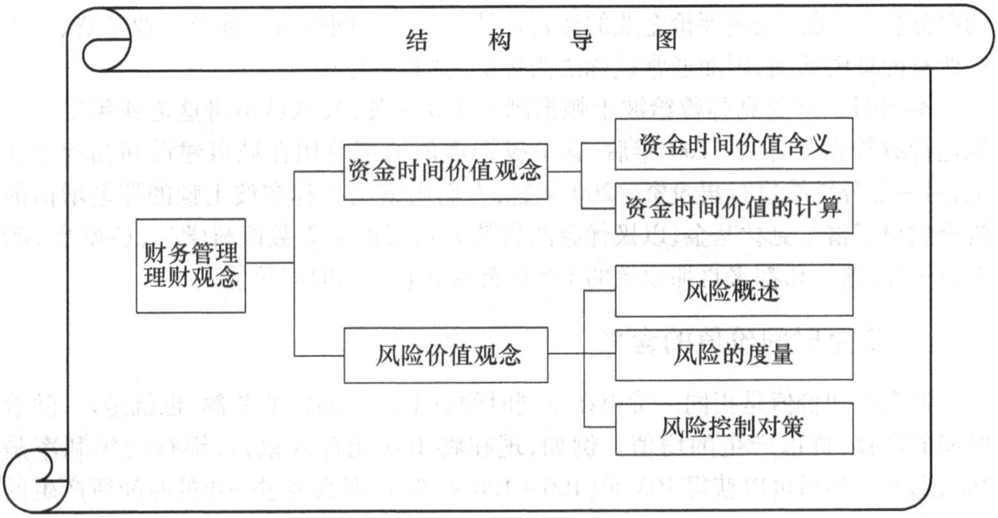

第一节 资金时间价值观念

【节点目标】

知识目标：

- 了解资金时间价值的含义
- 理解各项资金时间价值系数
- 掌握资金时间价值的计算

能力目标：

- 会使用资金时间价值表
- 能用专业的方法表示资金时间价值
- 能运用资金时间价值进行理财

资金时间价值是企业财务管理中一个重要的价值观念。任何企业的财务活动，都是在特定的时空中进行的，离开了时间价值因素，就无法正确计算不同时期的财务收支，无法正确评价企业的经营业绩。资金时间价值会涉及企业筹资、投资等所有的理财活动，因而通常被称之为理财的“第一原则”。

本杰明·富兰克林曾给波士顿捐献了1 000英镑，该城市将这笔钱年复一年地进行放贷收息活动。100年后，这笔投资增值的部分用在城市建设和福利事业上，另一部分继续进行再投资。200年后，人们用富兰克林在波士顿的那笔增值的资金建设了富兰克林基金，以极优惠的贷款方式帮助了无数医科学生，还盈余300多万美元，这一切都来自那原始的1 000英镑和它们的时间价值。

一、资金时间价值的含义

资金时间价值是指同一货币在不同时间点上产生的价值差额，也就是说，随着时间的推移，货币产生的增值。例如，现在将100元存入银行，银行的年利率是3%，那么一年后可以获得103元（$100 + 100 \times 3\%$），那么经过一年的时间所产生的价值差额3元（$103 - 100$）就是资金的时间价值。因而，不同时点的货币是不能进行直接对比的，必须换算到同一个时间点才能进行对比。

资金时间价值实质是资金在扩大再生产的循环、周转过程中，随着时间的变化而产生的资金增值或经济效益。资金的时间价值产生的前提是投资，只有将资金用于投资，在资金的运动中获得一定的收益才产生增值。将资金投入到生产过程中，通过劳动者的劳动，创造出新的价值，即利润，会增加社会财富，使社会的总资金扩大，资金随时间的推移而发生了增值。

资金时间价值可以用绝对数表示，也可以用相对数表示，即以利息额或利息率来表示。由于绝对数的计算结果在不同货币规模下不可比，因此资金时间价值的衡量大多采用相对数形式。一般的利息率除了包括资金时间价值因素以外,还要包括风险价值和通货膨胀因素。资金时间价值通常被认为是没有风险和没有通货膨胀条件下的社会平均利润率,这是利润平均化规律作用的结果。现实生活中,由于风险和通货膨胀不可能完全不存在,因此资金时间价值近似地等于短期国库券的利息率。

资金的时间价值是资金在周转使用中产生的,资金所有者让渡资金使用权而参与社会财富分配的一种形式。如果决策者能认识到资金具有时间价值,就会合理、有效地利用资金,努力节约使用资金,根据资金的增值程度来检验利用资金的经济效益。

二、资金时间价值的计算

资金时间价值揭示了不同时点上资金之间的数量关系,因而它是进行筹资、投资等财务决策必不可少的计量手段。在计量时,要区分两个概念:终值和现值。

终值又称将来值或本利和,是指现在一定量的资金在未来某一时点上的价值,通常记作 F。现值,是指未来某一时点上的一定量现金折合到现在的价值,俗称"本金",通常记作 P。

现值和终值是一定量资金在前后两个不同时点上对应的价值,其差额即为资金的时间价值。利率被视为资金价值的一种具体体现,现值和终值对应的时点之间可以划分为若干期,相当于计息期。终值和现值的计算涉及利息的计算方式的选择,目前有两种计息方式:单利和复利。

(一)单利的终值和现值计算

单利是指不管时间多长,仅按本金计算利息,所生利息均不加入本金重复计算利息。

通常用 P 表示现值,F 表示终值,i 表示利率,n 表示计息的期数。无特殊说明,给出的利率均为年利率,对于不足一年的利息,以一年等于 360 天来折算。

1. 单利终值的计算

单利终值的计算公式:

$$F = P + P \times i \times n = P \times (1 + i \times n)$$

【例 2-1】某人存入银行 10 万元,若银行存款利率为 5%,单利计息的情况下,求 5 年后的本利和是多少?

解: $F = P + P \times i \times n = 100\,000 + 100\,000 \times 5\% \times 5 = 125\,000$(元)

2. 单利现值的计算

现值的计算与终值的计算是互逆的,由终值计算现值的过程称为"折现"。单利现值的计算公式为:

$$P = \frac{F}{1 + i \times n}$$

【例 2－2】某人存入银行一笔钱，希望 5 年后得到 10 万元，如果银行存款的年利率为 5%，单利计息的情况下，此人现在需存入银行多少元？

解：
$$P=\frac{F}{1+i\times n}=\frac{100\ 000}{1+5\%\times 5}=80\ 000(\text{元})$$

（二）复利的终值和现值计算

货币时间价值通常是按复利计算的。复利是指每经过一个计息期，要将所生利息加入本金再计利息，逐期滚算，俗称"利滚利"。

这里所说的计息期，是指相邻两次计息的时间间隔，如年、月、日等。除非特别指明，计息期均为一年。

1. 复利终值的计算

复利终值是指现在的一笔资金按复利计算的未来价值，或指若干期后包括本金和利息在内的未来价值，又称本利和。

设现有一笔资金，共计金额为 P，存期为 n 年，年利率为 i，则 n 年后的终值 F 为：

第 1 年年末的本利和为：$P\times(1+i)$

第 2 年年末的本利和为：$P\times(1+i)+P\times(1+i)\times i=P\times(1+i)^2$

第 3 年年末的本利和为：$P\times(1+i)^2+P\times(1+i)^2\times i=P\times(1+i)^3$

……

第 n 年年末的本利和为：$P\times(1+i)^n$

因此，复利终值的计算公式为：

$$F=P\times(1+i)^n$$

式中，$(1+i)^n$ 称为复利终值系数，用符号 $(F/P,i,n)$ 表示，它是计算复利终值的主要参数，其数值可查阅书后附录的复利终值系数表。上述复利终值的计算公式也可写作：

$$F=P\times(F/P,i,n)$$

【例 2－3】某人现在存入银行 1 万元，存 5 年，年存款利率 10%，如果按复利计算 5 年后存款金额为多少元？

解：$F=10\ 000\times(1+10\%)^5=10\ 000\times(F/P,10\%,5)=10\ 000\times 1.610\ 5=16\ 105$（元）

将单利终值和复利终值比较发现，在第一年，单利终值和复利终值是相等的，从第二年以后，单利终值和复利终值不相等，这是因为从第二年开始，复利每年应按上期本利和为计息基础计算本期利息，而单利仍以本金计算本期利息。

2. 复利现值的计算

复利现值是复利终值的对称概念，指在未来一定时间的特定资金按复利计算的现在价值。

由复利终值的计算公式可推出复利现值的计算公式为：

$$P=\frac{F}{(1+i)^n}=F\times(1+i)^{-n}$$

式中，$(1+i)^{-n}$称为复利现值系数，用符号$(P/F,i,n)$表示，它是计算复利现值的主要参数，其数值可查阅1元复利现值系数表。上述复利现值的计算公式也可写作：

$$P = F \times (P/F,i,n)$$

【例2－4】某人拟在5年后获得本利和1万元，年存款利率10%，如果按复利计算，他现在应投入多少元？

解：$P = F \times (P/F,i,n)$

$= 10\,000 \times (P/F,10\%,5)$

$= 10\,000 \times 0.620\,9$

$= 6\,209$(元)

3. 名义利率与实际利率

复利的计算期不一定总是一年，有可能是半年、季度、月、周、日。在复利计算中，如果按年复利计息，一年就是一个计息期，这种情况下的年利率是名义利率，名义利率与实际利率相等；如果不按一年的计息期计算复利，将全年利息额除以年初的本金，此时得到的利率是实际利率，此时名义利率与实际利率不相等。

【例2－5】本金1 000元，投资5年，利率8%，每年复利一次，其本利和与复利利息计算如下：

$$F = 1\,000 \times (1+8\%)^5 = 1\,000 \times 1.469\,3 = 1\,469.30\text{(元)}$$

$$I = 1\,469.30 - 1\,000 = 469.30\text{(元)}$$

如果每季度复利一次，每季度利率＝8%/4＝2%，复利次数＝5×4＝20

则：$$F = 1\,000 \times (1+2\%)^{20} = 1\,000 \times 1.485\,9 = 1\,485.90\text{(元)}$$

$$I = 1\,485.90 - 1\,000 = 485.90\text{(元)}$$

当一年内复利几次时，实际得到的利息要比按名义利率计算的利息高。

例中实际利率计算过程如下：

$$F = P \times (1+i)^5$$

$$1\,485.90 = 1\,000 \times (1+i)^5$$

$$(1+i)^5 = 1.485\,9\text{，即}(F/P,i,n) = 1.485\,9$$

查表得：

$$(F/P,8\%,5) = 1.465\,9$$

$$(F/P,9\%,5) = 1.538\,6$$

用插值法

$$\frac{8\% - i}{8\% - 9\%} = \frac{1.469\,3 - 1.485\,9}{1.469\,3 - 1.538\,6}$$

$$i = 8.25\%$$

由上例可以得出实际利率和名义利率的关系：

$$i = \left(1 + \frac{r}{m}\right)^m - 1$$

其中：r为名义利率，m为每年复利次数，i为实际利率。

(三)年金的终值和现值计算

年金是指一定时期内每期相等金额的收、付款项。年金在我们的经济生活中非常普遍,如支付房屋的租金、抵押支付、商品的分期付款、分期付款赊购、分期偿还贷款、发放养老金、提取折旧以及投资款项的利息支付等,都属于年金收付形式。

年金具有连续性和等额性的特点。连续性要求在一定时期内间隔相等时间就要发生一次收付业务,中间不得中断;等额性要求每期收、付款项的金额必须相等。

年金根据每次收付款项发生的时点不同,可分为普通年金、预付年金、递延年金和永续年金四种。

1. 普通年金

普通年金是指从第一期起,在一定时期内每期期末等额收付的系列款项,又称后付年金。

(1)普通年金终值计算:

普通年金终值是在一定时期内每期期末等额收、付款项的复利终值之和。设每年的等额款项为 A,利率为 i,期数为 n,其计算方法如图 2-1 所示。

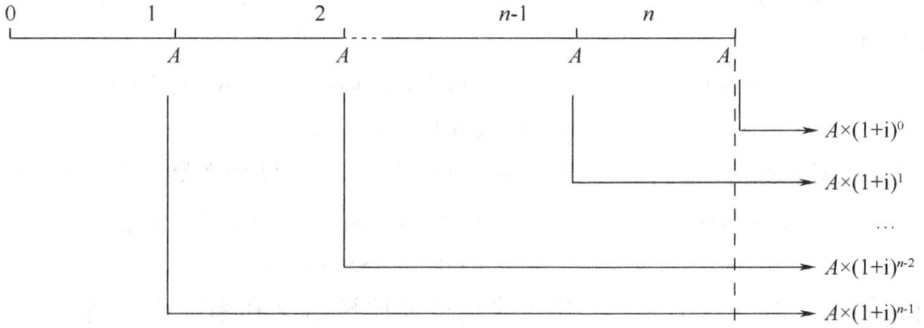

图 2-1　普通年金终值图

普通年金终值(F)的计算公式为:

$$F = A\times(1+i)^0 + A\times(1+i)^1 + A\times(1+i)^2 + \cdots + A\times(1+i)^{n-1} \quad (1)$$

先将(1)式两边同时乘上$(1+i)$得:

$$F(1+i) = A\times(1+i)^1 + A\times(1+i)^2 + A\times(1+i)^3 + \cdots + A\times(1+i)^n \quad (2)$$

再将(2)式减(1)式得:

$$F(1+i) - F = A\times(1+i)^n - A$$

即:

$$F = \frac{(1+i)^n - 1}{i}$$

式中的$\frac{(1+i)^n-1}{i}$是普通年金为 1 元、利率为 i、经过 n 期的年金终值系数,记作$(F/A,i,n)$,可查阅书后附录"年金终值系数表"。上述年金终值的计算公式也可写作:

$$F = A\times(F/A,i,n)$$

【例 2－6】每年年末存入银行 50 元，年利率为 4%，那么，10 年期的普通年金终值为多少？

解：$$F = 50 \times (F/A,4\%,10) = 50 \times 12.006 = 600.30(\text{元})$$

（2）偿债基金：

偿债基金是指为使年金终值达到既定金额每年应支付的年金数额。根据年金终值的计算公式可推导出年偿债基金的计算公式如下：

$$A = F \times \frac{i}{(1+i)^n - 1}$$

上式中：$\frac{i}{(1+i)^n - 1}$ 称作"偿债基金系数"，记为$(A/F,i,n)$，它是年金终值系数的倒数。

上述偿债基金的计算公式也可写作：

$$A = F \times (A/F,i,n) \text{ 或 } A = F \times \frac{1}{(F/A,i,n)}$$

【例 2－7】某企业有一笔 5 年后到期的借款，金额为 10 万元，为此设立偿债基金。如果年利率为 8%，问从现在起每年年末需存入银行多少元，才能到期用本利和偿清债款？

解：$$A = 100\,000 \times \frac{1}{(F/A,8\%,5)} = 100\,000 \times \frac{1}{5.866\,6} = 17\,045.65(\text{元})$$

（3）普通年金现值计算：

普通年金现值是指为使年金终值达到既定金额，按复利计算的现时总数额（图 2－2）。

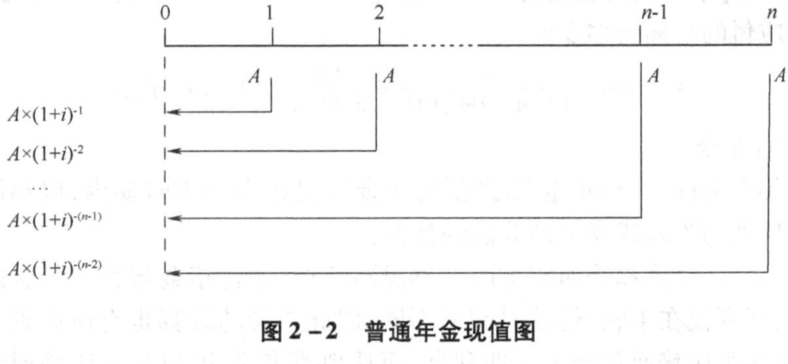

图 2－2　普通年金现值图

普通年金现值（P）的计算公式为：

$$P = A \times (1+i)^{-1} + A \times (1+i)^{-2} + A \times (1+i)^{-3} + \cdots + A \times (1+i)^{-n} \quad (3)$$

先将（3）式两边同时乘上$(1+i)$得：

$$P(1+i) = A \times (1+i)^0 + A \times (1+i)^{-1} + A \times (1+i)^{-2} + \cdots + A \times (1+i)^{-(n-1)} \quad (4)$$

再将（4）式减（3）式得：

$$P \times i = A \times [1 - (1+i)^{-n}]$$

即：
$$P = A \times \frac{1-(1+i)^{-n}}{i}$$

式中：$\frac{1-(1+i)^{-n}}{i}$是普通年金为1元，利率为i、经过n期的年金现值系数，记作$(P/A,i,n)$，可查阅书后附录“年金现值系数表”。上述年金现值的计算公式也可写作：

$$P = A \times (P/A,i,n)$$

【例2-8】某人出国3年，请你代付房租，每年房租金100元，设银行存款利率10%，他应当现在给你在银行存入多少钱？

解：
$$\begin{aligned} P &= 100 \times (P/A,10\%,3) \\ &= 100 \times 2.486\ 9 \\ &= 248.69(\text{元}) \end{aligned}$$

(4)年资本回收额：

年资本回收额是指为了使年金现值达到既定金额，每年年末应收、付的年金数额。根据年金现值的计算公式可推导出年资本回收额的计算公式如下：

$$A = P \times \frac{i}{1-(1+i)^{-n}}$$

式中：$\frac{i}{1-(1+i)^{-n}}$称作资本回收系数，记为$(A/P,i,n)$，它是年金现值系数的倒数，上述年资本回收额的计算公式也可写作：

$$A = P \times (A/P,i,n) \text{ 或 } A = P \times \frac{1}{(P/A,i,n)}$$

【例2-9】甲公司现在借得100万元的贷款，在10年内以利率12%偿还，则该公司每年应付的金额为多少？

解：
$$A = 100 \times \frac{1}{(P/A,12\%,10)} = \frac{100}{5.650\ 2} = 17.70(\text{万元})$$

2. 即付年金

即付年金又称“先付年金”或“预付年金”，是指在一定时期内，以相同的时间间隔在各期期初收入或支出的等额的款项。

即付年金的计算和普通年金的计算思路相似，即付年金与普通年金的现金流次数相同，区别仅在于收、付款时间的不同，因此二者的计算也有所区别。就终值而言，即付年金比普通年金多一期利息，而从现值来看，即付年金比普通年金少一期利息。

(1)即付年金终值的计算：

即付年金的终值计算公式：

$$F = A \times \frac{(1+i)^n - 1}{i} \times (1+i)$$

经整理得到预付年金终值的计算公式：

$$F = A \times [\frac{(1+i)^{n+1}-1}{i} - 1]$$

式中：$[\frac{(1+i)^{n+1}-1}{i} - 1]$称作即付年金终值系数，它是在普通年金终值系数的基础上，期数加1，系数减1所得的结果。也可记为$[(F/A,i,n+1)-1]$。这样，通过查阅书后附录年金终值系数表可得到$(n+1)$期的普通年金终值系数，然后减1便可得到对应的即付年金终值系数。因此即付年金终值的计算公式也可用下式表示：

$$F = A \times [(F/A,i,n+1)-1]$$

【例2－10】某公司决定连续5年于每年年初存入100万元作为住房基金，银行存款利率为10%。则该公司在第5年末能一次取出的本利和是多少？

解：

$$\begin{aligned} F &= A \times [(F/A,i,n+1)-1] \\ &= 100 \times [(F/A,10\%,6)-1] \\ &= 671.56(\text{万元}) \end{aligned}$$

或者：

$$\begin{aligned} F &= A \times (F/A,i,n)(1+i) \\ &= 100 \times (F/A,10\%,5) \times (1+10\%) \\ &= 671.56(\text{万元}) \end{aligned}$$

(2)即付年金现值的计算：

即付年金的现值计算：

$$P = A \times \frac{1-(1+i)^{-n}}{i} \times (1-i)$$

经整理得到即付年金现值的计算公式：

$$P = A \times [\frac{1-(1+i)^{-(n-1)}}{i} + 1]$$

式中：$[\frac{1-(1+i)^{-(n-1)}}{i} + 1]$称作即付年金现值系数，它是在普通年金现值系数的基础上，期数减1，系数加1所得的结果。也可记为$[(P/A,i,n-1)+1]$。这样，通过查阅书后附录年金现值系数表可得到$(n-1)$期的普通年金现值系数，然后加1便可得到对应的即付年金现值系数。因此即付年金现值的计算公式也可用下式表示：

$$P = A \times [(P/A,i,n-1)+1]$$

【例2－11】某人6年分期付款购物，每年初付200元，设银行利率为10%，该项分期付款相当于一次支付的购价是多少？

解：

$$\begin{aligned} P &= A \times [(P/A,i,n-1)+1] \\ &= 200 \times [(P/A,10\%,6-1)+1] \\ &= 958.16(\text{元}) \end{aligned}$$

3. 递延年金

递延年金是指第一次收付款发生时间与第一期无关，而是隔若干期(m)后才开始发生的系列等额收付款项。它是普通年金的特殊形式(图2-3)。

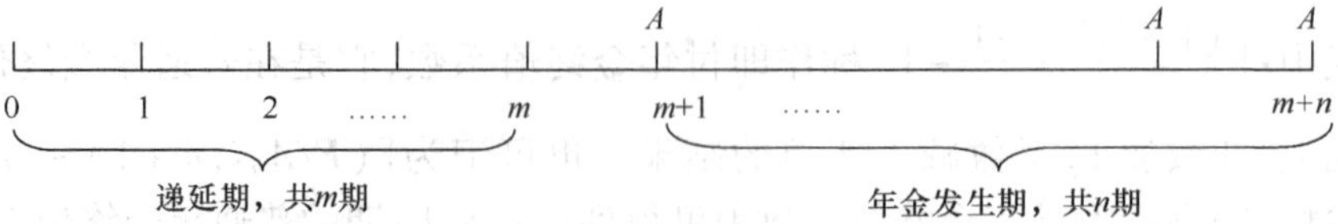

图2-3　递延年金图

(1)递延年金终值的计算：

递延年金在终值计算上与递延期无关，没有特殊性，可以按照普通年金计算终值。即：

$$F = A \times (F/A,i,n)$$

【例2-12】某企业年初投资一项目，估计从第5年开始至第10年，每年年末可得收益10万元，假定年利率为5%，请计算该项目到第10年年末可得到多少收益？

解：　$F = 10 \times (F/A,5\%,6) = 10 \times 6.8019 = 68.019$(万元)

(2)递延年金现值的计算：

递延年金现值与递延期数相关，递延期数越长，其现值越低，递延年金现值可以用如下三种方法来计算：

方法一：先按照普通年金计算出年金在 n 期期末的现值，然后再复利折现 m 期，即为递延年金的现值。即：

$$P = A \times (P/A,i,n) \times (P/F,i,m)$$

方法二：假设前 m 期也有年金发生，那么就构成了一个普通年金，按照 $m+n$ 期计算出年金现值后再减去假设存在的 m 期的年金现值，即为递延年金的现值。即：

$$P = A \times [(P/A,i,m+n) - (P/A,i,m)]$$

方法三：先按照普通年金终值的计算方法计算出递延年金的终值，然后再复利折现到第一期期初计算出递延年金的现值。即：

$$P = A \times (F/A,i,n) \times (P/F,i,m+n)$$

【例2-13】某公司向银行借入一笔钱，贷款年利率为15%，银行规定前5年不用还本付息，但从第6年到第10年每年年末偿付本息5 000元，问该笔贷款的现值是多少？

解：

方法一：
$$\begin{aligned} P &= A \times (P/A,i,n) \times (P/F,i,m) \\ &= 5\,000 \times (P/A,15\%,5) \times (P/F,15\%,5) \\ &= 5\,000 \times 3.3522 \times 0.4972 \\ &\approx 8\,333(\text{元}) \end{aligned}$$

方法二：
$$P = A \times [(P/A,i,m+n) - (P/A,i,m)]$$

$=5\ 000\times[(P/A,15\%,10)-(P/A,15\%,5)]$

$=5\ 000\times[5.018\ 8-3.352\ 2]$

$\approx 8\ 333$(元)

方法三： $P=A\times(F/A,i,n)\times(P/F,i,m+n)$

$=5\ 000\times(F/A,15\%,5)\times(P/F,15\%,10)$

$=5\ 000\times6.742\ 4\times0.247\ 2$

$\approx 8\ 333$(元)

4. 永续年金

永续年金是指无限期的收入或支出相等金额的年金，也称永久年金。它是普通年金的一种特殊形式，永续年金期限趋于无限，没有终止时间，也没有终止值，只有现值。

永续年金现值的计算公式为：

$$P=A\times\frac{1-(1+i)^{-n}}{i}$$

当 $n\to+\infty$ 时，$(1+i)^{-n}\to0$

故：
$$P=\frac{A}{i}$$

【例 2－14】某人在大学里成立一个慈善基金，本金买入年息 5% 的长期国债，每年年底的利息 10 万元用作学生们的奖学金。问现在需要一次投资多少钱作为慈善基金？

解：
$$P=\frac{A}{i}=\frac{10}{5\%}=200(\text{万元})$$

【拓展领域】

用 Excel 计算货币时间价值

(一)现值计算

在 Excel 中，计算现值的函数是 PV，其语法格式为：PV(rate, nper, pmt, [fv], [type])。其中：参数 rate 为各期利率，参数 nper 为投资期(或付款期)数，参数 pmt 为各期支付的金额。省略 pmt 参数就不能省略 fv 参数；fv 参数为未来值，省略 fv 参数即假设其值为 0，也就是一笔贷款的未来值为零，此时不能省略 pmt 参数。type 参数值为 1 或 0，用以指定付款时间是在期初还是在期末，如果省略 type 则假设值为 0，即默认付款时间在期末。

例：计算复利现值。某企业计划在 5 年后获得一笔资金 1 000 000 元，假设年投资报酬率为 10%，问现在应该一次性地投入多少资金？

在 Excel 工作表的单元格中录入：= PV(10%, 5, 0, －1 000 000)，回车确认，结果自动显示为 620 921.32 元。

(二)终值计算

在 Excel 中，计算终值的函数是 FV，其语法格式为：FV(rate, nper, pmt, [pv],

[type])。其中:参数 rate 为各期利率,参数 nper 为期数,参数 pmt 为各期支付的金额。省略 pmt 参数则不能省略 pv 参数;参数 pv 为现值,省略参数 pv 即假设其值为 0,此时不能省略 pmt 参数。type 参数值为 1 或 0,用以指定付款时间是在期初还是在期末,如果省略 type 则假设值为 0,即默认付款时间在期末。

例:计算复利终值及利息。向银行借款 1 000 万元,年利率 8%,期限 5 年,到期一次还本付息。问 5 年后应偿还多少万元? 其中有多少利息?

在 Excel 工作表的单元格中录入: = FV(8%,5, -1 000),回车确认,结果(复利终值,即本息和)显示为 1 469.33 万元。在单元格中录入: = FV(8%,5, -1 000) -1 000,回车确认,结果显示为 469.33 万元(利息)。

(三)贴现率计算

在 Excel 工作表中,计算贴现率的函数为 RATE,其语法格式为:RATE(nper, pmt,pv,[fv],[type],[guess])。其中 guess 为预期(猜测)利率,如果省略预期利率则假设该值为 10%.

例:测算报酬率。现有 15 000 元,要想在 10 年后达到 50 000 元,那么在选择投资项目时,最低可接受的报酬率是多少?

在 Excel 工作表的单元格中录入: = RATE(10,15 000, -50 000),回车确认,结果自动显示为 12.795%。

(四)期数计算

在 Excel 中,计算期数的函数为 NPER,其语法格式为:NPER(rate,pmt,pv,[fv],[typ])。

例:计算还款期。按揭方式购房,首付后贷款600 000元,假设贷款的年利率为 7.95%,每月还款能力为5 000元,问需多少年能够还清贷款? 在 Excel 工作表的单元格中录入: = NPER(7.95%/12,5000, -600 000)/12,回车确认,结果显示为 20 年。

(五)等额收(付)款计算

在 Excel 中,计算等额收(付)款的函数是 PMT,其语法格式为:PMT(rate,nper, pv,[fv],[type])。

例:投资回收的年金测算。假设以 10% 的年利率借款20 000元,投资于寿命为 10 年的某个项目。问每年至少要收回多少资金才行? 在 Excel 工作表的单元格中录入: = PMT(10%,10, -20 000),回车确认,结果自动显示为 3 254.91 元。

【技能训练】

一、选择题:

1. 某企业于年初存入银行10 000元,假定年利息率为 12%,每年复利两次,则第 5 年年末的本利和为(　　)元。

A. 13 382　　B. 17 623　　C. 17 908　　D. 31 058

2. 某人希望在第 5 年年末取得本利和 20 000 元,则在年利率为 2%,单利计息的方式下,此人现在应当存入银行(　　)元。

A. 18 114　　B. 18 181. 82　　C. 18 004　　D. 18 000

3. 某人目前向银行存入 1 000 元,银行存款年利率为 2%,在复利计息的方式下,5 年后此人可以从银行取出(　　)元。

A. 1 100　　B. 1 104. 1　　C. 1 204　　D. 1 106. 1

4. 企业有一笔 5 年后到期的贷款,到期值是15 000元,假设存款年利率为 3%,则企业应为偿还借款建立偿债基金(　　)元。

A. 2 825. 34　　B. 3 275. 32　　C. 3 225. 23　　D. 2 845. 34

5. 某人分期购买一辆汽车,每年年末支付10 000元,分 5 次付清,假设年利率为 5%,则该项分期付款相当于现在一次性支付(　　)元。

A. 55 256　　B. 43 259　　C. 43 295　　D. 55 265

6. 某企业进行一项投资,目前支付的投资额是 10 000 元,预计在未来 6 年内收回投资,在年利率是 6% 的情况下,为了使该项投资是合算的,那么企业每年至少应当收回(　　)元。

A. 1 433. 63　　B. 1 443. 63　　C. 2 023. 64　　D. 2 033. 64

7. 某一项年金前 4 年没有流入,后 5 年每年年初流入1 000元,则该项年金的递延期是(　　)年。

A. 4　　B. 3　　C. 2　　D. 1

8. 某人在第一年、第二年、第三年年初分别存入1 000元,年利率 2%,单利计息的情况下,在第三年年末此人可以取出(　　)元。

A. 3 120　　B. 3 060. 4　　C. 3 121. 6　　D. 3 130

9. 某人于第一年年初向银行借款30 000元,预计在未来每年年末偿还借款6 000元,连续 10 年还清,则该项贷款的年利率为(　　)。

A. 20%　　B. 14%　　C. 16. 13%　　D. 15. 13%

10. 某人决定在未来 5 年内每年年初存入银行1 000元(共存 5 次),年利率为 2%,则在第 5 年年末能一次性取出的款项额计算正确的是(　　)。

A. $1\ 000 \times (F/A,2\%,5)$

B. $1\ 000 \times (F/A,2\%,5) \times (1+2\%)$

C. $1\ 000 \times (F/A,2\%,5) \times (F/P,2\%,1)$

D. $1\ 000 \times [(F/A,2\%,6)-1]$

11. 某项年金前三年没有流入,从第四年开始每年年末流入1 000元共计 4 次,假设年利率为 8%,则该递延年金现值的计算公式正确的是(　　)。

A. $1\ 000 \times (P/A,8\%,4) \times (P/F,8\%,4)$

B. $1\ 000 \times [(P/A,8\%,8)-(P/A,8\%,4)]$

C. $1\ 000 \times [(P/A,8\%,7)-(P/A,8\%,3)]$

D. 1 000×(F/A,8%,4)×(P/F,8%,7)

12. 下列说法正确的是(　　)。

A. 普通年金终值系数和偿债基金系数互为倒数

B. 普通年金终值系数和普通年金现值系数互为倒数

C. 复利终值系数和复利现值系数互为倒数

D. 普通年金现值系数和资本回收系数互为倒数

13. 递延年金具有如下特点(　　)。

A. 年金的第一次支付发生在若干期之后

B. 没有终值

C. 年金的现值与递延期无关

D. 年金的终值与递延期无关

二、判断题:

1. 资金时间价值相当于没有风险情况下的社会平均资金利润率。(　　)

2. 利率不仅包含时间价值,而且也包含风险价值和通货膨胀补偿率。(　　)

3. 即付年金的现值系数是在普通年金的现值系数的基础上系数+1,期数-1得到的。(　　)

4. 递延年金有终值,终值的大小与递延期是有关的,在其他条件相同的情况下,递延期越长,则递延年金的终值越大。(　　)

5. 每半年付息一次的债券利息是一种年金的形式。(　　)

三、计算题:

1. 某公司拟租赁一间厂房,期限是10年,假设年利率是10%,出租方提出以下几种付款方案:

(1)立即支付全部款项共计20万元;

(2)从第4年开始每年年初付款4万元,至第10年年初结束;

(3)第1到8年每年年末支付3万元,第9年年末支付4万元,第10年年末支付5万元。

要求:通过计算回答该公司应选择哪一种付款方案比较合算?

2. 某人要出国3年,请你代付3年的房屋的物业费,每年付10 000元,若存款利率为5%,现在他应给你在银行存入多少钱?

3. 某人参加保险,每年投保金额为2 400元,投保年限为25年,则在投保收益率为8%的条件下:

(1)如果每年年末支付保险金,25年后可得到多少现金?

(2)如果每年年初支付保险金,25年后可得到多少现金?

4. 企业向租赁公司融资租入设备一台,租赁期限为8年,该设备的买价为320 000元,租赁公司的综合报酬率为16%,则企业在每年的年末等额支付的租金为多少?如果企业在每年的年初支付租金又为多少?

第二节　风险价值观念

【节点目标】

知识目标：

- 了解风险的含义
- 理解风险的分类
- 掌握风险价值相关指标的计算

能力目标：

- 能运用投资风险分析的知识分析投资项目的风险并决策
- 能运用风险价值指标衡量风险的大小

我们生活在一个充满不确定性的世界里，许多事物有待于时间来验证。任何一个行为，都可以产生多个结果，风险无处不在。

一、风险概述

（一）风险的含义

企业生存的外部环境是变化不定的。特别是当今社会，商品经济发达，市场竞争激烈，未来的不确定性随之增加。企业在实现其目标的经营活动中，也会遇到各种不确定性事件，这些事件发生的概率及其影响程度是无法事先预知的，这些事件将对经营活动产生影响，从而影响企业目标实现的程度。

风险是预期结果的不确定性，风险不仅包括负面效应的不确定性，还包括正面效应的不确定性。一般来说，人们对负面效应的关切程度比对意外收益要强烈得多，因此，人们研究风险时侧重减少损失，主要从负面考虑风险，经常把风险看成是负面效应发生的可能性。从财务管理的角度讲，风险是指企业在各项财务活动过程中，由于各种难以预料或难以控制因素的作用，使企业的实际收益与预计收益发生背离，从而蒙受经济损失的可能性。投资者之所以愿意冒风险，是为了得到额外的收益，否则就不值得去冒险。但风险可能给投资者带来超出预期的收益，也可能带来超出预期的损失。因此企业理财时，必须研究风险、管理危险，识别、衡量、选择和获取增加企业价值的机会。

（二）风险的分类

风险可以从不同的角度划分，常见的有两种分类：

1. 市场风险和公司特有风险

按投资主体的不同划分，风险分为市场风险和公司特有风险。

（1）市场风险是指对所有企业都会产生影响的因素引起的风险，如战争、经济衰退、通货膨胀、利率风险、政治风险等。这类风险产生的根源是来自企业外部的变化，涉及所有的投资对象，不能通过多角化投资来分散，因此也称不可分散风险或系统风险。

(2)公司特有风险，是指发生于个别公司的特有事件造成的风险，如罢工、新产品开发失败、没有争取到重要合同、诉讼失败等。这类事件是随机发生的，因而可以通过多角化投资分散，即发生于一家公司的不利事件可以被其他公司的有利事件所抵消，这类风险也称为可分散风险或非系统风险。

2. 经营风险和财务风险

按风险形成的原因划分，风险分为经营风险和财务风险。

(1)经营风险是指生产经营的不确定性带来的风险，它是任何商业活动都有的，也称商业风险。企业生产经营过程中，受到来自企业内部和外部诸多因素的影响，具有很大的不确定性。例如市场销售情况变动，生产成本中的料、工、费变动，生产技术的变革，经济环境的变动等。所有这些生产经营方面的不确定性，都会引起企业的利润或利润率的高低变化。

(2)财务风险是指由于举债而给企业财务成果带来的不确定性，也称筹资风险。举债不仅可以解决企业资金短缺的困难，还可以提高企业自有资金的赢利能力。但借入资金需还本付息，它加大了企业的风险，若企业经营不善，会使企业财务陷入困境甚至导致破产。

(三)风险价值

企业财务和经营管理活动总是处于或大或小的风险之中，一般来说，高风险伴随高收益，也伴随高损失。因冒风险而得到的超过资金时间价值的额外报酬，称为风险价值，又称风险收益、风险报酬、风险溢价或风险溢酬。它是预期收益超过无风险收益的部分，反映了投资者对风险资产投资而要求的风险补偿。投资风险越大，投资者对这种额外报酬的要求就越高。

风险价值有两种表示方法，即风险收益额和风险收益率。投资者由于冒着风险进行投资而获得的超过资金时间价值的额外收益，称为风险收益额；风险收益额与投资额的比率则称为风险收益率。由于风险收益率是相对数指标，便于比较和计算，在财务管理中通常用风险收益率来表示风险价值。

如果不考虑通货膨胀的话，投资者进行风险投资所要求的或期望的投资报酬率便是无风险报酬率与风险收益率之和，即：

$$期望投资报酬率 = 无风险报酬率 + 风险收益率$$

假定资金时间价值为6%，某项投资期望投资报酬率为15%，如果不考虑通货膨胀因素，该项投资的风险收益率便是9%。

二、风险的度量

风险价值观念的核心是风险与收益权衡原则，高风险会带来高收益，低风险产生低收益，企业如何在风险和收益之间进行权衡，这就需要将风险进行量化，在对各种可能结果进行分析的基础上，趋利防弊，以求以最小的风险谋求最大的收益。人们在对风险进行计量时，往往采用概率和统计的方法。

（一）概率分布

在现实生活中，某一事件在完全相同的条件下可能发生也可能不发生，出现的结果也不一样，我们称这类事件为随机事件。概率就是用百分数或小数来表示随机事件发生可能性大小的数值。

通常把肯定发生事件的概率定为1，把肯定不会发生的事件的概率定为0，而一般随机事件的概率是介于0与1之间的一个数。概率越接近1，表示该事件发生的可能性就越大。如果用X表示随机事件，X_i表示随机事件的第i种结果，P_i为出现该种结果的相应概率，那么，概率必须符合下列两个要求：

（1）所有概率（P_i）都在0～1之间，即$0 \leqslant P_i \leqslant 1$。

（2）所有结果的概率之和等于1，即$\sum_{i=1}^{n} P_i = 1$

将随机事件各种可能的结果都列示出来，且每一个事件都给予一个概率，把它们列示在一起，便构成了概率分布。

【例2－15】某公司拟进行某项投资，现有A、B两个方案可供选择，其报酬率的概率分布如表2－1所示。

表2－1　公司A、B两方案报酬的概率分布表

经济情况	概率P_i	收益率X_i	
		A方案	B方案
繁荣	0.2	40%	70%
一般	0.5	20%	20%
较差	0.3	10%	-10%

这里，概率表示每一种经济状况出现的可能性，同时也就是各种不同报酬率出现的可能性。例如，未来经济状况出现繁荣的可能性为0.2，如果这种情况真的出现，B方案可获得高达70%的报酬率。

（二）期望值

期望值是指各种可能发生的结果按各自相应的概率为权数计算的加权平均值，又称为预期值或均值，通常用$\overline{E}$表示。其计算公式为：

$$(\overline{E}) = \sum_{i=1}^{n}(P_i X_i)$$

期望值反映预计收益的平均化，它表示在一定的风险条件下，投资者的合理预期。

【例2－16】沿用例2－15的资料，计算A、B两个方案的期望报酬率：

解：$\overline{E}_A = 0.2 \times 40\% + 0.5 \times 20\% + 0.3 \times 10\% = 21\%$

$$\overline{E}_B = 0.2 \times 70\% + 0.5 \times 20\% + 0.3 \times (-10\%) = 21\%$$

上述计算结果表明，两个项目的期望报酬率都是21%，但是报酬率之间的变异性相差很大，A方案期望报酬率的变动范围在10%～40%之间，而B方案的期望报酬率的变动范围在-10%～70%之间。这说明两个项目的报酬率相同，但风险程度不同。为了定量地衡量风险的大小，还要使用统计学中衡量概率分布离散程度的指标。

（三）离散程度

离散程度是用以衡量风险大小的统计指标。一般来说，离散程度越大，风险越大；离散程度越小，风险越小。反映随机变量离散程度的指标有平均差、方差、标准差、标准离差率和全距等。常用的是方差、标准差、标准离差率。

1. *方差和标准差*

$$方差(\sigma^2) = \sum_{i=1}^{n}(X_i - \overline{E})^2 P_i$$

标准差也叫均方差，是方差的平方根。

$$标准差(\sigma) = \sqrt{\sum_{i=1}^{n}(X_i - \overline{E})^2 P_i}$$

【例2－17】沿用例2－15的资料，计算A、B方案的方差、标准差。

解：A方案方差$(\sigma^2) = \sum_{i=1}^{n}(X_i - \overline{E})^2 P_i$

$= (40\% - 21\%)^2 \times 0.2 + (20\% - 21\%)^2 \times 0.5 + (10\% - 21\%)^2 \times 0.3$

$= 0.010\,9$

A方案标准差$(\sigma) = \sqrt{\sum_{i=1}^{n}(X_i - \overline{E})^2 P_i} = \sqrt{0.010\,9} = 0.104\,4$

B方案方差$(\sigma^2) = \sum_{i=1}^{n}(X_i - \overline{E})^2 P_i$

$= (70\% - 21\%)^2 \times 0.2 + (20\% - 21\%)^2 \times 0.5 + (-10\% - 21\%)^2 \times 0.3$

$= 0.076\,9$

B方案标准差$(\sigma) = \sqrt{\sum_{i=1}^{n}(X_i - \overline{E})^2 P_i} = \sqrt{0.076\,9} = 0.277\,3$

A方案的标准差是10.44%，B方案的标准差是27.73%，说明了A方案的风险比B方案的风险小。

标准差以绝对数衡量决策方案的风险，在期望值相同的情况下，标准差越大，风险越大；反之，标准差越小，风险则越小。方差和标准差的局限性在于它们是绝对数，只适用于相同预期值决策方案风险程度的比较。

2. 标准离差率

当两个方案的期望收益不相同时，不能根据方差和标准差的大小直接作出风险大小的判断，这时要根据标准离差率来判断。标准离差率又称变化系数、变异系数，是以相对数反映决策方案风险程度的指标。在期望值不同的情况下，标准离差率越大，风险越大；反之，标准离差率越小，风险越小。

标准离差率的计算公式为：

$$q = \frac{\sigma}{E}$$

【例 2－18】沿用例 2－15 的资料，计算甲、乙项目的标准离差率。

解：

A 方案　　$q = \frac{\sigma}{E} = \frac{0.1044}{0.21} = 0.4971$

B 方案　　$q = \frac{\sigma}{E} = \frac{0.2773}{0.21} = 1.3205$

由于 A 方案的标准离差率小于 B 方案的标准离差率，因此，B 方案的风险比 A 方案的风险要大。

三、风险控制对策

（一）规避风险

规避风险是指改变项目计划，以排除风险或条件，或者保护项目目标，使其不受影响，或对受到威胁的一些目标放松要求。例如，延长进度或减少范围；拒绝与不守信用的厂商业务往来；放弃可能明显导致亏损的投资项目。

（二）减少风险

减少风险主要是指两个方面：一是控制风险因素，减少风险的发生；二是控制风险发生的频率和降低风险损害程度。减少风险的常用方法有：进行准确的预测；对决策进行多方案优选和替代；及时与政府部门沟通获取政策信息；在发展新产品前，充分进行市场调研；采用不太复杂的工艺，实施更多的测试；选用比较稳定可靠的合作伙伴；采用多领域、多地域、多项目、多品种的经营或投资以分散风险。

（三）转移风险

对可能给企业带来灾难性损失的资产，企业应以一定的代价，采用某种方式转移风险。转移风险实际只是把风险损失的部分或全部以正当理由让他方承担，而并非将其拔除。如向保险公司投保；采取合资、联营、联合开发等措施实现风险共担；通过技术转让、租赁经营和业务外包等实现风险转移。

（四）接受风险

采取该策略的原因在于很少可以消除项目的所有风险。采取此项措施表明，已经决定不打算为处置某项风险而改变项目计划,无法找到任何其他应对良策的情况下,或者为应对风险而采取的对策所需要付出的代价太高,尤其是当该风险发生的概率很小时,往往采用“接受”这一措施。针对机会或威胁,均可采取该项策略。接受风险包括风险自担和风险自保两种。风险自担是指风险损失发生时,直接将损失摊入成本或费用,或冲减利润;风险自保是指企业预留一笔风险金或随着生产经营的进行,有计划地计提资产减值准备等。

【拓展领域】

单项资产风险和收益的数量关系

(一)标准离差率作为度量单项资产风险的单位所反映的风险和收益关系

标准离差率虽然能正确评价风险程度的大小,但不是风险收益率,无法体现风险价值。风险价值与反映风险程度的标准离差率成正比关系,投资者所冒风险程度越大,得到的风险收益率就应该越高。但标准离差率转换为风险收益率,需要引入一个参数,即风险价值系数或风险收益系数。

风险收益率、风险价值系数和标准离差率三者之间的关系如下所示:

$$R_R = b \times V$$

式中,R_R表示风险收益率;b 表示风险价值系数或风险收益系数;V 表示标准离差率。

在明确了风险收益率、风险价值系数和标准离差率三者之间关系的基础上,投资者要求的期望报酬率,即期望收益率可用下式来表示:

$$\overline{K} = R_f + R_R = R_f + bV$$

式中,$\overline{k}$ 表示期望报酬率或期望收益率,R_f表示无风险收益率。

至于风险价值系数 b 的确定,一般有如下三种方法:

第一种,根据以往的同类项目加以确定,可以参照以往同类项目的历史资料。

第二种,如果缺乏同类项目的历史资料,则可由企业管理层或企业组织有关专家确定。

第三种,由国家有关部门组织专家确定,国家有关部门可根据各行业的具体情况和有关因素,确定行业风险价值系数,供投资者参考。

(二)用 β 值度量单项资产风险所反映的风险和收益关系

β 值,又称 β 系数,是资本资产定价模型的研究成果,β 值是反映单项资产收益率与市场上全部资产平均收益率之间变动关系的一个量化指标,即单项资产所含的系统性风险对市场组合平均风险的影响程度,也称为系统风险指数。

一种股票 β 值的大小取决于:该股票与整个股票市场的相关性;它自身的标准差;整个市场的标准差。当 $\beta=1$ 时,表示该单项资产的收益率与市场平均收益率呈相同比例的变化,其风险与市场投资组合的风险一致;如果 $\beta>1$,说明该单项资产的风险大于整个市场投资组合的风险；如果$\beta<1$，说明该单项资产的风险小于整个市场投资组合的风险。

β值转换为风险收益率，需要引入一个参数，这个参数就是市场风险价值，又称市场风险溢酬或市场风险收益。市场风险价值是市场预期收益率和无风险收益率的差额，用R_m-R_f来表示。

风险收益率、市场风险价值和β值三者之间的关系可用下式表示：

$$R_R=\beta(R_m-R_f)$$

在明确了风险收益率、市场风险价值和β三者之间关系的基础上，投资者要求的最低的期望收益率，即必要收益率可用下式来表示：

$$K=R_f+\beta(R_m-R_f)$$

式中，K表示投资者要求的最低的期望收益率，即必要收益率。

【技能训练】

一、选择题：

1. 下列各项中(　　)会引起企业财务风险。

A. 举债经营　　B. 生产组织不合理

C. 销售决策失误　　D. 新材料出现

2. 甲项目收益率的期望值为10%，标准差为10%，乙项目收益率的期望值为15%，标准差为10%，则可以判断(　　)。

A. 由于甲乙项目的标准差相等，所以两个项目的风险相等

B. 由于甲乙项目的期望值不等，所以无法判断二者的风险大小

C. 由于甲项目期望值小于乙项目，所以甲项目的风险小于乙项目

D. 由于甲项目的标准离差率大于乙项目，所以甲项目风险大于乙项目

3. 已知短期国库券利率为4%，纯利率为2.5%，市场利率为7%，则风险收益率和通货膨胀补偿率分别为(　　)。

A. 3%和1.5%　　B. 1.5%和4.5%

C. -1%和6.5%　　D. 4%和1.5%

4. 在下列各种情况下，会给企业带来经营风险的有(　　)

A. 企业举债过度　　B. 原材料价格发生变动

C. 企业产品更新换代周期过长　　D. 企业产品的生产质量不稳定

5. 下列各项中，能够衡量风险的指标有(　　)。

A. 方差　　B. 标准差　　C. 期望值　　D. 变化系数

6. 下列各项中属于转移风险的措施的是(　　)。

A. 业务外包　　B. 合资

C. 计提存货减值准备　　D. 向保险公司赔偿

7. 市场风险产生的原因有(　　)。

A. 高利率　　B. 战争　　C. 经济衰退　　D. 通货膨胀

8. 由影响所有企业的外部因素引起的风险，可以称为(　　)。

A. 可分散风险　　B. 不可分散风险

C. 系统风险　　D. 市场风险

二、判断题：

1. 对于不同的投资方案，其标准差越大，风险越大；反之标准差越小，风险越小。(　　)

2. 风险和收益是对等的。风险越大，要求的报酬率就越高。(　　)

3. 如果两个企业的获利额相同，则其风险也必然相同。(　　)

三、计算题：

1. 三宝公司有三个可供选择的投资项目：A 和 B 是两个高科技项目，该领域竞争激烈，如果经济发展迅速并且该项目成功，就会取得较大市场占有率，利润很大，否则利润很小甚至亏本；C 项目是一个老产品并且是必需品，销售前景可以准备预测出来。假设其他因素都相同，影响报酬率的未来经济情况只有三种：繁荣、正常、衰退，有关的概率分布和预期报酬率如表 2－2 所示。请计算三宝公司 A、B、C 三个投资项目的期望报酬率、标准差、标准离差率，并进行投资决策。

表 2－2　A、B、C 项目预期报酬率及概率分布表

经济情况	发生概率	A 预期报酬率	B 预期报酬率	C 预期报酬率
繁荣	0.3	30%	20%	20%
正常	0.6	10%	10%	10%
衰退	0.1	－25%	－5%	5%

2. 目前市场是有 35% 的可能为良好，45% 的可能为一般，20% 的可能为较差。企业面临两个投资方案的选择，甲方案在市场状况良好、一般和较差的情况下分别有 120 万元、60 万元和 －20 万元的投资收益；乙方案在市场状况良好、一般和较差的情况下分别有 100 万元、65 万元和 －15 万元的投资收益。请用风险收益均衡原则决策企业该选择何种投资方案。

财务管理实务篇

公司背景资料

肇庆宏泰家具股份有限责任公司(简称宏泰公司)成立于2004年,2010年上市,现股本总额7 000万元,股份总额7 000万股,每股面值1元,发行在外流通的全部都是普通股股票。公司主要产品为原木实木门,经过10年的发展,公司的资产已超过1亿元,公司销售规模不断扩大,销售收入不断增加,预计未来5~10年间,公司的销售收入还将不断上升。

其他资料:

1. 公司现有2间厂房,每间原值1 002万元,预计净残值2万元;4条生产线,每条生产线的成本是2 503万元,预计净残值3万,厂房和生产线均已经使用5年,折旧年限10年。

2. 公司准备2015年开发新产品实木复合门,预计投资额2 000万元。

3. 公司管理部门使用的固定资产原值是2 010万元,预计净残值10万元,已经使用5年,折旧年限10年。

4. 公司产品的市场售价一直以来比较稳定,为0.2万元/扇。

5. 公司的销售净利率每年基本保持8%的水平,利润留存率为40%。

6. 公司采用直线法计提折旧,所得税率为25%。

7. 本公司计算结果保留小数点后两位。

该公司2014年末资产负债表和利润表情况如表1、表2所示:

表1 肇庆宏泰家具股份有限责任公司资产负债表(简表)

年度:2014年　　　　单位:万元

资产项目	年末数	负债及所有者权益	年末数
货币资金	480	应付账款	1 148.64
应收账款	2 640	长期借款	1 000
存货:原材料	612		
产成品	624	负债合计	2 148.64
流动资产合计	4 356		
固定资产	14 026	股本	7 000
减:累计折旧	7 000	留存收益	2 233.36
固定资产净值	7 026	所有者权益合计	9 233.36
资产合计	11 382	负债及所有者权益合计	11 382

表2　肇庆宏泰家具股份有限责任公司利润表(简表)

年度:2014年　　　　单位:万元

项目	金额
销售收入	16 000
减:变动销售成本	9 600
变动性销售及管理费用	1 440
边际贡献	4 960
减:固定性制造费用	2 134
固定销售及管理费用	1 046
财务费用	80
营业利润	1 700
减:所得税	425
净利润	1 275

(注:本利润表是根据变动成本法编制的)

情境一　财务预测

☆1989 年 8 月史玉柱以 4 000 元起家，从 1992 年开始，史玉柱和他的“巨人”步入辉煌，巨人成为中国电脑行业的领头羊，1993 年，仅中文手写电脑和软件的当年销售额即达到 3.6 亿元，巨人成为位居四通之后中国第二大民营高科技企业。电脑业于 1993 年步入低谷，巨人集团也受到重创。巨人集团开始迈向多元化经营之路——计算机、生物工程和房地产。90 年代中期，史玉柱意气风发地决心要盖中国第一高楼，规划从最初的 18 层一直涨到 70 层，投资也从 2 亿元涨到 12 亿元，而当时他手里的钱仅够为这栋楼打桩。由于全国保健品市场普遍下滑，巨人保健品的销量也急剧下滑，当 1996 年底大楼一期工程未能完成时，建大厦时卖给国内的 4 000 万楼花就成了导致巨人集团财务危机的导火索。巨人大厦本应是史玉柱和他的巨人集团的一个丰碑式的建筑，结果却成了一个拥有上亿资产的庞大企业集团失败的开始。

☆凡事预则立，不预则废。导致巨人失败的原因之一是对整个产业环境缺乏预测和分析的情况下，贸然扩张。让我们进入本章的主题——财务预测。

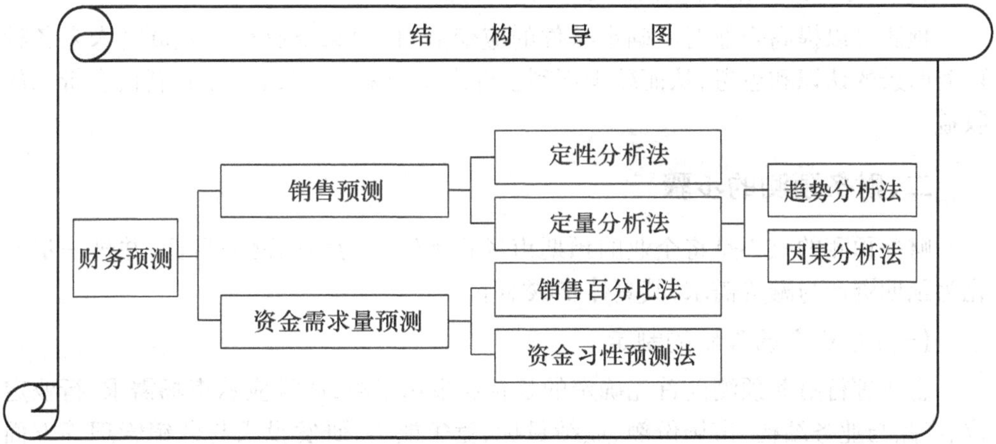

预测是根据所研究现象的过去信息，结合该现象的一些影响因素，运用科学的方法，预测现象将来的发展趋势，它是人们认识世界的重要途径，也是进行科学决策的前提。

一、财务预测的含义及作用

财务预测根据财务活动的历史资料，结合企业当前面临和即将面临的各种变化因素，运用数理统计方法，以及结合主观判断，来预测企业未来财务状况。

财务预测是财务管理的重要环节之一，管理的关键在于决策，决策的关键在于预测。财务预测对于提高公司经营管理水平和经济效益有着十分重要的作用。具体表现在以下几个方面：

（一）财务预测是融资计划的前提

企业需要通过财务预测，预先知道企业外部融资的财务需求，提前安排融资计划，可避免因为临时融资失败而导致资金周转困难的问题。

（二）财务预测有助于改善投资决策

根据销售前景估计出的融资需要不一定总能满足，因此，企业进行投资决策时，就需要考虑可能筹措到的资金，使投资决策建立在可行的基础之上。

（三）财务预测是企业经营活动能顺利进行的基础

财务预测是通过预计报表将主要经营目标转换成财务收入、利润等效益指标，并与企业财务预算管理过程相衔接，可为企业未来生产经营活动顺利进行打下基础。

（四）财务预测的真正目的是有助于应变

预测可以提高企业对不确定事件的应变能力，加深企业管理人员对未来各种可能前景的认识和思考，从而减少不利事件出现带来的损失，增加有利机会带来的收益。

二、财务预测的步骤

财务预测的核心是将企业的预期市场目标转化为预期财务目标，并进一步转化为预期资产与融资需求，其具体步骤如下：

（一）企业市场策略的制定

企业进行财务预测前首先确定的是企业市场策略，通常应从市场需求、行业定位、产品与业务结构、市场份额、业绩目标、竞争能力、研发投入与营销管理等方面进行。

（二）销售预测

财务预测的起点是销售预测。销售预测对财务预测的质量有重大影响。如果销售的实际现状超出预测很多，企业没有准备足够的资金添置设备或储备存货，则无法满足顾客需要，这不仅会失去盈利机会，并且会丧失原有的市场份额。相反，销售预测过高，筹集大量资金购买设备并储备存货，则会造成设备闲置和存货积压，使资产周转率下降，导致净资产收益率降低，股价下跌。

一般情况下，财务预测把销售数据视为已知数，作为财务预测的起点。销售预测本身不是财务管理的职能，但它是财务预测的基础，销售预测完成后才能开始财务预测。

（三）融资需求预测

一般来说，随着销售水平的变动，企业的部分资产、部分负债和留存收益也会发生变动，从而会引起企业融资需求的变化。企业应根据预计销售水平来合理预测资金占用情况，从而估计企业未来的融资需求。

（四）适当调整销售增长比率

确定了所需的融资需求后，企业要对融资来源进行安排。如果通过分析发现，预期的外部融资需求在预测期内无法满足，企业就要考虑是否可以通过提高预期销售净利率、降低股利支付率、加快资产周转率等方式减少资金的使用占用，否则企业将要根据融资能力对销售增长率进行调整。

任务一 销售预测

【任务目标】

知识目标：

- 了解销售预测的定性分析法
- 理解销售预测的算数平均法、移动平均法、指数平滑法
- 掌握销售预测的加权平均法、回归分析法

能力目标：

- 能选择合理的方法进行销售预测
- 能运用回归分析法进行销售预测

【任务引入】

宏泰公司2014年销售量为80 000扇，经过对历年的财务数据及资料进行研究发现，公司原木实木门的销量与整个华南地区销售木材的数量有密切关系（表3－1）。

表3－1 宏泰公司近6年销量及华南地区木材销量情况表

年度	2009	2010	2011	2012	2013	2014
宏泰公司原木实木门销售量（万扇）	3	3.36	4	4.8	6.6	8
华南地区木材销量（万立方米）	12.5	17	25	35	57.5	75

预计2015年华南地区销售木材的数量将继续增长，预计为100万立方米。公司现在进行2015年财务规划，财务预测是财务规划的起点，财务预测的首要任务需要对销售进行预测，即销售量预测。

销售预测是指通过市场调查，以有关的历史资料和各种信息为基础，运用科学的预测方法或管理人员的实际经验，对企业产品在计划期间的销售量或销售额作出预计的过程。销售预测是企业进行生产经营活动的起点，也是制定经营决策的基础，是开展其他经营预测的前提条件。企业在进行销售预测时，应充分研究和分析企业产品销售的相关资料，如产品价格、产品质量、售后服务、推销方法等。此外，对企业所处的市场环境、物价指数、市场占用率及经济发展趋势等情况也应进行研究分析。

影响销售预测的因素多而复杂，要提高预测的准确性，就要适当选择预测方法。销售预测的方法有很多种，但从总体上来说主要包括定性分析法和定量分析

法两类。

一、销售预测的定性分析法

定性分析法，即非数量分析法，是指由专业人员根据实际经验，对预测对象的未来情况及发展趋势作出预测的一种分析方法。这类方法主要是在企业所掌握的数据资料不完备、不准确的情况下使用，通过对经济形势、国内外科学技术发展水平、市场动态、产品特点和竞争对手情况等资料的分析研究，对本企业产品的未来销售情况作出判断。定性分析法主要包括推销员判断法、专家判断法和产品寿命周期分析法。

(一)推销员判断法

推销员判断法，又称意见汇集法，是由企业熟悉市场情况及相关变化信息的经营管理人员对由推销员调查得来的结果进行综合分析，从而作出较为正确的预测的方法。这种方法用时短、耗费小，比较实用，在市场发生变化的情况下，能很快地对预测结果进行修正。

(二)专家判断法

专家判断法，是由专家根据他们的经验和判断能力对特定产品的未来销售量进行判断和预测的方法，主要有以下三种不同形式：

个别专家意见汇集法，该方法是分别向每位专家征求对本企业产品未来销售情况的个人意见，然后将这些意见再加以综合分析，确定预测值。

德尔菲法，又称函询调查法，它是一种客观判断法，由美国兰德公司在20世纪40年代首先倡导使用。它主要是采用通讯的方式，通过向见识广、学有专长的各有关专家发出预测问题调查表的方式来搜集和征询专家们的意见，并经过多次反复，综合、整理、归纳各专家的意见以后，作出预测判断。

专家小组法，属于一种客观判断法，它是由企业组织各有关方面的专家组成预测小组，通过召开各种形式座谈会的方式，进行充分广泛的调查研究和讨论，然后运用专家们的集体智慧作出最后的预测判断。此方法的缺陷是预测小组中专家意见可能受权威专家的影响，客观性较德尔菲法差。

(三)产品寿命周期分析法

产品寿命周期分析法就是利用产品销售量在不同寿命周期阶段上的变化趋势，进行销售预测的一种定性分析方法，它是对其他预测分析方法的补充。产品寿命周期是指产品从投入市场到退出市场所经历的时间，一般要经过萌芽期、成长期、成熟期和衰退期四个阶段。判断产品所处的寿命周期阶段，可根据销售增长率指标进行。一般地，萌芽期增长率不稳定，成长期增长率最大，成熟期增长率稳定，衰退期增长率为负数。

二、销售预测的定量分析法

定量分析法，也称数量分析法，是指根据有关的历史资料，运用现代数学方法对历史资料进行分析加工处理，并通过建立预测模型来对产品的市场变动趋势进行研究并作出推测的预测。这类方法是在企业掌握较多的数据资料的前提下运用，以便能通过对数据类型的分析，确定具体适用的预测方法对产品的市场需求作出量的估计。定量分析法一般包括趋势预测分析法和因果预测分析法两大类。

(一)趋势预测分析法

趋势预测分析法是应用事物发展的延续性原理来预测事物发展的趋势。该方法首先把本企业的历年销售资料按时间的顺序排列下来，然后运用数理统计的方法来预计、推测计划期间的销售数量或销售金额，故亦称“时间序列预测分析法”。这类方法的优点是收集信息方便、迅速；缺点是对市场供需情况的变动因素未加考虑。趋势预测分析法主要包括算术平均法、加权平均法、移动平均法和指数平滑法等。本书仅介绍几种常用的预测分析法。

1. 算术平均法

算术平均法又称简单平均法，是将若干历史时期的实际销售量或销售额作为样本值，求出其算术平均数，并将该平均数作为下期销售量的预测值。其计算公式为：

$$Y = \frac{\sum X_i}{n}$$

其中：Y 为预测值，X_i 为第 i 期的实际销售量，n 为期数。

【例 3－1】某企业生产电动自行车专用电瓶，2009～2016 年的产品销售量资料如表 3－2 所示。

表 3－2　2009～2016 年的产品销售量资料

年度	2009	2010	2011	2012	2013	2014	2015	2016
销售量(万只)	1 250	1 300	1 150	1 350	1 450	1 500	1 400	1 600

根据算术平均法的计算公式，公司 2017 年的预测销售量为：

$$预测销售量(Y) = \frac{\sum X_i}{n} = \frac{1\ 250 + 1\ 300 + 1\ 150 + 1\ 350 + 1\ 450 + 1\ 500 + 1\ 400 + 1\ 600}{8}$$

$$= 1\ 375(万只)$$

用算术平均法预测销售量的计算方法比较简单，但它把各个时期的销售差异平均化，未考虑不同时期销售量变动对预测期的影响程度。因此，这种方法只适用于各期销售量比较稳定，没有季节性变动的食品或日常用品等的预测。

2. 加权平均法

加权平均法是将若干历史时期的实际销售量或销售额作为样本值,将各个样本值按照一定的权数计算得出加权平均数,并将该平均数作为下期销售量的预测值。通常,由于市场变化较大,离预测期越近的样本值对其影响越大,而离预测期越远的则影响越小,故在权数的选取中,各期权数数值的确定必须符合以预测期为基准的"近大远小"的原则。具体有两种方法:

(1)自然权数法:即按时间序列确定各期的权数分别为1,2,3,…,n。

(2)饱和权数法:即要求各期权数之和为1,具体各期的权数视情况而定,如期数为3时,权数可定为0.1,0.3,0.6(0.1+0.3+0.6=1)。其计算公式为:

$$Y=\frac{\sum_{i=0}^{n}W_iX_i}{\sum W_i}$$

其中:Y为预测值,W_i为第i期的权数,X_i为第i期的实际销售量,n为期数。

【例3-2】沿用例3-1所示销售量资料,用自然权数法确定权数,2009~2016年各期数据的权数如表3-3所示。

表3-3 2009~2016年各期权数资料

年度	2009	2010	2011	2012	2013	2014	2015	2016
销售量(万只)	1 250	1 300	1 150	1 350	1 450	1 500	1 400	1 600
权数	1	2	3	4	5	6	7	8

$$预测销售量(Y)=\frac{\sum_{i=0}^{n}W_iX_i}{\sum W_i}$$

$$=\frac{1\,250\times1+1\,300\times2+1\,150\times3+1\,350\times4+1\,450\times5+1\,500\times6+1\,400\times7+1\,600\times8}{1+2+3+4+5+6+7+8}$$

$=1\,431.94$(万只)

这种方法根据时间的远近分别加权,从而消除了各个时期销售差异的平均化问题,其预测结果比较接近计划期的实际情况,较算术平均法更为合理,计算也较方便,因而在实践中应用较多。

3. 移动平均法

移动平均法是从n期的时间数列销售量中选取m期(m数值固定,且$m<n/2$)数据作为样本值,求其m期的算术平均数,并不断向后移动计算观测期平均值,以最后一个m期的平均数作为未来第$n+1$期销售预测值的一种方法。这种方法假设预测值主要受最近m期销售量的影响。其计算模型类似于简单平均法,只是计算时所采取的期数不同。其计算公式为:

$$Y_{n+1}=\frac{X_{n-(m-1)}+X_{n(m-2)}+\cdots+X_{n-1}+X_n}{m}$$

为了使预测值更能反映销售量变化的趋势，可以对上述结果按趋势值进行修正，其计算公式为：

$$\overline{Y_{n+1}}=Y_{n+1}+(Y_{n+1}-Y_n)$$

【例3－3】沿用例3－1中的资料，假定公司对2016年的销售量预测为1 425万只，要求分别用移动平均法和修正的移动平均法预测公司2017年的销售量（假设样本期为3期）。

根据有关资料，分析计算如下：

（1）根据移动平均法的计算公式，公司2017年的预测销售量为：

$$\text{预测销售量}(Y_{n+1})=\frac{1\ 500+1\ 400+1\ 600}{3}=1\ 500(\text{万只})$$

（2）根据修正的移动平均法计算公式，公司2017年的预测销售量为：

$$\text{修正后的预测销售量}(\overline{Y_{n+1}})=1\ 500+(1\ 500-1\ 425)=1\ 575(\text{万只})$$

可见，移动平均法同样是使差异平均化，但在时期选择上应尽可能接近预测期，这样使预测值更接近实际。但移动平均法只选用了 n 期数据中的最后 m 期作为计算依据，故而代表性较差。此法可适用于各期销售额略有波动的销售预测。

4. 指数平滑法

指数平滑法是利用平滑系数（即加权因子）对本期的实际销售量和本期的预测量进行加权平均计算后作为预测期销售量的一种方法。这种方法实质上也是一种加权平均法，是以平滑系数 α 和 $(1-\alpha)$ 为权数进行加权。其计算公式为：

$$Y_{n+1}=\alpha X_n+(1-\alpha)Y_n$$

其中：Y_{n+1}为未来第 $n+1$ 期的预测值，Y_n为第 n 期预测值，X_n为第 n 期的实际销售量，α 为平滑指数，n 为期数。

【例3－4】沿用例3－1中的资料，2016年实际销售量为1 600万只，原预测销售量为1 425万只，平滑指数 $\alpha=0.6$。根据指数平滑法的计算公式，公司2017年的预测销售量为：

$$\text{预测销售量}(Y)=\alpha X_n+(1-\alpha)Y_n=0.6\times 1\ 600+(1-0.6)\times 1\ 425=1\ 530(\text{万只})$$

平滑指数的取值通常在0.3～0.7之间，其取值大小决定了前期实际值与预测值对本期预测值的影响。平滑指数越大，说明近期实际销售量对预测结果的影响越大，预测值可以反映样本值最近的变化趋势，因而，在销售量波动较大或进行短期预测时，可选择较大的平滑指数；反之，平滑指数越小，说明近期实际销售量对预测结果的影响越小，预测值可以反映样本值变动的长期趋势，在销售量波动较小或进行长期预测时，可选择较小平滑指数。

这种方法与移动加权平均法没有什么实质区别。采用这种方法可排除在实际销售中所包含的偶然因素的影响，可能使预测结果更符合实际，运用也比较灵活，适用范围较广，但在平滑指数的选择上具有一定的主观随意性。

（二）因果预测分析法

因果预测分析法立足于相关性原理，通过系统分析寻找影响产品销售量（因变量）的相关因素以及它们之间的函数关系，并利用这种函数关系进行产品销售预测的方法。因果预测分析法最常用的是回归分析法。回归分析法有多种类型，依据相关关系中自变量的个数不同分类，可分为一元回归分析预测法和多元回归分析预测法，在一元回归分析预测法中，自变量只有一个，而在多元回归分析预测法中，自变量有两个以上。依据自变量和因变量之间的相关关系不同，可分为线性回归预测和非线性回归预测。本书主要介绍回归直线法。

一元回归分析法，也称回归直线法，它假定影响预测对象销售量的因素只有一个，利用最小二乘法原理建立回归分析模型 $Y=a+bX$ 进行的销售预测。设影响销售量因素为自变量 X，销售量为因变量 Y，它们之间的关系可用下式表示：

$$Y = a + bX$$

具体测算时，应首先确定常数项 a 和系数 b，求解时可建立联立方程：

$$\begin{cases} \sum Y = na + b\sum X \\ \sum XY = a\sum X + b\sum X^2 \end{cases}$$

经计算：

$$b = \frac{n\sum XY - \sum X\sum Y}{n\sum X^2 - (\sum X)^2}$$

$$a = \frac{\sum Y - b\sum X}{n}$$

待求出 a、b 的值后，代入 $Y=a+bX$，结合自变量 x 的取值，即可求得预测对象 y 的预测销售量或销售额。

【例3－5】沿用例3－1中的资料，假定电动自行车专用电瓶销售量只受当地电动自行车的生产量变化的影响，2017年度预计当地电动自行车的生产量为3 800万辆，以往年度的当地电动自行车产量资料如表3－4所示。

表3－4　2009～2016年各年电动自行车产量资料

年度	2009	2010	2011	2012	2013	2014	2015	2016
电瓶销售量（万只）	1 250	1 300	1 150	1 350	1 450	1 500	1 400	1 600
电动自行车产量（万辆）	3 000	3 200	3 900	3 300	3 400	3 500	3 350	3 600

根据上述资料，用回归直线法预测公司 2017 年的电瓶销售量如表 3－5 所示。

表 3－5

年度	电动自行车产量（万辆）	电瓶销售量（万只）	XY	X^2
2009	3 000	1 250	3 750 000	9 000 000
2010	3 200	1 300	4 160 000	10 240 000
2011	3 900	1 150	4 485 000	15 210 000
2012	3 300	1 350	4 455 000	10 890 000
2013	3 400	1 450	4 930 000	11 560 000
2014	3 500	1 500	5 250 000	12 250 000
2015	3 350	1 400	4 690 000	11 222 500
2016	3 600	1 600	5 760 000	12 960 000
$n=8$	$\sum X=27\ 250$	$\sum Y=11\ 000$	$\sum XY=37\ 480\ 000$	$\sum X^2=93\ 332\ 500$

根据公式，计算如下：

$$b = n\frac{\sum XY - \sum X\sum Y}{n\sum X^2 - (\sum X^2)} = \frac{8\times 37\ 480\ 000 - 27\ 250\times 11\ 000}{8\times 93\ 332\ 500 - 27\ 250^2} = 0.02$$

$$a = \frac{\sum Y - b\sum X}{n} = \frac{11\ 000 - 0.02\times 27\ 250}{8} = 1\ 306.88$$

将 a、b 代入公式，即 $Y = 1\ 306.88 + 0.02x$

已知，2017 年度预计当地电动自行车的生产量为 3 800 万辆，那么 2017 年的电瓶预测销售量为：

$$Y = 1\ 306.88 + 0.02X = 1\ 306.88 + 0.02\times 3\ 800 = 1\ 382.88\ (\text{万只})$$

经研究发现，现实中有很多问题是成因果关系的，因而回归直线法应用范围较广，但该方法计算较为复杂，所以应用时必须注意：因变量和自变量之间线性关系的假定应符合实际情况；确定 a、b 数值，应利用连续若干年的历史资料，一般要有 3 年以上的资料。

【任务实施】

因宏泰公司销量与华南地区销售木材的数量有密切关系，因而在进行销售量预测时，公司选择回归直线法。请完成下列任务，填写表 3－6。

表3－6　宏泰公司2015年销售量预测表

<table>
<tr><td rowspan="5">计算过程</td><td>步骤一：
根据历史资料列表计算相关数据</td><td>
<table>
<tr><th>年度</th><th>木材销量（万立方米）</th><th>销售量（万扇）</th><th>XY</th><th>X^2</th></tr>
<tr><td>2009</td><td></td><td></td><td></td><td></td></tr>
<tr><td>2010</td><td></td><td></td><td></td><td></td></tr>
<tr><td>2011</td><td></td><td></td><td></td><td></td></tr>
<tr><td>2012</td><td></td><td></td><td></td><td></td></tr>
<tr><td>2013</td><td></td><td></td><td></td><td></td></tr>
<tr><td>2014</td><td></td><td></td><td></td><td></td></tr>
<tr><td>$n=6$</td><td></td><td></td><td></td><td></td></tr>
</table>
</td></tr>
<tr><td>步骤二：
计算常数项 a 和系数 b</td><td></td></tr>
<tr><td>步骤三：
根据计算的 a、b 值建立方程</td><td></td></tr>
<tr><td>步骤四：
根据已知2015年预计华南地区销售木材的数量测算2015年销售量</td><td></td></tr>
<tr><td></td><td></td></tr>
<tr><td colspan="2">结论</td><td></td></tr>
</table>

【拓展领域】

销售预测在企业管理中的杠杆作用

根据国外相关统计显示，销售预测与企业其他运行指标的关系是1:5，也就是销售预测准确性提高1%，库存可以降低5%，生产和采购成本可以节约5%，客户准时交付率可以提高5%，资金使用效率提高5%……这就是销售预测在企业管理中所起到的杠杆效应。

【技能训练】

一、选择题:

1. 下列销售预测方法中,属于定性分析法的有(　　)。

A. 德尔菲法　　B. 推销员判断法

C. 因果预测分析法　　D. 产品寿命周期分析法

2. 销售预测的定量分析法,是指在预测对象有关资料完备的基础上,运用一定的数学方法,建立预测模型做出预测。它一般包括(　　)。

A. 趋势预测分析法　　B. 专家判断分析法

C. 产品周期分析法　　D. 因果预测分析法

3. 对于销售预测中的指数平滑法,下面表述错误的是(　　)。

A. 采用较大的平滑指数,预测值可以反映样本值新近的变化趋势

B. 平滑指数大小决定了前期实际值和预测值对本期预测值的影响

C. 在销售量波动较大的时候,可选择较大的平滑指数

D. 进行长期预测时,可选择较大的平滑指数

4. 以下销售预测方法中,属于因果预测分析的是(　　)。

A. 专家小组法　　B. 回归直线法　　C. 指数平滑法　　D. 移动平均法

5. 2016 年实际销售量为 2 600 吨,原预测销售量为 2 375 吨,平滑指数 =0.4,则按指数平滑法预测公司 2017 年的销售量为(　　)吨。

A. 2 375　　B. 2 465　　C. 2 525　　D. 2 650

二、计算题:

1. 某公司 2008 ~2016 年的产品销售量资料如表 3 –7。

表 3 –7

年度	2008	2009	2010	2011	2012	2013	2014	2015	2016
销售量(吨)	1 950	1 980	1 890	2 010	2 070	2 100	2 040	2 260	2 110
权数	0. 03	0. 05	0. 07	0. 08	0. 1	0. 13	0. 15	0. 18	0. 21

要求:

(1)根据以上相关资料,用算术平均法预测公司 2017 年的销售量;

(2)根据上述相关资料,用加权平均法预测公司 2017 年的销售量;

(3)要求分别用移动平均法和修正的移动平均法预测公司 2017 年的销售量(假设样本期为 4 期);

(4)若平滑指数 $\alpha=0.6$,要求利用指数平滑法预测公司 2017 年的销售量(假设移动平均样本期为 4 期,以移动平均法确定前期预测值)。

任务二　资金需求量预测

【任务目标】

知识目标：

- 理解资金需求量预测的资金习性预测法
- 掌握资金需求量预测的销售百分比法

能力目标：

- 能选择合理的方法进行资金需求量预测
- 能运用销售百分比法进行资金需求量预测

【任务引入】

宏泰公司从设立至今，公司的业务不断增长，市场占有率不断上升，公司规模也不断扩大，公司运营情况良好，为了保证下一年生产经营活动顺利展开，公司现在需要对2015年资金需求量进行估计、分析和判断，以做好充足的资金准备。宏泰公司近6年资产及销售收入变动如图3－1所示。

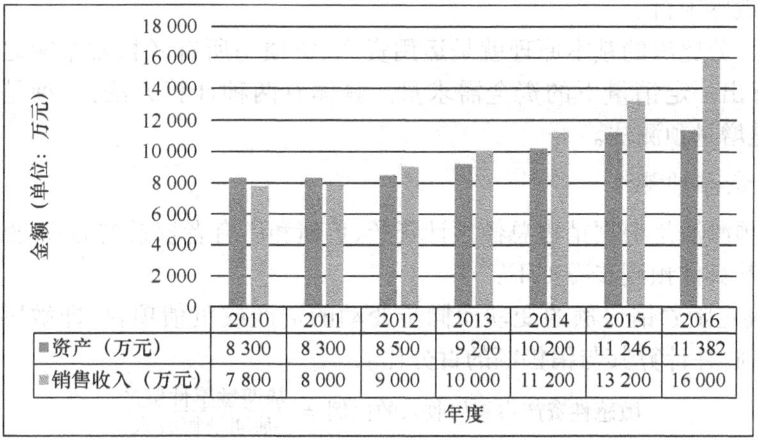

	2010	2011	2012	2013	2014	2015	2016
■资产（万元）	8 300	8 300	8 500	9 200	10 200	11 246	11 382
■销售收入（万元）	7 800	8 000	9 000	10 000	11 200	13 200	16 000

图3－1　宏泰公司近6年资产及销售收入变动图

企业资金需求量预测是指企业对未来一定时期内进行生产经营活动所需资金，以及扩展业务追加资金的投入进行的预计和推测。合理预计未来的资金需求量，既能保证日常生产经营需要，又能减少闲置资金。资金需求量预测包含两方面的内容：

第一，对扩展业务追加资金的预测，即投资额的预测。

第二,对日常生产经营资金需求量的预测,具体包括流动资金需要量的预测、固定资产项目投资需要量的预测、资金追加需要量的预测等。

资金需求量预测的方法包括定性分析法和定量分析法两类,这里主要给大家介绍两种常用的定量分析法:销售百分比法和资金习性预测法。

一、销售百分比法

销售百分比法是根据销售增长与资金增长之间的关系,推算出一定预计销售额下的未来资金需求量的方法。根据资产负债表中资金占用与销售额变动的关系,资产负债项目可以分为两类,一类是随销售收入自动成正比例增减变动的项目,也称敏感性项目。敏感性资产项目主要包括流动资产中的货币资金、存货、应收账款、应收票据、预付账款等。如果企业的生产能力没有剩余,那么继续增加销售收入就需要增加新的固定资产投资,在这种情况下,固定资产也成为敏感性资产。敏感性负债项目主要包括流动负债中的"自发性负债",如应付账款、应付票据、预付账款等。另一类是不随销售收入自动成正比例增减变动的项目,也称非敏感性项目,如非流动资产、短期借款、非流动负债、实收资本(股本)、资本公积等项目。另外,随着销量的增加,企业的利润会有一定的增加,如果企业的利润不全部分配给股东,留存收益也会有适当增加,但由于留存收益受公司分配政策的影响,不宜列为敏感项目。

销售百分比法的基本原理就是运用资产、负债与所有者权益余额之间的平衡关系,推算出一定销量下的资金需求量。具体有两种计算方法:一种是余额预测法,一种是增量预测法。

(一)余额预测法

余额预测法是根据销售总额预计资产、负债和所有者权益的总额,然后确定融资需求。其具体预测步骤如下:

(1)确定随着销售额的变动而同步变动的资产或负债项目,即敏感性资产和敏感性负债,并计算其与销售额的百分比。

$$敏感性资产占销售收入的比例 = \frac{基期敏感性资产}{基期销售收入}$$

$$敏感性负债占销售收入的比例 = \frac{基期敏感性负债}{基期销售收入}$$

(2)根据预计的销售额,计算预计销售额下的敏感性资产和敏感性负债。

$$敏感性资产预计值 = 预计的销售额 \times 敏感性资产占销售收入的比例$$

$$敏感性负债预计值 = 预计的销售额 \times 敏感性负债占销售收入的比例$$

(3)计算预计年度新增的资本性支出和预计年度的非付现支出,如累计折旧、累计摊销等,确定预计年度非流动资产总额。

(4)计算预计年度留存收益。

$$预计年度留存收益 = 期初留存收益 + 预计销售额 \times 计划销售净利率 \times (1 - 利润支付率)$$

(5)利用“资产 = 负债 + 所有者权益”会计等式,倒挤计算出预计年度需要对外筹资的金额,即外部融资额。

外部融资额 = 预计总资产 - 预计总负债 - 预计股东权益

【例3-6】某企业2016年的资产负债表简表如表3-8所示,表中流动资产和应付账款是随销售额同比率增减,公司现有生产能力尚未饱和,2016年的销售额为2 000万元,2017年销售额预计增长至2 500万元,预计销售净利率为10%,股利支付率为80%,每年计提折旧20万元,2017年公司准备开发新产品购买新设备100万元(不考虑折旧)。采用余额预测法预测2017年资金需求量如表3-8所示。

表3-8 资产负债表简表 单位:万元

资产项目	2016年	占收入比例	2017年	负债项目	2016年	占收入比例	2017年
流动资产	600	30%	750	短期借款	50	—	50
固定资产	300	—	400	应付账款	200	10%	250
累计折旧	80	—	100	长期借款	120	—	120
固定资产净值	220	—	300	股本	300	—	300
				留存收益	150	—	200
				外部融资额	—	—	130
合计	820	—	1 050	合计	820	—	1 050

(1)根据2016年的资产负债表计算出敏感性资产与敏感负债性项目占销售收入的比例:

流动资产占销售收入的比重为:600 ÷ 2 000 = 30%

应付账款占销售收入的比重为:200 ÷ 2 000 = 10%

(2)计算2017年敏感性资产和敏感性负债的预计值:

2017年流动资产为:2 500 × 30% = 750(万元)

2017年应付账款为:2 500 × 10% = 250(万元)

(3)确定预计年度非流动资产总额

2017年固定资产 = 300 + 100 = 400(万元)

2017年的累计折旧额 = 80 + 20 = 100(万元)

2017年固定资产净值(非流动资产总额) = 400 - 100 = 300(万元)

(4)计算2017年留存收益额:

150 + 2 500 × 10% × (1 - 80%) = 200(万元)

(5)倒挤计算出2017年需要对外筹资的金额,即外部融资额如下:

外部融资额 = (750 + 300) - (50 + 250 + 120) - (300 + 200) = 130(万元)

(二)增量预测法

增量预测法是根据销售的增加额预计资产、负债和所有者权益的增加额,然后确定融资需求。其计算公式为:

外部融资额 = 资产增加额 - 负债增加额 - 留存收益增加额
=(敏感性资产的增加额 + 非敏感资产的增加额 - 折旧增加额)- 敏感性负债的增加额 - 预计留存收益的增加额

其中:

敏感性资产的增加额 = 新增销售额 × 敏感资产占销售收入的比例

敏感性负债的增加额 = 新增销售额 × 敏感负债占销售收入的比例

预计留存收益的增加额 = 预计销售额 × 计划销售净利率 ×(1 - 利润支付率)

【例 3 - 7】沿用例 3 - 6 资料,用增量预测法预测 2017 年资金需求量如下:

资产增加额 =(2 500 - 2 000)× 30% + 100 - 20 = 230(万元)

负债增加额 =(2 500 - 2 000)× 10% = 50(万元)

留存收益增加额 = 2 500 × 10% ×(1 - 80%)= 50(万元)

2017 年外部融资额 = 230 - 50 - 50 = 130(万元)

从计算结果可以看出,两种方法的计算结果是一样的。通常在具体实务中,较多采用简便的增量预测法。销售百分比法虽然能为筹资管理提供短期预计财务报表,以适应外部筹资的需要,且易于使用,但是在有关因素发生变动的情况下,必须相应地调整原有的销售百分比。

二、资金习性预测法

资金习性预测法是指根据资金习性预测未来资金需要量的方法。所谓资金习性,是指资金的变动与产销量变动之间的依存关系。按照资金同产销量之间的依存关系,资金可以分为不变资金、变动资金和半变动资金。

不变资金是指在一定的产销量范围内,不受产销量变化的影响,保持固定不变的那部分资金,包括为维持营业而占用的最低数额的现金,原材料的保险储备,必要的成品储备,以及厂房、机器设备等固定资产占用的资金。

变动资金是指随产销量的变动而同比例变动的那部分资金,包括直接构成产品实体的原材料、外购件等占用的资金,以及最低储备以外的现金、存货、应收账款等。

半变动资金指虽然受产销量变化影响,但不成同比例变动的资金,如一些辅助材料所占用的资金。半变动资金可采用一定的方法划分为不变资金和变动资金两部分。

资金习性预测法有两种形式:一种是根据资金占用总额同产销量的关系来预测资金需要量;另一种是采用先分项后汇总的方式预测资金需要量。

（一）根据资金占用总额与产销量关系来预测

这种方式是根据历史上企业资金占用总额与产销量之间的关系，把资金分为不变和变动两部分，然后结合预计的销售量来预测资金需要量。

设产销量为自变量 X，资金占用为因变量 Y，它们之间关系可用下式表示：

$$Y = a + bX$$

其中：a 为不变资金；b 为单位产销量所需变动资金。

通过历史资料，求出 a、b 的值后，根据预测的产销量，代入 $Y = a + bX$，即可求得预测对象资金需求量。a 和 b 可用回归直线法或高低点法求出。

1. 回归直线法

回归直线法是根据若干期业务量和资金占用的历史资料，运用最小二乘法原理来预测资金需要量。

【例 3－8】华夏公司产销量和资金变化情况如表 3－9 所示。2017 年预计产销量为 9.8 万件，要求预测 2017 年资金需求量（假定选用回归直线方程法）。

表 3－9　产销量和资金变化情况表

年度	产销量（X_i万件）	资金占用（Y_i万元）
2012	8.0	650
2013	7.5	640
2014	7.0	630
2015	8.5	680
2016	9.0	700

表 3－10　资金需求量预测表（按总额预测）

年度	产量（X）	资金占用量（Y）	XY	X^2
2012	8.0	650	5 200	64.00
2013	7.5	640	4 800	56.25
2014	7.0	630	4 410	49.00
2015	8.5	680	5 780	72.25
2016	9.0	700	6 300	81.00
$n=5$	$\sum X=40$	$\sum Y=3\,300$	$\sum XY=26\,490$	$\sum X^2=322.5$

根据公式，计算如下：

$$b = \frac{n\sum XY - \sum X\sum Y}{n\sum X^2 - (\sum X)^2} = \frac{5 \times 26\,490 - 40 \times 3\,300}{5 \times 322.5 - 40^2} = 36$$

$$a = \frac{\sum Y - b\sum X}{n} = \frac{3\,300 - 36 \times 40}{5} = 372$$

将 a、b 代入公式，得出结果，即2017年资金需求量为：

$$Y = a + bX = 372 + 36X = 372 + 36 \times 9.8 = 724.80\ (\text{万元})$$

2. 高低点法

高低点法是根据企业一定期间资金占用的历史资料，选用最高收入期和最低收入期的资金占用量之差，同这两个收入期的销售额(量)之差进行对比，先求 b 的值，然后代入原直线方程求出 a 的值，从而估计推测资金发展趋势。选高低点应以自变量为依据。计算公式为：

$$b = \frac{\text{最高收入期资金占用量} - \text{最低收入期资金占用量}}{\text{最高销售额(量)} - \text{最低销售额(量)}}$$

$$a = \text{最高收入期资金占用量} - b \times \text{最高销售额(量)}$$

或：

$$a = \text{最低收入期资金占用量} - b \times \text{最低销售额(量)}$$

【例3-9】沿用例3-8中的资料，假定运用高低点法预测2017年资金需求量。

首先，计算 b

$$b = \frac{700 - 630}{9 - 7} = 35(\text{元/件})$$

其次，计算 a

$$a = 700 - 35 \times 9 = 385(\text{万元})$$

或

$$a = 630 - 35 \times 7 = 385(\text{万元})$$

最后，建立预测资金需要量的数学模型，将2017年产量9.8万件代入，计算出资金需要量。

$$Y = 385 + 35X = 385 + 35 \times 9.8 = 728(\text{万元})$$

两种方法预测的2017年资金需要量出现差异，其原因是高低点法只考虑了两年的情况，而回归分析法考虑近几年的情况。因而，从理论上来说，回归直线法是一种计算结果最为精确的方法，高低点法计算方法简单，一般在企业的资金变动趋势比较稳定的情况下采用。

(二)采用先分项后汇总的方法预测

根据资金占用的各具体项目(如现金、存货、应收账款、固定资产)与产销量之间的关系，把各项目的资金都分成变动和不变动两部分，然后汇总在一起，求出企业变动资金总额和不变资金总额，进而来预测资金需求量。其预测模型仍然是：

$$Y = a + bX$$

如现金的预测直线方程为：$Y = a_1 + b_1X$

应收账款的预测直线方程为：$Y = a_2 + b_2X$

存货的预测直线方程为：$Y = a_3 + b_3X$

……

则资金总需求量的方程为：$Y = (a_3 + a_3 + a_3 + \cdots\cdots) + (b_1 + b_1 + b_3 + \cdots\cdots)X$

【例3-10】某公司根据资金占用的各具体项目与产销量之间的关系，把各项目的资金都分成变动和不变动两部分，并运用高低点法分别计算资金需求量，然后汇总列于表3-11中。

表3-11　资金需要量预测表（分项预测）　　单位：元

	年度不变资金（a）	每一元销售收入所需变动资金（b）
流动资产		
现金	20 000	0.06
应收账款	70 000	0.14
存货	90 000	0.20
小计	180 000	0.40
减：流动负债		
应付账款及应付费用	80 000	0.10
净资金占用	100 000	0.30
固定资产		
厂房、设备	500 000	0
所需资金合计	600 000	0.30

根据表3-11的资料得出预测模型为：$Y = 600\ 000 + 0.30X$

如果2017年的预计销售额为380万元，则：

$$2017\text{年的资金需要量} = 600\ 000 + 0.30 \times 3\ 800\ 000 = 1\ 740\ 000(\text{元})$$

【任务实施】

通过对宏泰公司历年资产负债表相关项目和销售收入进行分析发现，公司的货币资金、应收账款、存货、应付账款与销售收入保持稳定的比率关系，属于敏感性项目。公司2015年准备开发新产品，设备投资额2 000万元（不考虑折旧），公司运用销售百分比法预测资金需求量。请根据本情境任务一预测的销售量来完成下列任务，填写表3-12。

表 3－12　宏泰公司 2015 年资金需求量预测表

计算过程	请写出计算过程，并填写下表：
结论	

资产项目	2014 年	占收入比例	2015 年	负债项目	2014 年	占收入比例	2015 年
货币资金	480			应付账款	1 148.64		
应收账款	2 640			长期借款	1 000	—	
存货	1 236			股本	7 000	—	
固定资产	14 026	—		留存收益	2 233.36	—	
减：累计折旧	7 000	—					
固定资产累计折旧	7 026	—		外部融资额	—	—	
合计	11 382	—		合计	11 382	—	

【拓展领域】

因素分析法

因素分析法又称分析调整法，是以有关项目基期年度的平均资金需要量为基础，根据预测年度的生产经营任务和资金周转速度的要求，进行分析调整，来预测资金需要量的一种方法。

资金需要量＝(基期资金平均占用额－不合理资金占用额)×(1±预测期销售增减率)×(1±预测期资金周转速度变动率)

提示：

(1)关于(1±预测期销售增减率)：如果销售预测增长就用“＋”，反之用“－”；

(2)关于(1±预测期资金周转速度变动率)：如果资金周转加速就用“－”，反之用“＋”。

例如:甲企业上年度资金平均占用额为2 200万元,经分析,其中不合理部分200万元,预计本年度销售增长5%,资金周转加速2%。则:

预测年度资金需要量 = (2 200 - 200) × (1 + 5%) × (1 - 2%) = 2 058(万元)

(3)因素分析法计算简便,容易掌握,但预测结果不太精确,它通常用于品种繁多、规格复杂、资金用量较小的项目。

【技能训练】

一、选择题:

1. 在财务管理中,将资金划分为变动资金、不变资金和半变动资金,并据以预测企业未来资金需要量的方法称为(　　)。

A. 定额预测法　　B. 比率预测法

C. 资金习性预测法　　D. 成本习性预测法

2. 采用销售百分比法预测资金需要量时,下列项目中被视为不随销售收入的变动而变动的有(　　)。

A. 现金　　B. 应付票据　　C. 短期借款　　D. 公司债券

3. 下列各项资金占用中,属于不变资金的有(　　)。

A. 直接构成产品实体的原材料　　B. 直接构成产品实体的外购件

C. 厂房、设备　　D. 原材料的保险储备

4. 在资金习性模型中,已知某公司资金中的不变资金为200万,单位销售额所需要的变动资金为0.3,销售额为1 000万,则该公司的预测资金需求量为(　　)。

A. 200万　　B. 300万　　C. 500万　　D. 1 000万

5. 用直线回归法预测资金需要量的依据是(　　)。

A. 筹资规模与业务量间的对应关系

B. 筹资规模与投资的时间关系

C. 筹资规模与筹资方式的对应关系

D. 长短期资金的比例关系

6. A公司2016年的敏感性资产为680万元,敏感性负债为260万元,销售收入为1 200万元,敏感性资产、敏感性负债占销售收入的百分比不变,预计2017年销售增长率为10%,销售净利率为10%,股利支付率为75%,则2017年需要从外部市场筹集的资金为(　　)万元。

A. 6　　B. 7　　C. 8　　D. 9

二、判断题:

1. 销售百分比法的优点是能为筹资管理提供长期预计的财务报表,以适应外部筹资的需要。(　　)

2. 运用资金习性法预测资金需要量的理论依据是资金需要量与投资间的依存关系。(　　)

3. 高低点法下的高点数据是指产销量等的最大点及其对应的资金占用量，低点数据是指产销量等的最小点及其对应的资金占用量。(　　)

三、计算题：

1. 已知：某公司2016年销售收入为20 000万元，销售净利润率为12%，净利润的60%分配给投资者。2016年12月31日的资产负债表(简表)如表3-13。

表3-13　资产负债表(简表)

2016年12月31日　　　　单位：万元

资产	期末余额	负债及所有者权益	期末余额
货币资金	1 000	应付账款	1 000
应收账款净额	3 000	应付票据	2 000
存货	6 000	长期借款	9 000
固定资产净值	7 000	实收资本	4 000
无形资产	1 000	留存收益	2 000
资产总计	18 000	负债与所有者权益总计	18 000

该公司2017年计划销售收入比上年增长30%，为实现这一目标，公司需新增设备一台，价值148万元。据历年财务数据分析，公司流动资产与流动负债随销售额同比率增减。假定该公司2017年的销售净利率和利润分配政策与上年保持一致(假定不考虑折旧)。

要求：采用销售百分比法预测2017年需要对外筹集资金量。

2. 某公司根据历史资料统计的业务量与资金需求量的有关情况如表3-14。

表3-14

年度	2012	2013	2014	2015	2016
业务量(万件)	80	95	86	75	92
资金需求量(万元)	165	180	173	150	190

已知该公司2017年预计的业务量为100万件。

要求：

(1)采用高低点法预测该公司2017年的资金需求量。

(2)采用回归直线法预测该公司2017年的资金需求量。

(3)简述两种资金需求量预测方法的特点。

情境二　财务预算

☆预算(Budget)一词起源于法文 Bougette,意思是指皮革制成的袋子(Leather Bag)或公文包。在 19 世纪,英国财政大臣(Chancellor of Excheqer)有一种习惯,即在提出下年度税收需求时,常在国会议员们面前打开其公文包,展示其需求数字,因此,财政大臣的公文包意指下年度的岁入岁出预算数;约在 1870 年时,Budget 正式出现在财政大臣公文包中的文件上,这就是预算制度的最初来源。近代预算制度,创始于英国,发扬于美国。就西欧国家的财政史或政治制度而论,预算制度的形成,与代议制政体的兴起有密切关联,而预算制度的演进过程中,除受代议政治发展的影响外,还受国民经济发展及近代科学管理方法的影响。就预算制度的导入而论,首先在政府机构,之后推广到企业组织。

☆随着社会经济的快速发展,公司规模急速膨胀,业务量不断扩大,客观上需要对公司经营进行高效率的管理。预算管理作为协调、控制企业内部各职能部门经济活动的管理方法受到人们的重视。如何编制预算,发挥预算的职能,是我们在本章要讨论的主要问题。

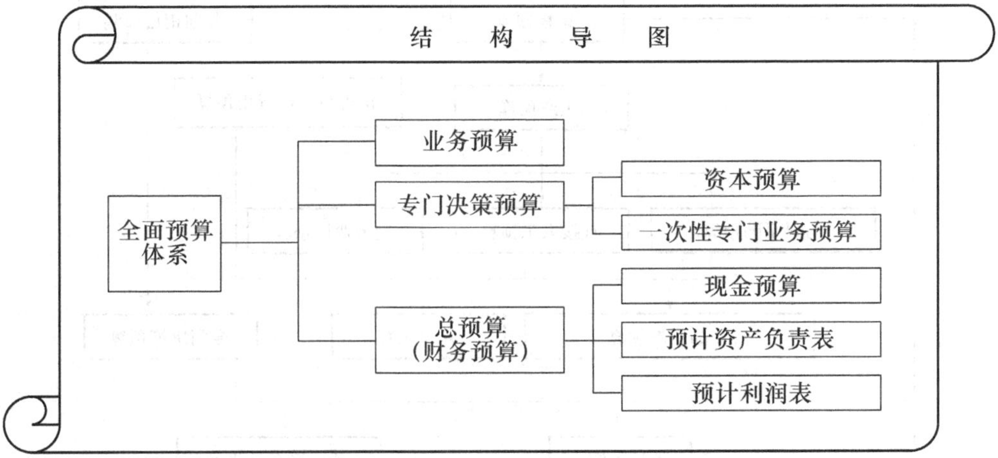

战略是你想要什么，战术是怎么得到你想要的。而预算是战略的一种表达形式，也是战术的具体实施方案。预算是企业在预测、决策的基础上，以数量和金额的形式反映企业未来一定时期内经营、投资、财务等活动的具体计划，是为实现企业目标而对各种资源和企业活动的详细安排。

一、全面预算的内容

全面预算是由一系列预算构成的体系，通常完整的全面预算包括业务预算、专门决策预算和财务预算三个组成部分。

业务预算是指与企业日常经营活动直接相关的经营业务的各种预算，有时也称之为经营预算，它主要包括销售预算、生产预算、材料采购预算、直接人工预算、制造费用预算、产品成本预算、销售费用及管理费用预算等。

专门决策预算是指企业为那些在预算期内不经常发生的、一次性业务活动所编制的预算。通常是指与企业投资活动、筹资活动或收益分配等相关的各种预算。专门决策预算可以分为资本预算和一次性专门业务预算两类。

财务预算是指与企业现金收支、经营成果和财务状况有关的各项预算，主要包括：现金预算、预计利润表、预计资产负债表。财务预算作为全面预算的最后环节，是以价值量指标总括反映业务预算和专门决策预算的结果，其他预算编制服务于财务预算编制，是财务预算编制的基础。因而，财务预算是全面预算的核心，其他预算称为辅助预算或分预算，财务预算称为总预算。

企业全面预算的各项具体预算是一个有机联系的整体，前后衔接，互相勾稽，形成一个完整的全面预算体系。其结构如图 4－1 所示。

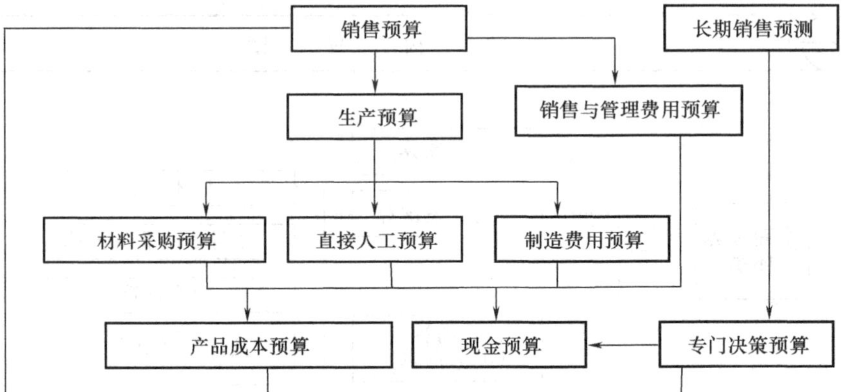

图 4－1　全面预算体系

二、全面预算的作用

全面预算反映的是企业未来某一特定期间，一般不超过一年或一个经营周期的全部生产、经营活动的财务计划。它是以销售预测为起点，进而对生产、成本及现金收支等进行预测，并编制预计财务报表，反映企业在未来期间的财务状况和经营成果。

全面预算的作用主要有以下几个：

第一，全面预算是公司战略执行的有效工具。全面预算能够细化企业发展规划和年度经营目标，它通过对整体经营活动一系列量化的计划安排来指导当前的实践，有利于实现战略目标的监控执行。

第二，全面预算可以强化内部控制。预算是执行流程中进行管理监控的基准和参照。预算是事前、事中、事后控制的有效工具，有助于管理层在控制和监督业务执行过程，及时发现管理中的漏洞和不足，有效降低日常经营风险。

第三，全面预算可以作为业绩考核的标准。全面预算是实施绩效管理的基础，是对部门及员工绩效考核的主要依据，通过预算与绩效管理相结合，使部门和员工的考核真正做到“有章可循，有法可依”。

第四，全面预算可以合理配置资源。计划是人在推事，无计划是事在推人。通过全面预算的编制，将有助于企业上下级之间，部门与部门之间的相互交流与沟通，增进相互之间的了解，加深部门及员工对经营目标的理解和认同。

三、预算编制方法

企业全面预算的构成内容比较复杂，编制预算需要采用适当的方法。常见的预算方法主要包括固定预算法与弹性预算法、增量预算法与零基预算法、定期预算法与滚动预算法，这些方法广泛应用于营业活动有关预算的编制。

（一）固定预算法与弹性预算法

1. 固定预算法

固定预算法又称静态预算法，是指在编制预算时，只根据预算期内正常、可实现的某一固定的业务量（如生产量、销售量等）水平作为唯一基础来编制预算的方法。固定预算一般适用于固定费用或者数额比较稳定的预算项目。

固定预算的缺点：一是过于机械呆板，因为在这种方法下，不论预算期内业务量水平实际可能发生哪些变动，都只能以事先确定的某一个业务量水平为编制预算的基础；二是可比性差，当实际的业务量与编制预算所依据的业务量发生较大差异时，有关预算指标的实际数与预算数就会因业务量基础不同而失去可比性。所以，按照固定预算方法编制的预算不利于正确控制、考核和评价企业预算的执行情况。例如，某企业预计业务量为销售 90 000 件产品，按此业务量给销售部门的预算费用为 7 000 元。如果该销售部门实际销售量达到 100 000 件，超出了预算业务量，固定预算下的费用预算仍为 7 000 元。

2. 弹性预算法

弹性预算法又叫变动预算法或滑动预算法，是指以预算期间可能发生的多种业务量水平为基础，分别确定与之相应的预算数额，从而编制的能适应多种业务量水平的预算。弹性预算一般适用于与预算执行单位业务量有关的成本(费用)、利润等预算项目。

弹性预算有两个显著特点：一是弹性预算是按一系列业务量水平编制的，从而扩大了预算的适用范围；二是弹性预算在预算执行中可以计算一定实际业务量的预算成本，便于预算执行的评价和考核。

运用弹性预算法编制预算的基本步骤是：

(1)确定适用的业务量范围。弹性预算法所采用的业务量范围，视企业或部门的业务量变化情况而定，使实际业务量不至于超出相关的业务量范围。一般来说，定在正常生产能力的 70% ~110% 为宜，或以历史上最高业务量和最低业务量为其上下限。

(2)选择业务量的计量单位。编制弹性预算，要选用一个最能代表生产经营活动水平的业务量计量单位。如以手工操作为主的车间应选用人工工时；制造单一产品或零件的部门，可以选用实物数量；修理部门可以选用直接修理的工时等。

(3)逐项研究并确定各项成本与业务量之间的数量关系。依据成本与业务量之间的依存关系，将编制弹性预算的成本划分为固定成本和变动成本两大类，确定该项成本中固定成本和单位变动成本。

(4)确定预算期内各业务量水平的预算额。根据成本中的固定成本和单位变动成本计算确定其在相关范围内多种业务水平下的预算额。弹性成本的预算公式如下：

$$\text{成本的弹性预算} = \text{固定成本预算数} + \sum(\text{单位变动成本预算数} \times \text{预计业务量})$$

弹性预算法又分为公式法和列表法两种具体方法：

(1)公式法，是运用成本与业务量之间的数量关系，测算预算期的成本费用数额，并编制成本费用预算的方法。成本与业务量之间的数量关系可用以下公式表示：

$$Y = a + bX$$

其中，Y 表示预算成本总额，a 表示预算固定成本额，b 表示预算单位变动成本额，X 表示预计业务量。

【例 4 - 1】某公司 2017 年预计直接人工工时是 70 000 ~ 100 000 工时，制造费用按其与业务量之间的关系，可分为固定成本和变动成本两类，各类成本的预测量如表 4 - 1 所示，公司按照公式法编制制造费用弹性预算。

表 4-1　某公司 2015 年制造费用各项目预测表(公式法)

项目	固定成本总额(元)	单位变动成本(元/工时)
固定成本：		
管理人员工资	200 000	
设备租金	130 000	
变动成本：		
材料费		0.15
辅助人员工资		0.25
水费		0.20
其他费用		0.20
制造费用合计	330 000	0.80

根据表 4-1,可得 $Y = 330\ 000 + 0.80X$,然后可选择预计人工工时任一业务量来计算制造费用预算总额。如预计人工工时为 70 000 小时,制造费用预算总额即为 386 000 元。

公式法的优点是便于计算任何业务量的预算成本,适应性强,编制预算的工作量相对较小;缺点是在进行预算控制时,不能直接查出特定业务量总成本的预算额,而且对每个费用子项目甚至细目需要逐一进行成本分解,操作起来较麻烦,同时,也存在一定的误差。

(2)列表法,是在预计业务量范围内将业务量分为若干水平,然后按不同的业务量水平编制预算。

【例 4-2】沿用例 4-1 资料,公司将采用 10 000 工时为间隔,按照列表法编制弹性预算,见表 4-2。

表 4-2　某公司 2017 年制造费用各项目预测表(列表法)

直接人工工时(工时)	70 000	80 000	90 000	100 000
固定成本：				
管理人员工资	200 000	200 000	200 000	200 000
设备租金	130 000	130 000	130 000	130 000
小计	330 000	330 000	330 000	330 000
变动成本：				
材料费	10 500	12 000	13 500	15 000
辅助人员工资	17 500	20 000	22 500	25 000
水费	14 000	16 000	18 000	20 000
其他费用	14 000	16 000	18 000	20 000
小计	56 000	64 000	72 000	80 000
制造费用合计	386 000	394 000	402 000	410 000

根据表4-2可得:四种工时情况下制造费用预算总额。如预计人工工时为70 000小时,制造费用预算总额计算结果为386 000元。

列表法的主要优点是可以直接从表中查得各种业务量下的费用预算水平,便于预算执行情况的控制和考核,在一定程度上弥补了公式法的不足,但是这种方法工作量较大,且不能包括所有业务量条件下的费用预算,弹性仍然不足。

(二)增量预算法与零基预算法

1. 增量预算法

增量预算法,也称调整预算法,是以基期水平为基础,分析预算期业务量水平及有关影响因素的变动情况,通过调整基期项目及数额,编制相关预算的方法。

增量预算法的假设前提条件是现有业务活动是企业必需的,原有的各项业务都是合理的。其优点是以过去的水平为基础,编制简单。但受原有费用项目的限制,当预算期的情况发生变化,预算数额受基期不合理因素的干扰,可能导致预算的不准确;同时,它是以过去的水平为基础,实际上就是承认过去是合理的,无需改进,可能使原来不合理的费用继续开支,而得不到控制,形成不必要开支合理化,造成预算上的浪费。增量预算法一般适用于预算期仍进行原有业务活动的预算编制,采用这种方法时,要根据需要适当剔除一些不必要的项目,增加一些必要项目,以利于企业未来的发展。

2. 零基预算法

零基预算法,也称零底预算法,是指以零为基础编制预算额的方法。该种方法不考虑以往期间的费用项目和费用数额,而是以所有的预算支出为零作为出发点,一切从实际需要与可能出发,逐项审议预算期 内各项费用的内容及其开支标准是否合理,综合平衡编制费用预算。

零基预算法不受前期费用项目和费用水平的制约,能够调动各部门降低费用的积极性。其不足之处在于工作量大,成本较高,加之对企业资源的分配带有一定的主观性,容易引起部门之间的矛盾。零基预算法一般运用于不经常发生或者预算编制基础变化较大的预算项目,如对外投资、对外捐赠等,也可用于产出较难辨认的服务性部门费用预算的编制。

(三)定期预算法与滚动预算法

1. 定期预算法

定期预算法是以固定不变的会计期间(如年度、季度、月份)作为预算期间编制预算的方法。这种预算通常一年编制一次。采用定期预算法编制预算,可以保证预算期间与会计期间在时期上配比,便于依据会计报告的数据与预算的比较,考核和评价预算的执行结果。但这种方法固定以一年为预算期,在执行一段时期之后,往往使管理人员只考虑剩下来的几个月的业务量,从而导致一些短期行为的出现;另外,定期预算法不利于前后各个期间的预算衔接,不能适应连续不断的业务活动过程的预算管理。

2. 滚动预算法

滚动预算法，也称连续预算法、永续预算法，它是在上期预算完成情况基础上，调整和编制下期预算，并将预算期间逐期连续向后滚动推移，使预算期间保持一定的时期跨度，一般为 12 个月。滚动预算按滚动的时间单位不同可分为逐季滚动、逐月滚动和混合滚动三种方式，如图 4－2 所示。

滚动预算法能够保持预算的持续性，有利于考虑未来业务活动，结合企业近期目标和长期目标，使预算随时间的推进不断加以调整和修订，能使预算与实际情况更相适应，有利于充分发挥预算的指导和控制作用，但预算的编制工作比较繁重。滚动预算一般用于较为重大事项的预算控制。

实际工作中，预算的编制具体采用何种方法，要根据实际情况而定。

图 4－2　滚动预算示意图（逐月滚动）

【技能训练】

一、选择题：

1. 根据预算期内正常的、可实现的某一固定业务量水平作为唯一基础来编制的预算方法是（　　）。

A. 弹性预算法　　B. 固定预算法　C. 增量预算法　D. 定期预算法

2. 以基期成本费用水平为基础，结合预算期业务量水平及有关降低成本的措施，通过调整有关费用项目而编制预算的方法是（　　）。

A. 固定预算法　　B. 增量预算法　C. 零基预算法　D. 定期预算法

3. 下列各项中，可能导致无效费用开支项目无法得到有效控制的预算方法是（　　）。

A. 固定预算法　　B. 增量预算法　C. 定期预算法　D. 滚动预算法

4. 下列预算中，属于辅助预算的有（　　）。

A. 产品成本预算　B. 现金预算　　C. 资本支出预算D. 管理费用预算

5. 相对于固定预算而言，弹性预算的主要特点有(　　)。

A. 稳定性强　　B. 预算范围宽

C. 持续性强　　D. 便于预算执行的评价与考核

任务一 业务预算

【任务目标】

知识目标：

- 理解业务预算编制的程序
- 掌握业务预算的编制

能力目标：

- 能选择合适的预算编制方法编制业务预算

【任务引入】

宏泰公司一直以来坚持“以财务管理为中心”的企业经济运行机制，并把财务预算控制制度作为贯彻落实这一机制的基本制度。近年来，公司通过对全面预算的不断探索和实践，保证了企业资金的有序控制，为企业持续发展提供了可靠保证。公司按照“上下结合、分级编制、逐级汇总”的程序进行编制预算。其预算编制流程为：

1. 下达目标。企业董事会或经理办公会根据企业发展战略和预算期经济形势的初步预测，在决策的基础上提出下一年度企业财务预算目标，包括销售目标、成本费用目标、利润目标和现金流量目标，并确定财务预算编制的政策，由预算管理层下达各部门。

2. 编制上报。各部门按照预算管理层下达的财务预算目标和政策，结合自身特点以及预测的执行条件，提出详细的本部门财务预算方案，上报企业财务管理部门。

3. 审查平衡。企业财务管理部门对各部门上报的财务预算方案进行审查、汇总，提出综合平衡的建议。在审查、平衡过程中，预算管理层应当进行充分协调，对发现的问题提出初步调整的意见，并反馈给各有关部门予以修正。

4. 审议批准。企业财务管理部门在各部门修正调整的基础上，编制出企业财务预算方案，报预算管理层讨论，对于不符合企业发展战略或者财务预算目标的事项，企业预算管理层应当责成有关部门进一步修订、调整。在此基础上，企业财务管理部门正式编制企业年度财务预算草案，提交董事会或总经办审议批准。

5. 下达执行。企业财务管理部门对董事会或总经办审议批准的年度总预算，分解成一系列的指标体系，由财务预算管理层逐级下达各部门执行。

为了实现2015年的战略目标，完成预期销售任务，宏泰公司需要编制2015年全面预算。公司按照全面预算编制的程序要求，首先编制业务预算，其相关资料如下：

(1)根据销售部门预测下年度各季度的销售量分别是本年度的26%、23.5%、23%、27.5%。该产品的现销比例为40%，其余在下季度收讫。期初应收款为2 640万元。

(2)产品2014年年末存货量为5 200扇，每季度存货量为下季度销售量的20%，2015年年末存货量为6 000扇。

(3)预计材料存货及付款方式：2014年年末材料存货量为1 530 m^3，预计2015年各季度库存量均为下季度生产耗用量的30%，2015年年末材料存货量为2 062.5 m^3。每季度购买材料当季只需要支付货款的40%，其余款项在下季度支付。期初应付款为1 148.64万元。

(4)直接材料和工时的消耗定额及单价如表4－3所示。

表4－3 直接材料和直接人工的消耗定额及单价情况表

项目	直接材料	单耗工时
单位产品消耗定额	0.2m^3/扇	25小时
材料单价	0.4万元/m^3	
小时工资率		0.000 8万元/小时

注：该公司应支付的工资均于当期发放。

(5)制造费用分为变动制造费用和固定制造费用，如表4－4。

表4－4 各项制造费用情况表

变动制造费用项目	费用分配率(万元/小时)	固定制造费用项目	金额(万元/季度)
间接人工	0.000 2	维护费用	200
间接材料	0.000 2	折旧费用	300
维修费	0.000 2	管理费用	100
水电费	0.000 1	保险费用	75
机物料	0.000 1	财产税	81
小计	0.000 8	小计	756

注：该公司需用现金支付的制造费用均于发生的当季支付。

(6)变动性销售及管理费用包括销售佣金和运输费用，固定性销售及管理费用包括折旧费、管理人员工资、广告费用、保险费用、办公费用等，具体见表4－5。

表4－5 各项销售及管理费用情况表

变动销售及管理费用	占销售收入比率	固定销售及管理费用	金额(万元/季度)
销售佣金	3%	折旧费用	50
运输费用	1%	管理人员工资	80
		广告费用	100
		保险费用	15
		办公费用	16.5

注:该公司需用现金支付的销售及管理费用均于发生的当季支付。

(7)预计销售环节税金为销售收入的5%,并于发生的当季支付。

一、销售预算

销售预算是以销售预测为基础,用于规划预算期销售活动的一种业务预算,是编制全面预算的出发点,也是编制日常业务预算的基础。

根据销售预测确定的销售量和销售单价计算各期的销售收入,其计算公式如下:

$$预计销售收入 = 预计销售量 \times 预计销售单价$$

在销售预算中,通常还应包括预计的现金收入,以便为以后编制现金预算提供必要的资料。预计的现金收入等于前期销售在本期收到的现金和本期销售在本期收到的现金之和。

【任务实施:一】

根据已知资料,编制宏泰公司2015年销售预算,请完成下列任务,填写表4－6。

表4－6 宏泰公司销售预算表

2015年度　　单位:万元

项目	第一季度	第二季度	第三季度	第四季度	全年
预计销量(扇)					
单价(万元)					
预计销售收入					
期初应收账款					
一季度销售实现					

续表

项目	第一季度	第二季度	第三季度	第四季度	全年
二季度销售实现					
三季度销售实现					
四季度销售实现					
现金收入合计					
期末应收账款					

二、生产预算

生产预算是规划预算期内按照企业的预计产量水平而编制的一种业务预算，其主要目的是计算预算期的预计生产量。它是在销售预算的基础上编制的，并可以作为编制材料采购预算和生产成本预算的依据。生产预算是所有业务预算中唯一只使用实物量单位编制的预算。编制生产预算的主要依据是预算期各种产品的预计销售量及存货期初期末资料。具体计算公式为：

预计生产量 = 预计销售量 + 预计期末产品存货量 - 预计期初产品存货量

公式中预计销售量来自于销售预算，预计期末存货量通常按下期预计销售量的一定百分比确定，预计期初存货量即为上期的预计期末存货量。

生产预算的编制，除了考虑计划销售量外，还要考虑现有存货和年末存货的预计水平，以避免存货太多形成积压或存货太少影响下期销售。

【任务实施：二】

根据已知资料，编制宏泰公司 2015 年生产预算，请完成下列任务，填写表4－7。

表 4－7　宏泰公司生产预算表

2015 年度　　单位：扇

项目	第一季度	第二季度	第三季度	第四季度	全年
预计销量					
加：预计期末结存					
预计需要量					
减：期初结存量					
预计生产量					

三、材料采购预算

材料采购预算是指在预算期内，根据生产预算来确定的材料采购数量和材料采购金额的计划。

材料采购预算以生产预算为基础，按照生产预算预计的生产量，以及单位产品的直接材料消耗量，确定生产需要耗用量，再根据材料的期初期末结存情况，便可以确定材料采购量，公式如下：

某种材料预计耗用量 = 产品预计生产量 × 单位产品定额耗用量

某种材料预计采购量 = 某种材料预计耗用量 + 某种材料预计期末结存量 − 某种材料期初结存量

公式中“某种材料预计期末结存量”可根据下季度生产需要量的一定比例加以确定，“某种材料期初结存量”是上期的期末余额。

根据计算所得到的预计材料采购量，不仅可以安排预算期内的采购计划，同时也可得到材料的预算额，公式如下：

某种材料预算额 = 某种材料预计采购量 × 材料单价

为便于编制现金预算，在材料采购预算时，通常还包括材料采购方面预期的现金支出的计算，包括上期采购的材料将于本期支付的现金和本期采购的材料中应由本期支付的现金。

【任务实施：三】

根据已知资料，编制宏泰公司2015年材料采购预算，请完成下列任务，填写表4－8。

表4－8 宏泰公司生产材料采购预算表

2015年度　　　　单位：万元

项目	第一季度	第二季度	第三季度	第四季度	全年
预计生产量（扇）					
材料定额单耗（m^3）					
预计生产需要量（m^3）					
加：期末结存量					
预计需要量合计					
减：期初结存量					
预计材料采购量					
材料计划单价					
预计购料金额					
应付账款期初余额					
一季度购料付现					
二季度购料付现					

续表

项目	第一季度	第二季度	第三季度	第四季度	全年
三季度购料付现					
四季度购料付现					
现金支出合计					
应付账款期末余额					

四、直接人工预算

直接人工预算是根据预计生产量对一定预算期内直接人工工时的消耗和直接人工成本所做的业务预算。

直接人工预算是根据预计生产量、单位产品直接人工工时定额及单位工时工资率进行编制的。预计生产量来自于生产预算,单位产品直接人工工时定额可从生产管理部门和工程技术部门获得,单位工时工资率来自企业人事部门工资标准和工资总额。

直接人工预算的编制,应按不同的工种分别计算,再予以合计,即可求得预计直接人工成本的总数。其计算公式:

$$预计直接人工总成本 = 预计生产量 \times \sum(单位工时工资率 \times 单位产品直接人工工时定额)$$

【任务实施:四】

根据已知资料,编制宏泰公司2015年直接人工预算,请完成下列任务,填写表4-9。

表4-9 宏泰公司直接人工预算表

2015年度 单位:万元

项目	第一季度	第二季度	第三季度	第四季度	全年
预计生产量(扇)					
单耗工时(小时)					
直接人工小时数					
单位工时工资率					
预计直接人工成本					

五、制造费用预算

制造费用预算反映了生产成本中除直接人工和直接材料以外的间接生产费用预算。制造费用按其与业务量之间的关系,可分为变动性制造费用和固定性制造费用。固定性制造费用可在上年的基础上根据预期变动加以适当修正进行预计，具体计算时应区分不同费用项目进行，按项目逐一确定预算期的固定费用预算。变动制造费用预算，也应按照不同费用项目逐一分解，根据单位变动制造费用分配率和业务量确定各项目的变动制造费用预算数。业务量一般用直接人工总工时、机器工时等指标。变动制造费用预算分配率计算公式为：

变动制造费用预算分配率 = 预计变动性制造费用 / 分配标准

在编制制造费用预算时，为方便现金预算编制，还需要确定制造费用预算的现金支出部分。由于固定资产折旧费是非付现项目，在计算时应予剔出。

制造费用预算分为两个步骤，首先计算预计制造费用，然后再计算预计需用现金支付的制造费用，各自的计算公式为：

预计制造费用 = 预计变动性制造费用 + 预计固定性制造费用

预计需用现金支付的制造费用 = 预计制造费用 - 折旧

在实际工作中，产品成本预算可以按照完全成本法编制，也可按变动成本法编制。其区别主要是在对固定性制造费用的处理上，变动成本法将制造成本按性态分为变动性制造费用和固定性制造费用。将变动性制造费用记入成本，将固定性制造费用与非制造费用一起列入期间成本。完全成本法则将制造费用全部记入产品成本。本书采用变动成本法进行预算编制。

【任务实施：五】

根据已知资料，编制宏泰公司 2015 年制造费用预算，请完成下列任务，填写表 4－10。

表 4－10　宏泰公司制造费用预算表

2015 年度　　　　单位：万元

项目	第一季度	第二季度	第三季度	第四季度	全年
预计生产量					
变动制造费用：					
间接人工					
间接材料					
维修费					
水电费					
机物料					
小计					
固定制造费用：					
维护费用					
折旧费用					

续表

项目	第一季度	第二季度	第三季度	第四季度	全年
管理费用					
保险费用					
财产税					
小计					
预计制造费用合计					
减:折旧					
预计现金支出					
变动制造费用分配率(万元/小时)					

六、产品成本预算

产品成本预算是反映预算期内企业各种产品成本而编报的一种业务预算,包括产品的单位成本、生产成本、期末结存存货成本和销售成本等。产品成本预算是在生产预算、材料采购预算、直接人工预算和制造费用预算的基础上编制的,同时,产品成本预算也为编制预计利润表和预计资产负债表提供数据。产品生产成本预算的要点,是确定单位产品预计生产成本和期末结存产品预计成本。相关计算公式为:

单位产品预计生产成本 = 单位产品直接材料成本 + 单位产品直接人工成本 + 单位产品制造费用

期末结存产品成本 = 期初结存产品成本 + 本期产品生产成本 - 本期销售产品成本

值得注意的是,存货发出的计价方法有很多,有先进先出法、加权平均法、个别计价法等,在计算期初结存产品成本和本期销售成本时,应该根据具体的存货计价方法确定。

【任务实施:六】

根据已知资料,编制宏泰公司2015年产品生产成本预算,请完成下列任务,填写表4-11。

表4-11 宏泰公司产品生产成本预算表

2015年度　　　　单位:万元

项目	单位成本			生产成本(　　扇)	存货成本(　　扇)	销货成本(　　扇)
	单位消耗	分配率	单位成本			
直接材料(m^3)						
直接人工(小时)						
变动制造费用(小时)						
合计						

七、销售及管理费用预算

销售及管理费用预算是指为计划预算期与组织产品销售活动和日常经营管理活动有关的费用支出而编制的一种业务预算,也称营业费用预算。它的编制方法与制造费用编制方法类似。

为了便于编制现金预算,在编制销售及管理费用预算的同时,还要编制与销售及管理费用有关的现金支出计算表。销售费用及管理费用的大部分属于现金支出,但固定资产折旧费、低值易耗品摊销、计提坏账准备金、无形资产摊销和递延资产摊销均属不需要现金支出的项目,在预计现金支出时,应予以扣除。

为了简化起见,本书将销售环节税金编制在本预算中,销售环节税金包括资源税、消费税、教育费附加等。

【任务实施:七】

根据已知资料,编制宏泰公司 2015 年销售及管理费用预算,请完成下列任务,填写表 4-12。

表 4-12　宏泰公司销售及管理费用预算表

2015 年度　　　　单位:万元

项目	第一季度	第二季度	第三季度	第四季度	全年
预计销售收入					
变动销售及管理费用:					
销售佣金					
运输费用					
销售环节税金					
小计					
固定销售及管理费用:					
折旧费用					
管理人员工资					
广告费用					
保险费用					
办公费用					
小计					
销售及管理费用合计					
减:折旧					
预计现金支出					

【拓展领域】

如何选择预算起点

在编制预算的实际操作之前确定全面预算的编制起点,是任何预算编制机构首先应当解决的问题。目前,编制预算的起点主要有以生产为起点、以销售为起点、以利润为起点等。

(一)以生产为起点

约20年前,我国财务管理、经济活动分析和企业管理教科书中,在谈到预算编制时,一律主张从生产开始。这种预算模式适合于计划经济时代,在供给短缺的条件下,生产的产品都能销售出去,生产决定销售。因而类似于预算的"生产技术财务计划",编制的起点是生产。

(二)以销售为起点

其是指以销售预算的结果为起点来编制预算,该预算以销售收入为主导指标,以利润和现金回收为辅助指标。由于该模式以市场为导向、以销售为基点,适应市场状况,比较符合实际,适合于成长期的企业和成长期的市场,尤其适合于以价值最大化为目标的企业及实行以销定产的企业,所以该模式被预算企业普遍采用。但是,销售并非利润的唯一约束因素,二者变动有时也不一致。现实中,存在着销售价格低于成本的情况,如外贸企业亏本出口;也存在企业成本费用因控制不佳而造成利润偏低或亏损的情况,因销售起点观隐含的假设是不准确的,销售起点观亦不科学。

(三)以利润为起点

其是以目标利润为起点来编制预算。该模式的指标体系以利润为主导指标,销售收入和成本为辅助指标。该模式有利于提高企业利润、改善企业管理、降低营运成本,比较适合以利润最大化为目标的企业或大型企业集团的利润中心。但以利润为核心的预算管理行为可能引发短期行为,使企业只顾预算年度利润,忽略企业长远发展,可能引发冒险行为,使企业只顾追求高额利润,增加企业的财务和经营风险。

另外,还有以企业所处生命周期的不同阶段确定预算的起点。本观点认为企业所处生命周期的阶段不同,编制预算的起点也应不同:初创期以资本为起点,增长期以销售为起点,市场成熟期以成本控制为起点,衰退期以现金流量为起点。但对于一般企业而言,企业各个发展阶段的特征并不明显,因而其适用性便存在很大的问题。

影响企业经营活动的因素错综复杂,是多方面的,往往并不局限于一项。因此,企业预算编制起点不能简单地局限于单项因素。企业的预算应配合企业战略目标,提供并分析有关企业财务、内部经营过程、顾客等综合信息,进行全方位考虑最终选择合适企业的预算起点。

【技能训练】

一、选择题：

1. 下列预算中，不属于业务预算内容的是(　　)。

A. 销售预算　　B. 生产预算

C. 制造费用预算　　D. 投资支出预算

2. 企业整个预算的编制起点是(　　)。

A. 直接材料预算　B. 生产预算　C. 销售预算　D. 产品成本预算

3. 编制生产预算中的“预计生产量”时，不需要考虑的因素是(　　)。

A. 预计销售量　　B. 预计产成品期初结存量

C. 预计产成品期末结存量　　D. 前期实际销量

4. 某公司2016年1～4月份预计的销售收入分别为100万元、200万元，300万元和400万元，每月材料采购额按照下月销售收入的80%确定，采购当月付现60%，下月付现40%。假设没有其他购买业务，则2016年3月31日资产负债表“应付账款”项目金额为(　　)万元。

A. 148　B. 218　C. 150　D. 128

5. 某企业本月支付当月货款的60%，支付上月货款的30%，支付上上月货款的10%，未支付的货款通过“应付账款”核算。已知7月份货款20万元，8月份货款为25万元，9月份货款为30万元，10月份货款为50万元，则下列说法正确的有(　　)。

A. 9月份支付27.5万元　　B. 10月初的应付账款为14.5万元

C. 10月末的应付账款为23万元　　D. 10月初的应付账款为11.5万元

6. 某企业预计前两个季度的销量为1 000件和1 200件，期末产成品存货数量一般按下季销量的10%安排，则第一季度的预算产量为(　　)件。

A. 1 020　B. 980　C. 1 100　D. 1 000

7. 某企业2016年第一季度产品生产量预算为1 500件，单位产品材料用量5千克/件，季初材料库存量1 000千克，第一季度还要根据第二季度生产耗用材料的10%安排季末存量，预算第二季度生产耗用7 800千克材料。材料采购价格预计12元/千克，则该企业第一季度材料采购的金额为(　　)元。

A. 78 000　B. 87 360　C. 92 640　D. 99 360

二、判断题：

1. 制造费用预算是以生产预算作为编制基础的。(　　)

2. 业务预算与企业的正常经营有关，既要有价值量也要有实物量指标以反映其预算内容。(　　)

三、计算题：

1. C公司只生产一种产品。相关预算资料如下：

资料一：预计每个季度实现的销售收入(含增值税)均以赊销方式售出，其中

60%在本季度内收到现金,其余40%要到下一季度收讫,假定不考虑坏账因素。部分与销售预算有关的数据如4－13所示:

表4－13 单位:元

项目	一季度	二季度	三季度	四季度
预计销售收入	117 000	117 000	128 700	128 700
期初应收账款	20 800	—	—	—
第一季度销售当期收现额	(A)			
第二季度销售当期收现额		(B)		
第三季度销售当期收现额				
第四季度销售当期收现额				(C)
经营现金收入合计		117 000	124 020	128 700

资料二:预计每个季度所需要的直接材料均以赊购方式采购,其中50%于本季度内支付现金,其余与预算有关的数据如表4－14所示:

表4－14 单位:元

项目	一季度	二季度	三季度	四季度
预计材料采购成本	70 200	70 200	76 050	77 220
期初应付账款	10 000	35 100	(E)	(F)
第一季度采购当期支出额	—			
第二季度采购当期支出额		—		
第三季度采购当期支出额			38 025	
第四季度采购当期支出额				(G)
材料采购现金支出合计	(D)	—	—	(H)

要求:

(1)根据资料一确定表4－13中字母所代表的数值(不需要列示计算过程);

(2)根据资料二确定表4－14中字母所代表的数值(不需要列示计算过程);

(3)根据资料一和资料二,计算预算年度应收账款和应付账款的年末余额。

任务二　专门决策预算

【任务目标】

知识目标：

- 理解专门决策预算编制的程序
- 掌握专门决策预算的编制

能力目标：

- 能选择合适的预算编制方法编制专门决策预算

【任务引入】

公司除了编制日常业务预算外，还需要对未来的投资活动、筹资活动以及收益分配等活动编制各种预算。宏泰公司编制专门决策的相关资料如下：

1. 公司准备2015年开发新产品项目——实木复合门，投资额2 000万元，该项目于2015年第二季度投入1 400万元，第四季度投入600万元，年底完工并投产。

2. 对公司2015年的资金需求量进行预测发现，为了项目的开发，公司需要进行外部融资（具体数据来源于情境一“资金需求量预测”），假设在预算时不考虑公司资本结构，外部融资全部来源于长期借款，于2015年第四季度借入，期限3年，公司以百万元为单位向银行借款，长期借款年利率8%，到期还本，每年年末支付利息，且利息全部费用化。

3. 公司于第四季度末支付当年的股利960万元。

4. 每季度末预付所得税100万元，第四季度汇算清缴所得税219.11万元。

一、资本预算

资本预算是指与项目投资决策相关的专门预算，包括固定资产投资预算、权益性资本预算和债券投资预算，编制资本预算的依据是项目财务可行性分析资料。

资本预算的要点是准确反映项目资金投入，它同时也是编制现金预算和预计资产负债表的依据。

【任务实施：一】

根据已知资料，编制宏泰公司2015年资本预算，请完成下列任务，填写表4-15。

表 4-15　宏泰公司资本预算表

2015 年度　　　　单位:万元

项目	第一季度	第二季度	第三季度	第四季度	全年
固定资产投资					

二、一次性专门业务预算

一次性专门业务预算是指资金筹集以及收益分配活动的专门预算,包括资金筹措预算、交纳税金、发放股利预算等。一次性专门业务预算也是编制现金预算和预计资产负债表的依据。

【任务实施:二】

根据已知资料,编制宏泰公司 2015 年一次性专门业务预算,请完成下列任务,填写表 4-16。

表 4-16　宏泰公司一次性专门业务预算表

2015 年度　　　　单位:万元

项目	第一季度	第二季度	第三季度	第四季度	全年
借入长期借款					
所得税					
股利					

【拓展领域】

四种途径,避免预算和执行两张皮

企业虽然编制了预算,但由于预算编制方法的选择不合适,以及预算执行过程中资金支出审批流程没有分类处理等因素,造成预算和执行相脱节。这往往使很多企业无法控制预算,从而无法进行正确决策。

如何提高预算的准确性,是很多企业面临的问题。李韶玲在其著作《全面预算管理中 9 大难题》一书中,总结出了提高预算准确性的四种途径:

第一,调整预算编制方法。可采用混合滚动预算方式,同时使用月份和季度作为预算的编制和滚动单位的方法。因为一些行业对市场很敏感,市场变化较快,采用较短时间单位可以减少预算的失误率。

第二,对资金支出流程进行分类处理。在规范流程的同时还要做到合理授权,区分不同情况下的处理程序,这样既可防范风险又能提高运作效率,从而在安全和效率之间寻求到一个最佳平衡点。如果是较大的集团,还要在集团和子公司之间划分资金审批权限，业务的迅速发展需要扩大子公司的资金支出审批权限，以减少审批流程、提高效率，同时，在内容上还要对预算内、外的资金支出审批流程进行区分。另外也可将一些流程进行合并或者删除。

第三，建立科学的预算执行分析反馈系统。建立科学的预算分析反馈系统的关键是要设定预算分析项目，确定重点分析项，应选择金额较大或对公司发展具有关键意义的重点项目，做到重点控制和风险防范。同时还要设计标准进行绝对量控制和相对量控制。绝对量要用一个绝对值控制，相对量则选一个比例范围控制，如果变化超过绝对值或者比例范围时，就要认真分析产生原因。如果存在差异还要分析差异的存在是正面效应还是负面效应。各责任中心在完成分析之后应对问题进行汇总，提交预算分析报告，为调整预算提供有效的支持，并对企业经营决策提供可靠参考。

第四，预算和考核挂钩。为保证预算的严肃性，提高员工对预算的重视程度，真正将预算落到实处，还要将预算与考核重新挂钩，以便更好引导和激励员工。

【技能训练】

一、选择题：

1. 东大公司销售的电子产品得到了消费者的广泛认可，由于在市场上供不应求，公司现决定追加投资一项专业设备来扩大生产量，购置该固定资产的预算属于(　　)。

A. 业务预算　　B. 专门决策预算

C. 财务预算　　D. 短期预算

2. 资本支出预算属于(　　)。

A. 专门决策预算　　B. 财务预算

C. 业务预算　　D. 总预算

二、判断题：

全面预算体系的最后环节是专门决策预算。(　　)

任务三　总预算

【任务目标】

知识目标：

- 理解总预算编制的程序
- 掌握总预算的编制

能力目标：

- 能选择合适的预算编制方法编制总预算

【任务引入】

公司编制完日常业务预算和专门决策预算后，将其结果总括地反映在预计财务报表中，以便为企业的日常业务控制和业绩考评提供依据。宏泰公司的相关资料如下：

1. 公司 2015 年年初现金余额为 480 万元，每季度末应保持现金余额 590～600 万元之间，2015 年年末保持现金持有量为 600 万元。各季度现金余缺可通过短期借款和交易性金融资产解决。

2. 各季度经营过程中资金周转不足，可以以 10 万元为单位向银行进行短期融资，短期借款年利率为 6%，假定借款均在季度初发生，还款均在季度末发生，利随本清。

3. 各季度现金多余时可以购买交易性金融资产，买卖额为 10 万元的倍数，购买交易性金融资产年均收益率为 10.2%，假定购买均在季度初发生，出售均在季度末发生。

4. 2015 年期初的长期借款，于 2017 年到期，年利率 8%，借款的利息全部费用化，并于每年末支付。

一、现金预算

现金预算主要反映预算期内预计现金收支的详细情况，是各项经济活动有关现金收支方面的汇总反映，它是以业务预算和专门决策预算为依据编制的。现金预算是企业现金管理的重要工具，它可以帮助企业有效地对资金进行控制，能够减少经营过程中的风险，降低资金的使用成本，提高资金的使用效率。需特别说明的是，现金预算具有现金流量表的特性，因而，本书不再单独介绍预计现金流量表的编制。

现金预算由现金收入、现金支出、现金多余或不足、资金的筹集和运用四个部分组成。

（一）现金收入

现金收入部分包括期初现金余额和预算期现金收入，现金收入的主要来源是销货收入。其中，“期初现金余额”是在编制预算时预计的；“现金收入”的数据来自销售预算；“可供使用现金”是期初现金余额与本期现金收入之和。即：

期初现金余额 + 现金收入 = 可供使用现金

（二）现金支出

现金支出部分包括预算的各项现金支出，即材料、人工、制造费用、销售及管理费用等业务预算里的现金支出，专门决策预算里的资本性支出和所得税、股利分配等现金支出。

（三）现金多余或不足

现金多余或不足是可供使用现金与现金支出合计的差额。差额为正，说明可供使用现金大于现金支出，企业资金有多余；差额为负，说明可供使用现金小于现金支出，企业资金不足。

可供使用现金 - 现金支出 = 现金余缺

（四）资金的筹集和运用

资金的筹集和运用是根据预算期现金收支的差额和企业有关资金管理的各项政策，确定筹集和运用资金的数额。如果资金不足，可通过借款或其他方式融资；如果资金多余，则可以考虑还本付息，购买有价证券等，关系公式如下：

现金不足：现金余缺 + 现金筹措 = 期末现金余额

现金多余：现金余缺 - 现金投放 = 期末现金余额

【任务实施：一】

根据已知资料，编制宏泰公司 2015 年现金预算，请完成下列任务，填写表 4－17。

表 4－17　宏泰公司现金预算表

2015 年度　　　　单位：万元

	第一季度	第二季度	第三季度	第四季度	全年
期初现金余额					
加：现金收入					
可供使用的现金					
经营性现金支出：					
直接材料采购					
直接人工					

续表

	第一季度	第二季度	第三季度	第四季度	全年
制造费用					
销售及管理费用					
预交所得税					
支付股利					
经营性现金支出合计					
资本性支出					
现金支出合计					
现金余缺					
现金筹措与运用：					
长期借款					
支付长期借款利息					
短期借款					
归还短期借款					
支付短期借款利息					
购买交易性金融资产					
出售交易性金融资产					
投资收益					
现金筹措与运用合计					
期末现金余额					

二、预计利润表

预计利润表是用来综合反映企业在计划期预计销售收入、销售成本和预计可实现的利润或可能发生的亏损，是企业最主要的财务预算表之一。它是在业务预算、专门决策预算和现金预算后编制的。预计利润表可以揭示企业预期的盈利情况，有助于管理人员及时调整经营策略。

【任务实施：二】

根据已知资料，编制宏泰公司 2015 年预计利润表，请完成下列任务，填写表 4－18。

表 4－18　宏泰公司预计利润表

2015 年度　　　　单位:万元

项目	全年
销售收入	
减:变动销售成本	
变动性销售及管理费用	
边际贡献	
减:固定性制造费用	
固定销售及管理费用	
财务费用	
加:投资收益	
营业利润	
减:所得税	
净利润	

三、预计资产负债表

预计资产负债表是反映企业预算期期末财务状况的总预算，是全面预算的终点。它是依据前期期末资产负债表和全面预算中的其他预算所提供的资料编制而成的。预计资产负债表可以为企业管理当局提供会计期末企业预期财务状况的信息，它有助于管理当局预测未来期间的经营状况，并采取适当的改进措施。

【任务实施:三】

根据已知资料，编制宏泰公司 2015 年预计资产负债表，请完成下列任务，填写表 4－19。

表 4－19　宏泰公司预计资产负债表

2015 年度　　　　单位:万元

资产项目	年末数	负债项目	年末数
货币资金		应付账款	
应收账款		长期借款	
存货		股本	
固定资产		留存收益	
减:累计折旧			
固定资产净值			
合计		合计	

【拓展领域】

我国企业财务预算中存在的主要问题

(一)重短期,轻长期

有些企业在制定财务预算管理的过程中,只是根据短期目标关注短期活动,忽视了企业的长期发展规划,造成企业财务预算与长期战略目标相冲突,各期间预算的衔接性较差,这样难以实现财务预算的持续管理作用。这种重短期,轻长期的短视行为是弱化可持续发展的粗放行为,是与科学发展相悖的预算编制方式。

(二)重部门,轻整体

随着我国经济体制的变革,目前国内许多企业的预算管理模式也在逐渐转型,但仍然有很多企业对开展财务预算管理工作的重要性认识不足,缺乏整体观念,没有将组织经营的各单位、部门和相关阶段有机结合起来,财务预算工作最后都被迫落在财会部门,财会部门关起门来画表格、定盘子。这种缺乏整体观念的预算管理,往往难以发挥财务预算的控制作用,致使财务预算管理缺乏有效的操作性和前瞻性。

(三)重编制,轻控制

财务预算管理只是停留在文件上,缺乏有效的控制手段。许多单位只是在口头上或是文件上实施预算管理,局限在预算方案上,不分析生产变化、不考虑市场价格浮动、不对照前因后果,采取"以静制动,以不变应万变"的"妥协"政策。比如说,当你查看企业的业务招待费、会议费支出时,记录内容是每年都有预算,而实际上这些费用是一直在飙升的,甚至处于超支的状态。尤其是在企业生产经营出现困难时,预算方案已经不能发挥作用了。

(四)重客观,轻主观

有的企业在进行预算指标分配的过程中会出现一种现象,很多员工东奔西走,找管理者、找领导,年终考核期间更是一片混乱。进行预算指标考核,那些本应获得更多资金的部门反而得到的很少,于是就会出现"问题战胜了方案,客观战胜了主观"的现象。重客观、轻主观就是预算考核制度的弱点。

(五)重静态,轻动态

在预算编制方法的选择上,多数企业预算仍采用传统的固定预算、定期预算等方法编制,这种静态预算编制方法适用于业务量波动不大的企业。当企业销售量、价格和成本等因素变化较大时,静态预算指标则表现出盲目性、滞后性和缺乏弹性,难以成为考核和评价的有效基准。所以,企业应积极寻求科学、合理的方法,因地制宜地加强动态管理,使预算更加切合实际,实现与日常管理的衔接,使管理人员始终从动态的角度把握企业近期的规划目标和远期的战略布局。

【技能训练】

一、选择题：

1. 企业在计划期内反映有关预计现金收支、财务状况和经营成果的预算是（　）。

A. 业务预算　　B. 专门决策预算

C. 财务预算　　D. 全面预算

2. 现金预算是以业务预算和专门决策预算为依据编制的，主要由（　）构成。

A. 可供使用现金　B. 现金支出　C. 现金余缺　D. 现金筹措与运用

3. 下列各项中，会对预计资产负债表中存货金额产生影响的有（　）。

A. 管理费用预算　　B. 销售费用预算

C. 生产预算　　D. 产品成本预算

4. 在编制现金预算时，计算某期现金余缺必须考虑的因素有（　）。

A. 期初现金余额　　B. 期末现金余额

C. 当期现金支出　　D. 当期现金收入

5. 下列计算等式中，不正确的是（　）。

A. 本期生产数量 = 本期销售数量 + 期末产成品结存量 - 期初产成品结存量

B. 本期购货付现 = 本期购货付现部分 + 前期赊购本期付现的部分

C. 本期材料采购数量 = 本期生产耗用数量 + 期末材料结存量 - 期初材料结存量

D. 本期销售商品所收到的现金 = 本期的销售收入 + 期末应收账款 - 期初应收账款

6. 下列不涉及现金收支的预算是（　）。

A. 销售预算　B. 生产预算　C. 制造费用预算　D. 直接人工预算

二、判断题：

1. 编制预计财务报表的正确程序是：先编制预计资产负债表，然后再编制预计利润表。（　）

2. 预计资产负债表中现金科目的期末数不一定等于现金预算中的期末现金余额。（　）

三、计算题：

1. 某企业 2016 年有关预算资料如下：

（1）预计该企业 3 ~7 月份的销售收入分别为 40 000 元、50 000 元、60 000 元、70 000 元、80 000 元。每月销售收入中，当月收到现金 30%，下月收到现金 70%。

（2）各月直接材料采购成本按下一个月销售收入的 60% 计算。所购材料款于当月支付现金 50%，下月支付现金 50%。

（3）预计该企业 4 ~6 月份的制造费用分别为 4 000 元、4 500 元、4 200 元，每月制造费用中包括折旧费1 000元。

(4)预计该企业4月份购置固定资产,需要现金15 000元。

(5)企业在3月末有长期借款20 000元,利息率为15%。

(6)预计该企业在现金不足时,向银行申请短期借款(为1 000元的整数倍);现金有多余时归还银行借款(为1 000元的整数倍)。借款在期初,还款在期末,借款年利率12%。

(7)预计该企业期末现金余额的额定范围是6 000~7 000元,长期借款利息每季度末支付一次,短期借款利息还本时支付,其他资料见现金预算表。

要求:根据以上资料,完成表4-20现金预算的编制工作。

表4-20 现金预算 单位:元

月份	4	5	6
期初现金余额	7 000		
现金收入			
可供使用现金			
现金支出			
直接材料			
直接人工	2 000	3 500	2 800
制造费用			
其他付现费用	800	900	750
预交所得税			8 000
购置固定资产			
现金支出合计			
现金余缺			
支付利息			
取得短期借款			
偿还短期借款			
期末现金余额			

情境三　筹资决策

☆1952年,默多克负债19万澳元入主纽斯公司。默多克对公司的资本结构有着超人的悟性,他善于融资,巧妙地负债经营并不断扩大公司的规模。1989年,纽斯集团的债务由1983年的2.37亿美元增加到70亿美元,而它的资产却增加到120亿美元,是1983年的12倍。当然,默多克要承受巨大的债务压力,但他在经营方面的天才,使他为纽斯集团带来了巨大的利润。

☆为什么负债多了,利润反而增加了呢?选择正确的融资方式也可以给企业带来经济效益。本章我们将讨论企业筹资方式以及融资方式的最优组合问题。

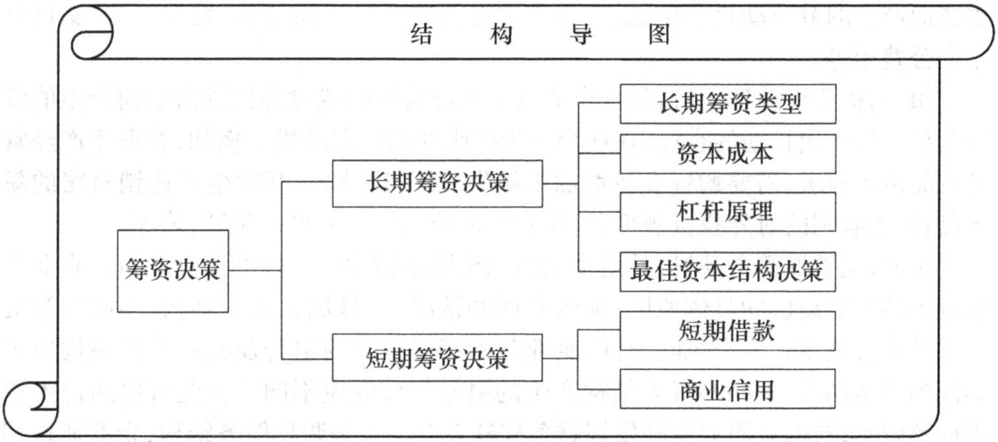

资金是企业的血液,它是企业设立、生存和发展的物质基础,是企业开展生产经营活动的基本前提。一个企业从创建到生存发展整个过程都需要资金,筹资是企业财务管理的基本内容之一。企业通过一定的方式筹集资金,不仅是企业得以持续经营的前提条件,而且可以通过筹资组合来降低资金成本,提高企业的价值。

一、筹资的动机

筹资是企业根据其生产经营、对外投资和调整资本结构等需要,通过合理的筹资渠道、选择适当的筹资方式,经济有效地筹集企业所需资本金的财务管理活动。

企业筹资最基本的目的,是为企业经营的维持和发展,为企业的经营活动提供资金保障。但每次具体的筹资行为,往往受特定动机的驱动,如为提高技术水平购置新设备而筹资;为对外投资活动而筹资;为产品研发而筹资;为解决资金周转临时需要而筹资,等等。具体来说,企业的筹资动机有以下几种:

第一,创立性筹资动机,是指企业设立时,为取得资本金并形成开展经营活动的基本条件而产生的筹资动机。资本金是设立企业的第一道门槛,一般来说,一个企业或公司在设立时法律都要求有最低的注册资本限额。

第二,支付性筹资动机,是指为了满足经营业务活动的正常波动所形成的支付需要而产生的筹资动机。例如,企业日常经营需要购买原材料、发放工资、支付日常办公费用等。

第三,扩张性筹资动机,是指企业因扩大经营规模或对外投资需要而产生的筹资动机。处于成长期的企业,往往会产生扩张性的筹资动机。例如,企业生产经营的产品供不应求,需要购置设备增加市场供应;引进技术,开发生产适销对路的新产品;扩大有利的对外投资规模;开拓有发展前途的对外投资领域,等等。

第四,调整性筹资动机,是指企业因调整资本结构而产生的筹资动机。企业产生调整性筹资动机的具体原因,大致有两种情况:一是优化资本结构,不同的筹资方式其筹资成本和筹资风险不同,企业各种筹资方式的组合及其比率关系构成了不同的资本结构,不同的资本结构产生的财务杠杆效应不同。企业可以通过筹资来调整资本结构,从而能更好发挥财务杠杆效应。二是调整债务结构,企业通过调整长短期债务比率的变化来对债务结构进行内部调整。

二、筹资的分类

企业采用不同方式所筹集的资金,可按照不同的分类标准,分为不同的筹资类别。

(一)股权筹资、债务筹资及混合筹资

按企业所取得资金的权益特性不同,企业筹资分为股权筹资、债务筹资及混合筹资三类。这也是企业筹资方式最常见的分类方法。

股权筹资,是股东投入的、企业依法长期拥有、能够自主调配运用的资本。股

权资金的多少，反映了企业的资金实力，在相当程度上可以反映企业财务状况的稳定程度及企业适应生产经营客观环境变化的能力。企业的股权资本可通过吸收直接投资、发行股票、内部积累等方式取得。由于股权资本一般不用偿还本金，形成企业的永久性资本，因而财务风险小，但付出的资本成本相对较高。股权筹资项目一般包括实收资本（股本）、资本公积金、盈余公积金和未分配利润等。

债务筹资，是企业按合同向债权人取得的，在规定期限内需要清偿的债务。企业通过债权筹资形成债务资金，债务资金可通过向金融机构借款、发行债券、融资租赁和商业信用等方式取得。由于债务资金到期要归还本金和支付利息，债权人对企业的经营状况不承担责任，因而债务资本具有较大的财务风险，但付出的资本成本相对较低。债务资本项目一般包括应付账款、应付票据、银行借款、应付债券以及其他各种应付的款项。

混合筹资，兼具股权与债权筹资性质。我国上市公司目前最常见的混合筹资方式是发行可转换债券和发行认股权证。

（二）直接筹资与间接筹资

按是否借助于金融机构为媒介来获取社会资金，企业筹资分为直接筹资和间接筹资两种类型。

直接筹资不需要通过金融机构来筹措资金，是企业直接从社会取得资金的方式。直接筹资方式主要有发行股票、发行债券、吸收直接投资等。通过直接筹资既可以筹集股权资金，也可以筹集债务资金。按法律规定，公司股票、公司债券等有价证券的发行需要通过证券公司等中介机构进行，但证券公司所起到的只是承销的作用，资金拥有者并未向证券公司让渡资金使用权，因此发行股票、债券属于直接向社会筹资。随着金融法规的逐渐健全，证券市场不断完善，我国居民、企业参与直接融资的机会大大增加，参与方式日趋多样化，直接筹资的范围也越来越广。

间接筹资，是企业通过金融媒介进行的筹资活动，一般是通过银行或其他金融机构完成。间接筹资的基本方式是向银行借款，此外还有融资租赁等方式。这种筹资方式手续简单、费用低，在很长一段时间里，在我国企业筹资活动中占主导地位。但是间接筹资也具有筹资范围相对较窄，筹资渠道和方式单一等缺陷。随着金融市场的不断完善，越来越多的企业把筹资方式转向了资本市场，进行直接融资。

（三）内部筹资与外部筹资

按资金的来源范围不同，企业筹资分为内部筹资和外部筹资两种类型。

内部筹资是指企业通过利润留存而形成的筹资来源。内部筹资数额的大小主要取决于企业可分配利润的多少和利润分配政策，一般无需花费筹资费用，从而降低了资金成本。

外部筹资是指企业向外部筹措资金而形成的筹资来源。处于初创期的企业，内部筹资的可能性是有限的；处于成长期的企业，内部筹资往往难以满足需要，这就需要企业广泛地开展外部筹资,如发行股票、债券,取得商业信用,向银行借款等。企业向外部筹资大多需要花费一定的筹资费用,从而提高了筹资成本。因此,企业筹资时首先应利用内部筹资,然后再考虑外部筹资。

(四)长期筹资与短期筹资

按所筹集资金的使用期限是否超过一年,企业筹资分为长期筹资和短期筹资两种类型。

长期筹资的目的主要在于形成和更新企业的生产和经营能力,或扩大企业生产经营规模,或为对外投资筹集资金。长期筹资通常采取吸收直接投资、发行股票、发行债券、取得长期借款、融资租赁等方式,从资金权益性质来看,长期资金可以是股权资金,也可以是债务资金。

短期筹资,是指企业筹集使用期限在一年以内的资金筹集活动。短期资金主要用于企业的流动资产和日常资金周转,一般在短期内需要偿还。短期筹资经常利用商业信用、短期借款等方式来筹集。

三、筹资的原则

第一,遵循国家法律法规,合法筹措资金。筹资涉及国家金融秩序和相关主体的经济利益,因而,企业的筹资行为和筹资活动必须遵循国家的相关法律法规。依法履行法律法规和投资合同约定的责任,合法合规筹资,依法信息披露,避免非法集资给企业和相关主体带来损失。

第二,分析生产经营情况,适量筹措资金。不同时期企业的资金需求量并不是一个常数,企业财务人员要认真分析生产经营状况,采用科学的方法,合理预测资金的需要数量。筹资规模与资金需要量应当匹配一致,既要避免因筹资不足,影响生产经营的正常进行,又要防止筹资过多,造成资金闲置。

第三,合理安排筹资时间,适时筹措资金。企业筹集资金,要合理确定资金需要的时间。企业要根据资金投放时间,合理进行筹资,做到投资和筹资在时间上的协调一致。例如,在投资项目中,投资完成进度决定了资本的到位时间,企业应该根据项目的进展情况来确定资金的需要时间,然后根据筹资市场情况来决定资本到位的时间,从而使筹资与用资在时间上相衔接。

第四,了解各种筹资渠道,经济筹措资金。资金的来源渠道和资金市场为企业提供了资金的源泉和筹资场所,它反映资金的分布状况和供求关系,决定着筹资的难易程度,不同的筹资方式其资本成本和财务风险不同。因此,企业对不同筹资方式需要全方位认真研究和分析,尽可能选择经济、可行的筹资渠道与方式,力求降低筹资成本。

第五,研究各种筹资方式,优化资本结构。企业筹资应将不同筹资方式进行有效组合,如保持股权资金与债务资金、长期资金与短期资金、内部筹资与外部筹资的合适比率,从而保持适当偿债能力,防范企业财务危机,降低资本成本,提高筹资效益。

四、筹资的渠道与方式

(一)筹资渠道

筹资渠道是指企业筹措资金来源的方向与通道。目前,我国企业筹集资金的渠道主要有:

1. 国家财政资金

国家对企业的直接投资是国有企业最主要的资金来源渠道,特别是国有独资企业,基本全部由国家投资形成。现有国有企业资金来源中,有一部分是由国家财政直接拨款的方式形成的,除此之外,还有一部分是通过国家对企业的“税前还贷”或减免税而形成的。

2. 银行信贷资金

银行的各种贷款,也是各类企业重要的资本来源之一。目前,主要有两类银行提供贷款:一类是商业银行,包括中国工商银行、中国农业银行、中国建设银行、中国银行等国有控股银行,以及为数众多的全国性及地方性的商业银行,如交通银行、华夏银行、民生银行等,它们根据一定的原则为各类企业提供短期和长期贷款;另一类是政策性银行,如国家开发银行、中国进出口银行等,它们为特定企业提供政策性贷款。

3. 非银行金融机构资金

非银行金融机构包括信托投资公司、租赁公司、保险公司、证券公司、企业集团的财务公司等,它们有的承销证券,有的融资、融物,有的为了特定目的而积聚资金。这些机构通过一定的途径或方式为一些企业直接提供部分资金或为企业融资提供服务。这种融资渠道的财力比银行小,但资金供应比较灵活方便,发展前景十分广阔。

4. 其他企业或单位资金

企业在生产经营过程中,往往形成部分暂时性闲置资金,并为一定的目的而进行相互投资;另外,企业的购销业务可以通过商业信用方式来完成,从而形成企业间的债权债务关系。企业间相互投资和商业信用的存在,使其他企业资金也成为企业资金的重要来源。

5. 职工和民间资金

企业职工和居民个人的结余货币,作为游离于银行及非银行金融机构之外的个人资金,可用于对企业进行投资,形成民间资金来源渠道,从而为企业所用。

6. 企业自留资金

企业自留资金又称企业内部积累,通常是企业利用留用利润转化为经营资本,主要包括提取公积金和未分配利润。另外,企业计提折旧费形成的折旧基金、经常性延期支付款项,也是企业的一项资本来源。

7. 国外资金

国外资金是指企业通过各种途径从国外取得的资金。利用外资是许多资金短缺国家,尤其是发展中国家弥补资本不足、促进本国企业资本积聚、推动经济的重要手段之一。从资金来源上,境外资金可分为外国政府贷款、国际金融组织贷款及境外民间资金。目前,我国已批准中外合资经营企业、中外合作经营企业和外商独资企业几十万家,每年利用外商直接投资金额上千亿美元。另外还可通过补偿贸易、出口信贷、国际资本信贷、项目融资等方式引进境外民间资金。

(二)企业筹资的方式

筹资方式是指可供企业在筹措资金时选用的具体筹资形式。我国企业目前主要有以下几种筹资方式:吸收直接投资、发行股票、利用留存收益、向银行借款、利用商业信用、发行公司债券、融资租赁、杠杆收购。其中前三种方式筹措的资金为权益资金,后几种方式筹措的资金是负债资金。这些筹资方式的含义及特征将在后续内容中详细阐述。

筹资渠道解决的是资金来源问题,筹资方式则解决通过何种方式取得资金的问题,它们之间存在一定的对应关系。一定的筹资方式可能只适用于某一特定的筹资渠道,但是同一渠道的资金往往可采用不同的方式取得,同一筹资方式又往往适用于不同的筹资渠道。随着我国金融市场的发展,企业的筹资有多种方式可以选择,筹资的渠道也多样化,企业在筹资时,应根据自身的情况,实现两者的合理配合。

【技能训练】

一、选择题:

1. 按(　　),可以将筹资分为直接筹资和间接筹资。

A. 企业所取得资金的权益特性不同

B. 筹集资金的使用期限不同

C. 是否以金融机构为媒介

D. 资金的来源范围不同

2. 筹资管理应遵循的原则有(　　)。

A. 分析生产经营情况,正确预测资金需要量

B. 合理安排筹资时间,适时取得资金

C. 研究各种筹资方式,优化资本结构

D. 遵循国家法律法规,合法筹措资金

3. 企业的筹资渠道有(　　)。

A. 国家资金　　B. 发行股票　　C. 发行债券　　D. 银行借款

4. 企业的筹资方式有(　　)。

A. 发行股票　　B. 发行债券　　C. 长期借款　　D. 国家资金

5. 筹集权益资金的方式有(　　)。

A. 吸收直接投资　B. 发行债券　C. 发行股票　D. 企业积累

6. 筹集负债资金的方式有(　　)。

A. 发行债券　B. 长期借款　C. 商业信用　D. 融资租赁

任务一　长期筹资管理

【任务目标】

知识目标：

- 了解各种长期筹资方式的含义和资本成本的含义
- 理解各种长期筹资方式的特点及资本结构的内涵
- 掌握资金成本的计算、杠杆原理、筹资决策方法

能力目标：

- 能对不同筹资方式进行分析比较
- 能计算各种资金成本
- 能运用杠杆效应评价企业的风险
- 能选择合理的筹资决策方法进行筹资决策

【任务引入】

宏泰公司准备召开股东会，会议议题围绕2015年如何筹集所需资金（资金量数据来源于情境一“资金需求量预测”，筹资金额以百万元为单位进行筹集）。有关资料如下：

1. 外部融资额。这部分资金，公司管理部门最初倾向于发行普通股股票筹资，这种方案必须在董事会讨论后于2015年初实施。但投资银行建议通过借款方式筹资，他们认为通过借款筹资可以降低资本成本，调整公司的资本结构。公司财务部门根据企业的实际情况拟定了两个方案：

方案一：发行普通股股票。目前，该公司股价3.4元，扣除预计0.2元/股的发行费用，每股可以筹集3.2元。

方案二：长期借款。长期借款年利率8%，期限3年，每年年末支付利息，到期还本。由于公司是银行多年的老客户，资信良好，本次借款银行将免除相应的手续费用。但是因为借款风险较大，预计普通股市价将降至3元/股，股票市场平均必要收益率将由原来的10%上升为10.3%。

其他长期资金不受筹资方案的影响。

2. 公司现有的长期资金资本情况如下：

（1）2013年借入的长期借款1 000万元，年利率8%，期限5年，每年年末支付利息，到期还本，筹资费率为1%。

（2）公司于2010年发行的股票，目前该股票的贝塔系数为1.2，国债收益率为7%；股票市场平均必要收益率为10%。

（3）公司留存收益是公司从开业以来的内部积累。

一、长期筹资类型

长期筹资是指筹集可供企业长期(一般为一年以上)使用的资本。长期筹资的资本主要用于企业新产品、新项目的开发与推广,生产规模的扩大,设备的更新与改造等,因此这类资本的回收期较长,成本较高,对企业的生产经营有较大的影响。

长期筹资包括权益资金筹资和长期负债资金筹资。权益资金不需要归还,企业可以长期使用,属于长期资金,包括吸收直接投资、发行股票、留存收益等。长期负债资金筹资虽然需要归还,但是可以持续使用较长时间,也属于长期资金,习惯上把一年以上的债务资金称为长期债务资金,包括长期借款、发行公司债券、融资租赁等。

(一)权益资金

1. 吸收直接投资

吸收直接投资,是指企业按照"共同投资、共同经营、共担风险、共享利润"的原则,直接吸收国家、法人、外商和个人投入资金的一种筹资方式。

(1)吸收直接投资的种类:

企业采用吸收直接投资方式筹集的资金一般可分为四类:吸收国家投资,吸收法人投资,吸收外商直接投资和吸收个人投资。

吸收国家投资:国家投资是指有权代表国家投资的政府部门或机构,以国有资产投入公司,这种情况下形成的资本叫国有资本。根据《公司国有资本与公司财务暂行办法》的规定,在公司持续经营期间,公司以盈余公积、资本公积转增实收资本的,国有公司和国有独资公司由公司董事会或经理办公会决定,并报主管财政机关备案;股份有限公司和有限责任公司由董事会决定,并经股东大会审议通过。吸收国家投资一般具有以下特点:产权归属国家;资金的运用和处置受国家约束较大;在国有公司中采用比较广泛。

吸收法人投资:法人投资是指法人单位以其依法可支配的资产投入公司,这种情况下形成的资本称为法人资本。吸收法人资本一般具有以下特点:发生在法人单位之间;以参与公司利润分配或控制为目的;出资方式灵活多样。

吸收外商直接投资:外商直接投资是指与其他国家的投资者共同投资,创办中外合资经营企业或者中外合作经营企业,并且共同经营、共担风险、共负盈亏、共享利益的一种直接投资方式。

吸收个人投资:个人投资是指社会个人或本公司职工以个人合法财产投入公司的一种投资方式。吸收个人投资一般具有以下特点:参加投资的人员较多;每人投资的数额相对较少;以参与公司利润分配为基本目的。

(2)吸收直接投资筹资的优缺点:

吸收直接投资是非股份制企业筹集权益资本的基本方式。其优缺点见如表5-1所示。

表 5－1　吸收直接投资筹资优缺点

优点	能够尽快形成生产能力。不仅可以取得一部分货币资金，而且能够直接获得所需的先进设备和技术，尽快形成生产经营能力
	增强公司信誉。与债务资本相比较，吸收直接投资能够提高公司的资信和借款能力
	财务风险较低。相对于债务资本，直接投资可以根据经营状况向投资者支付报酬，大大降低了财务风险
缺点	资本成本较高。企业经营状况良好时尤为明显，支付投资者的报酬会随之升高
	容易分散企业的控制权。如外部投资者的投资额较多，则该投资者对企业的经营管理会有相当大的控制权，甚至完全控制企业
	难以吸收大量的社会资本参与。不会面向社会公众、范围较小

2. 发行股票

股票是股份有限公司为筹集自有资本而发行的有价证券，是股东按其所持股份享有权利和承担义务的书面凭证。

(1)股票的种类：

按股东权利和义务，分为普通股股票和优先股股票：普通股是股份公司发行的代表股东享有平等权益和义务，没有特别限制，且股利不固定的股票。普通股是最基本的股票，通常情况下，股份有限公司只发行普通股。普通股股东的权利通常表现为：①经营管理权。具体表现为经营权、选举权、表决权和查账权等。②获取红利权。股利分配在优先股股东之后进行，且股利不固定。③破产清偿权。公司解散清算时，对公司剩余财产的求偿权位于债权人、优先股股东之后。④优先认股权。即当公司增发新普通股时，现有股东有权优先(可能还以低价)购买新发行的股票。优先股是相对于普通股而言的，它是股份公司发行的优先于普通股股东分享股利和分配剩余财产的一种股票。优先股的优先权主要表现在：①清偿权优先。当企业破产清算时，优先股的清偿权限优先于普通股，即破产企业的资产先偿还债务，再偿还给优先股股东，最后才偿还普通股股东。②股息偿付的优先。优先股股东比普通股股东优先获得固定的股息。

按照股票票面有无记名，分为记名股票与无记名股票：记名股票是指将股东姓名记载于股票之上的股票。记名股票不仅要求在股票上记载股东姓名，而且要求记载于公司的股东名册上。我国公司法规定，公司向发起人、国家授权机构、法人发行的股票，应为记名股票。记名股票一律用股东本名登记，其转让、继承要办理过户手续。无记名股票是指在股票上不记载股东姓名或名称的股票。凡持有无记名股票，都可成为公司股东。无记名股票的转让、继承无须办理过户手续，只要将股票交给受让人，就可发生转让效力，移交股权。

按照发行时间的先后，分为始发股和新发股：始发股是公司设立时发行的股票。新发股是公司增资时发行的股票。无论是始发股还是新发股，其发行条件、发行目的、发行价格都不尽相同，但是股东的权利和义务都是一样的。

按照股票票面有无金额，分为有面值股票和无面值股票：面值股票是在票面上标有一定金额的股票。持有这种股票的股东，对公司享有的权利和承担的义务大小，以其所持有的股票票面金额占公司发行在外股票总面值的比例而定。无面值股票是不在股票面上标出金额，只载明所占公司股东总额的比例或股份数的股票。无面值股票的价值随公司财产的增减而变动，而股东对公司享有权利和承担义务的大小，直接以股票标明的比例而定。目前，我国公司法不承认无面值股票，规定股票应记载股票的面额，并且其发行价格不得低于票面金额。

按发行对象和上市地点，分为 A 股、B 股、H 股、N 股和 S 股等：A 股即人民币普通股票，由我国境内公司发行，境内上市交易，它以人民币标明面值，以人民币认购和交易。B 股即人民币特种股票，由我国境内公司发行，境内上市交易，它以人民币标明面值，以外币认购和交易。H 股是注册地在内地、上市在香港的股票，依此类推，在纽约和新加坡上市的股票，就分别称为 N 股和 S 股。

（2）股票发行的规定与条件：

按照我国公司法的有关规定，股份有限公司发行股票，应符合以下规定与条件：

每股金额相等。同次发行的股票，每股的发行条件和价格应当相同。

股票发行价格可以按票面金额，也可以超过票面金额，但不得低于票面金额。

股票应当载明公司名称、公司登记日期、股票种类、票面金额及代表的股份数、股票编号等主要事项。

向发起人、国家授权投资的机构、法人发行的股票，应当为记名股票；对社会公众发行的股票，可以为记名股票，也可以为无记名股票。

公司发行记名股票，应当置备股东名册，记载股东的姓名或者名称、住所、各股东所持股份、各股东所持股票编号、各股东取得其股份的日期；发行无记名股票的，公司应当记载其股票数量、编号及发行日期。

公司发行新股，必须具备下列条件：前一次发行的股份已募足，并间隔一年以上；公司在最近三年内连续盈利，并可向股东支付股利；公司在三年内财务会计文件无虚假记载；公司预期利润率可达同期银行存款利率。

公司发行新股，应由股东大会做出有关下列事项的决议：新股种类及数额、新股发行价格、新股发行的起止日期、向原有股东发行新股的种类及数额。

（3）股票发行的程序：

股份有限公司在设立时发行股票与增资发行新股，程序上有所不同，见表 5 – 2。

表 5－2　发行股票程序

程序	设立时发行股票	增资发行新股
1	提出募集股份申请	股东大会做出发行新股的决议
2	公告招股说明书,制作认股书,签订承销协议和代收股款协议	由董事会向国务院授权的部门或省级人民政府申请并经批准
3	招认股份,缴纳股款	公告新股招股说明书和财务会计报表及附属明细表,与证券经营机构签订承销合同,定向募集时向新股认购人发出认购公告或通知
4	召开创立大会,选举董事会、监事会	招认股份,缴纳股款
5	办理设立登记,交割股票	改组董事会、监事会,办理变更登记并向社会公告

(4)股票发行方式:

公开间接发行:公开间接发行的股票指通过中介机构,公开向社会公众发行股票。我国股份有限公司采用募集设立方式向社会公开发行新股时,须由证券经营机构承销的做法,就属于股票的公开间接发行。这种发行方式的发行范围广、发行对象多,易于足额募集资本,还有助于提高发行公司的知名度和扩大其影响力,但这种发行方式也有不足,主要是手续繁杂,发行成本高。

不公开直接发行:不公开直接发行股票指不公开对外发行股票,只向少数特定的对象直接发行,因而不需经中介机构承销。我国股份有限公司采用发起设立方式和以不向社会公开募集的方式发行新股的做法,即属于股票的不公开直接发行。这种发行方式弹性较大,发行成本低,但发行范围小,股票变现性差。

(5)股票的销售方式:

自销方式:股票发行的自销方式,指发行公司自己直接将股票销售给认购者。这种销售方式可由发行公司直接控制发行过程,实现发行意图,并可以节省发行费用,但自销方式往往筹资时间长,发行公司要承担全部发行风险,并需要发行公司有较高的知名度、信誉和实力。

承销方式:股票发行的承销方式,指发行公司将股票销售业务委托给证券经营机构代理。这种销售方式是发行股票所普遍采用的。我国公司法规定,股份有限公司公开向社会发行股票,必须采用承销方式。股票承销具体又分为包销和代销:

包销,是根据承销协议商定的价格,证券经营机构一次性购进发行公司发行的全部股票,然后以较高的价格出售给社会上的认购者。包销可使发行公司免于承担发行风险,但以较低的价格出售给承销商会损失部分溢价。

代销,是证券经营机构代替发行公司销售股票,并由此获取一定的佣金,但不承担股款未募足的风险。

(6)发行股票筹资的优缺点：

发行股票是公司筹集资金的一种基本方式，其优缺点如表5－3所示。

表5－3 发行股票筹资优缺点

优点	筹资风险小。由于股票没有固定的到期日，不用支付固定的利息，没有还本付息的风险
	没有固定的到期日，不用偿还。发行股票筹集的资金是永久性资金，在公司持续经营期间可长期使用，能充分保证公司生产经营的资金需求
	能增强公司的信誉。发行股票筹集的资本是自有资本，它反映了公司的实力，有利于提高公司的信用价值，还可以作为其他方式筹资的基础，尤其可为债权人提供保障，增强公司的举债能力
缺点	资本成本较高。股利要从净利中支付，而债务利息在所得税前扣除，故筹资成本比债务资金成本高。另外，普通股的发行费用一般也高于其他证券
	容易分散控制权。当企业发行新股时，出售新股票，引进新股东，会导致公司控制权的分散

3. 留存收益

留存收益，是指公司以税后利润支付股东的收益后，剩下的归公司支配的利润。留存收益是构成公司的主权资本的一部分，也是公司进行权益筹资的重要方式，它可为债权人提供保障，为公司未来的举债提供方便，可以增强公司的举债能力。留存收益实质是所有者向企业追加的投资，对企业而言是一种内源筹资。

留存收益与外部筹资相比较，不需要动用现金支付较高的筹资费用，因此，很多公司愿意使用该种筹资方式。留存收益筹资的优缺点如表5－4所示。

表5－4 留存收益筹资优缺点

优点	不发生实际的现金支出。不同于负债筹资，不必支付定期的利息，也不同于股票筹资，不必支付股利。同时还免去了与负债、权益筹资相关的手续费、发行费等开支。但是这种方式存在机会成本，即股东将资金投放于其他项目上的必要报酬率
	保持企业举债能力。留存收益实质上属于股东权益的一部分，可以作为企业对外举债的基础。企业需要筹资时，可以先利用这部分资金筹资，减少了企业对外部资金的需求
	企业的控制权不受影响。用留存收益筹资，不用对外发行股票，由此增加的权益资本不会改变企业的股权结构，不会稀释原有股东的控制权
缺点	筹资的数额有限制。留存收益筹资最大可能的数额是企业当前的税后利润和上年累计未分配利润之和。若企业要支付股利，则会使企业的留存收益减少，且股利支付率越高，留存收益就越少
	资金使用受限制。留存收益中某些项目的使用，如法定盈余公积金等要受国家有关规定的制约

（二）长期负债资金

长期负债筹资是指归还期在一年以上的负债筹资，主要包括长期借款、发行公司债券、融资租赁三种筹资形式。

1. 长期借款

长期借款是指企业向银行或其他金融机构借入的使用期限在一年以上的各项借款。

（1）长期借款的特点：

计划性：银行会要求借款人事先编制借款计划，说明借款的用途，并提出申请。

原则性：一方面，银行给借款人规定了严格的限制条件，只有符合其规定的借款人，才可取得借款。另一方面，银行实行了“区别对待，择优扶持”的原则，对于一些关系国计民生的部门和一些需要特殊照顾，加以扶持的企业，银行给予适当的优惠条件。

政策性：银行借出长期借款的数量和期限，都受贷款政策的约束，有时急需资金时，并不能保证及时取得。当金融政策比较宽松时，银行长期借款容易取得；反之，银根收紧时，取得借款就比较困难。

效益性：一方面，银行借款的手续费用较少，不像利用股票、债券筹资时要支付注册费、印刷费和发行费等；另一方面，银行长期借款的利息率比较低，而且借款利息可以在成本费用中列支，从而使企业少交部分所得税。

（2）长期借款程序：

提出申请：企业根据筹资需求向银行书面申请，按银行要求的条件和内容填报借款申请书。

银行审批：银行按照有关政策和贷款条件，对借款企业进行信用审查，依据审批权限，核准公司申请的借款金额和用款计划。银行审查的主要内容是公司的财务状况、信用情况、盈利的稳定性、发展前景、借款投资项目的可行性、抵押品和担保情况。

签订合同：经银行审核，借款申请获得批准后，银行与借款企业双方可进一步协调贷款的具体条件，签订正式的借款合同，规定贷款的数额、利率、期限和一些限制性条款。

取得借款：借款合同签订后，企业在核定的贷款指标范围内，根据用款计划和实际需要，一次或分次将贷款转入公司的存款结算户进行使用。

企业归还借款：贷款到期时，借款企业应依照贷款合同的规定清偿贷款本金与利息或续签合同，否则，银行可根据合同规定，从借款企业的存款账户中扣除贷款本息及罚息。

（3）长期借款条款：

根据我国有关法规，借款合同应具备下列基本条款：借款种类、借款用途、借款金额、借款利率、借款期限、还款资金来源及还款方式、保证条款、违约责任等。

由于银行等金融机构提供的长期贷款金额高、期限长、风险大，因此，除借款合同的基本条款之外，债权人通常还在借款合同中附加各种保护性条款，以确保企业按要求使用借款和按时足额偿还借款。保护性条款一般有以下三类：

一般性限制条款：这类条款主要包括持有一定的现金及其他流动资产、保持合理的流动性及还款能力、限制现金股利的支出、限制资本支出的规模、限制借入其他长期债务等。

例行性限制条款：这类条款主要包括定期向银行报送财务报表、债务到期要及时偿付、禁止应收账款的出售或贴现、违约的处罚方法等。

特殊性限制条款：这类条款主要包括规定公司主要领导人购买人身保险、规定借款的用途不得发生改变等。

(4)长期借款筹资的优缺点：

长期借款主要用于长期资产的占用。其优缺点见表5－5。

表5－5 长期借款筹资优缺点

优点	筹资速度快。借款所需时间短，程序较为简单，可以迅速地获取资金
	资本成本较低。长期借款利息可在税前支付，另外借款的手续费低于证券的发行费用，因而相对于其他长期筹资方式，长期借款的资本成本是最低的
	弹性较大。借款企业面对的是银行而不是广大的债券、股票持有人，企业可以与银行直接接触，协商借款金额、期限和利率，借款弹性大
	可以取得财务杠杆利益。因为银行借款利息属于固定性融资成本，在息税前利润增加时，会使税后利润以更大的幅度增加，产生杠杆效益
缺点	财务风险较大。因为财务杠杆的作用，在息税前利润减少时，会使税后利润以更大的幅度减少；另外借款会增加企业还本付息的压力
	限制条款较多。银行长期借款有很多的限制条款，这些条款可能会限制企业的经营活动，包括筹资活动和投资活动
	筹资数量有限。银行一般不愿进行巨额的长期贷款，特别是当企业财务状况不好时，借款利率会更高，甚至得不到贷款

2. *发行公司债券*

公司债券是指公司依照法定程序发行的，约定在一定期限内还本付息的有价证券。公司债券是公司债务的表现形式，基于公司债券的发行，在债券的持有人和发行人之间形成了以还本付息为内容的债权债务法律关系。因此，公司债券是公司向债券持有人出具的债务凭证。

(1)公司债券的种类：

按是否记名可分为记名公司债券和不记名公司债券：记名公司债券，指在债券券面上登记持有人姓名，支取本息需凭印鉴领取，转让时必须背书并到债券发行公司登记的公司债券。不记名公司债券，指债券券面上不载明持有人姓名，还本付息及转让仅以债券为凭并不需登记的公司债券。

按是否能够转换成公司股权，分为可转换债券与不可转换债券：可转换债券，指债券持有者可以在规定的时间内按规定的价格转换为发债公司股票的一种债券。这种债券在发行时，对债券转换为股票的价格和比率等都作了详细规定。我国公司法规定，可转换债券的发行主体是股份有限公司中的上市公司。不可转换债券，指不能转换为发债公司股票的债券，大多数公司债券属于这种类型。

按有无特定财产担保，分为担保债券和信用债券：担保债权是指以抵押方式担保发行人按期还本付息的债券，主要是指抵押债券。抵押债券按其抵押品的不同，又分为不动产抵押债券、动产抵押债券和证券信托抵押债券。信用债券是无担保债券，是仅凭公司自身的信用发行的、没有抵押品作抵押担保的债券。在公司清算时，信用债券的持有人因无特定的资产做担保品，只能作为一般债权人参与剩余财产的分配。

按是否可提前赎回分为可提前赎回公司债券和不可提前赎回公司债券：可提前赎回公司债券，即发行者可在债券到期前购回其发行的全部或部分的债券。不可提前赎回公司债券，即只能持有至到期还本付息的公司债券。

（2）公司债券的发行条件：

我国公司法规定：股份有限公司、国有独资公司和两个以上的国有企业或者其他两个以上的国有投资主体设立的有限责任公司，为筹集生产经营资金，可以依照本法发行公司债券。

具有公司债券发行主体资格的公司，必须具备公司债券的发行条件，主要包括：①股份有限公司的净资产额不低于人民币3 000万元，有限责任公司的净资产额不低于人民币6 000万元；②累积债券总额不超过公司净资产额的40%；③最近3年平均可分配利润足以支付公司债券一年的利息；④资金筹集投向符合国家产业政策；⑤债券利率不得超过国务院限定的利率水平；⑥国务院规定的其他条件。

另外，发行公司债券所筹集的资金，必须符合审批机关审批的用途，不得用于弥补亏损和非生产性支出，否则会损害债权人的利益。

发行公司凡有下列情形之一的，不得再次发行公司债券：①前一次公开发行的公司债券尚未募足；②对已发行的公司债券或其他债务有违约或者迟延支付本息的事实，并仍处于继续状态；③违反规定，改变公开募集公司债券所募资金的用途；④最近36个月内公司财务会计文件存在虚假记载，或公司存在其他重大违法行为；⑤本次发行申请文件存在虚假记载、误导性陈述或重大遗漏；⑥严重损害投资者合法权益和社会公共利益的其他情形。

（3）发行公司债券筹资的优缺点：

公司债券的发行主体主要是股份公司，公司发行债券的目的主要是为了筹措长期性资金。发行公司债券的优缺点见表5－6。

表 5－6　发行公司债券筹资优缺点

优点	资本成本较低。债券的利息通常比股票的股利要低，而且债券的利息按规定是在税前支付，发行公司可享受减税利益，因此企业实际负担的债券成本明显低于股票成本
	具有财务杠杆效应。债券利息率固定，不论企业盈利多少，债券持有人只收取固定的利息，而更多的利润可用于分配给股东，或留存企业用以扩大经营
	可保障控制权。债券持有人无权参与公司的管理决策，企业发行债券不会像增发新股那样可能分散股东对公司的控制权
缺点	财务风险高。债券有固定的到期日，并需要定期支付利息。利用债券筹资要承担到期还本付息的风险。在企业经营不景气时，会给企业带来很大的偿债压力，甚至导致企业破产
	限制条件多。发行债券契约书中规定的一些限制条款比优先股及长期借款要严格，这在一定程度上会影响企业的正常发展和以后的融资能力
	筹资额有限。利用债券筹资在数额上有一定的限度，当公司的负债超过一定程度后，债券筹资的成本会迅速上升，有时甚至难以发行成功

3. 融资租赁

租赁是一种以一定费用借贷实物的经济行为，出租人将自己所拥有的某种物品交与承租人使用，承租人由此获得在一段时期内使用该物品的权利，但物品的所有权仍保留在出租人手中。承租人为其所获得的使用权需向出租人支付一定的费用，这种费用称为租金。

(1)租赁的分类：

租赁分为经营租赁和融资租赁。

经营租赁是指一种短期租赁形式，是由出租人向承租人短期出租设备，并提供设备保养服务的一种服务性业务。经营租赁是以获得租赁物的使用权为目的，其主要特点是：①这种租赁是一种可解约的租赁，在合理的条件下，承租人预先通知出租人即可解除租赁合同，或要求更换租赁物。②经营租赁的期限一般比较短，远低于租赁物的经济寿命。③经营租赁的租金总额一般不足以弥补出租成本，出租人在租赁期满时将其再出租或在市场上出售才能收回成本，经营租赁具有不完全清偿性。④出租人要提供各种专门的技术维修保养服务，其租金一般高于融资租赁，经营租赁的对象主要是那些技术进步快、用途较广泛或使用季节性的物品。

融资租赁又称设备租赁或现代租赁，是指实质上转移与资产所有权有关的全部或绝大部分风险和报酬的租赁。资产的所有权最终可以转移，也可以不转移。融资租赁是设备租赁的基本形式，以融通资金为主要目的。其特点是：①不可撤消。这是一种不可解约的租赁，在基本租期内双方均无权撤消合同。②完全付清。在基本租期内，设备只租给一个用户使用，承租人支付租金的累计总额为设备价款、利息及租赁公司的手续费之和。付清全部租金后，承租人有购买租赁资产的选择权。③租期较长。基本租期一般相当于设备的有效寿命。④一般由承租人负责设备的选择、保险、保养和维修等，出租人负责融通资金，购进承租人所需的设备，按期出租。两者的区别如表 5 - 7 所示。

表 5 - 7 融资租赁与经营租赁的区别

对比项目	融资租赁	经营租赁
业务原理	融资融物于一体	无融资租赁特征，只是一种融物方式
租赁目的	融通资金，添置设备	暂时性使用，预防无形损耗风险
租期	较长，相当于设备使用寿命的大部分	较短
租金	包括设备价款	只是设备使用费
契约法律效力	不可撤消合同	经双方同意可中途撤消合同
租赁标的	一般为专用设备，也可为通用设备	通用设备居多
维修与保养	专用设备多为承租人负责，通用设备多为出租人负责	全部为出租人负责
承租人	一般为一个	设备使用寿命期内轮流租给多个承租人
灵活方便	不明显	明显

(2)融资租赁的基本形式：

直接租赁，是指承租人直接向出租人承租所需的设备，并依租赁合同按期支付租金的一种租赁形式。

售后回租，是指由承租人将自己拥有的部分资产卖给出租人以获得融资便利，然后再以租赁的方式向出租人租回原售出资产的一种租赁交易。对承租人而言，当其急需现金周转，售后回租是改善企业财务状况的一种有效手段；此外，在某些情况下，承租人通过对那些能够升值的设备进行售后回租，还可获得设备溢价的现金收益，对非金融机构类的出租人来说，售后回租是扩大业务种类的一种简便易行的方法。

杠杆租赁，又称平衡租赁，是指出租人以设备担保融资来购入设备，然后再租给承租人使用的一种租赁形式。通常这种租赁会涉及承租人、出租人和贷款人三方关系人，从承租人的角度来看，这种租赁与其他租赁形式并无区别，但对出租人却不同，由于出租人购买设备主要以借款为主(一般借款占设备购置款项的60% ~ 80%)，它既是出租人，又是借款人，通过租赁收取租金，又要支付利息，当租金收益大于利息支出时，会给出租人带来杠杆利益。杠杆租赁是融资租赁的一种高级形式，适用于价值在几百万美元以上，有效寿命在 10 年以上的高度资本密集型设备的长期租赁业务，如飞机、船舶、海上石油钻井平台、通信卫星设备和成套生产设备等。

(3)融资租赁租金的计算：

首先是租金构成：①设备原价及预计残值，包括设备买价、运输费、安装调试费、保险费等，以及该设备租赁期满后出售可得的市价。②融资成本，即租赁公司所垫资金在租赁期间的应计利息。③租赁手续费，包括租赁公司承办租赁业务的业务费用及一定的利润。租赁手续费的高低由租赁公司与承租企业协商确定，一般按租赁资产价款的某一百分比收取。

其次是租金的计算。

租金的计算方法很多，名称叫法也不统一。目前，国际上流行的租金计算方法主要有平均分摊法、等额年金法、附加率法、浮动利率法。我国融资租赁实务中，大多采用平均分摊法和等额年金法。

平均分摊法是先以商定的利息率和手续费率计算出租赁期间的利息和手续费，然后连同设备成本按支付次数平均。这种方法没有充分考虑时间价值因素。每次应付租金的计算公式如下：

$$A = [(C - S) + I + F]/N$$

其中：A 为每次支付租金，C 为租赁设备购置成本，S 为租赁设备预计残值，I 为租赁期间利息，F 为租赁期间手续费，N 为租期。

【例5－1】某企业于2017年1月1日从租赁公司租入一套设备，价值100 000元，租期为5年，预计租赁期满时的残值为6 000元，归租赁公司，年利率9%计算，租赁手续费率为设备价值的2%。租金每年年末支付一次。租赁该套设备每次支付的租金是多少？

解：

$$\frac{(100\,000 - 6\,000) + 100\,000 \times (1 + 9\%)^5 - 100\,000 + 100\,000 \times 2\%}{5}$$

$$= 29\,972(\text{元})$$

等额年金法是运用年金现值的计算原理计算每期应付租金的方法。在这种方法下，通常要根据利率和手续费率确定一个租费率，作为贴现率。等额年金又可分为先付年金和后付年金，实务中大多数为后付等额年金。本书仅就后付等额年金进行计算。后付年金计算公式如下：

$$A = P/(P/A, i, n)$$

其中：A 为每次支付的租金，P 为设备现值，$(P/A, i, n)$ 为年金现值系数，n 为支付租金期数，i 为贴现率。

【例5－2】沿用例5－1资料，假定设备残值归属承租企业，租费率为10%。则承租企业每年年末支付的租金是多少？

解：每年租金 $= [100\,000 - 6\,000 \times (P/F, 10\%, 5)]/(P/A, 10\%, 5) = 25\,397$(元)

为了便于有计划地安排租金的支付，承租企业可编制租金摊销计划表。根据本例资料，租金摊销计划表如表5－8所示。

表 5 -8　租金摊销计划表　　单位:元

年份	期初本金 ①	支付租金 ②	应计租费 ③ = ①×10%	本金偿还额④ =②-③	本金余额⑤ =①-④
2007	100 000	25 397	10 000	15 397	84 603
2008	84 603	25 397	8 460	16 937	67 666
2009	67 666	25 397	6 767	18 630	49 036
2010	49 036	25 397	4 904	20 493	28 543
2011	28 543	25 397	2 854	22 543	6 000
合计		126 985	32 985	94 000	6 000

(4)融资租赁筹资的优缺点:

融资租赁筹资的优缺点见表 5 -9。

表 5 -9　融资租赁筹资优缺点

优点	可以迅速获取所需资产。租赁会比借款更快获得企业所需设备,因为筹资与设备购置同时进行,可以缩短企业设备购进时间,使企业尽快形成生产力
	保存企业借款实力。利用租赁筹资不会使企业负债增加,不会改变企业的资本结构,不会直接影响承租企业的借款能力
	限制较少。如果从银行等金融机构筹措资金,通常要受到严格的限制,想要获得贷款的条件非常苛刻,租赁协议中各项条款的要求则宽松很多。此外,租赁业务大多都是通过专业性的公司来进行的,租赁公司的专业特长及经验能为承租人找到更有利的客户
	避免自行购置设备陈旧过时的风险。自行购置的设备陈旧过时的风险很高,而多数租赁协议规定该种风险由出租人承担,承租企业可避免这种风险
	租金可税前扣除,能享受税收优惠
	租金分期支付,不用一次性支付费用,降低支付风险
缺点	融资租赁的资本成本较高,一般高于债券利息,当公司经营不景气时,租金支出将是一项沉重的财务负担
	租期长,一般不可撤消,固定租金支付形成压力,企业资金运用受到制约

【任务实施:一】

根据已知资料,针对宏泰公司 2015 年资金需求总量,分析宏泰公司的筹资环境,选择适合宏泰公司的筹资方式,请完成下列任务,填写表 5 -10。

表 5－10　宏泰公司筹资方式选择表

2015 年度

筹资方式	优点	缺点

二、资本成本

(一)资本成本的含义及作用

1. 资本成本含义

资本成本,是指企业为筹集和使用资金而付出的代价,广义上讲,企业筹集和使用任何资金,不论短期还是长期,都要付出代价。狭义的资本成本仅指筹集和使用长期资金,包括自有资本和借入长期资金的成本。由于长期资金也被称为资本,所以长期资金成本也称为资本成本。本书介绍的资本成本是长期资金成本。

资本成本包括筹资费用和占用费用两个部分。筹资费用是指企业在资本筹措过程中为获取资本而付出的代价,如借款手续费、证券发行费等。占用费用是指企业在资本使用过程中因占用资本而付出的代价，如利息、股利等，是资本成本的主要内容。在市场经济环境中，多方面因素的综合作用决定着企业资本成本的高低，主要包括总体经济环境、证券市场条件、企业内部经营情况、融资状况和项目融资规模等。

2. 资本成本的作用

资本成本是财务管理的一个非常重要的概念，其作用包括：

(1)资本成本是选择资金来源和确定筹资方案的重要依据。企业的资本可以从各种渠道和方式取得，但不管选择何种渠道，采用哪种方式，主要考虑的因素还是资本成本。在其他条件相同时，企业筹资应选择资本成本最低的方式。通过不同渠道和方式所筹措的资本，将会形成不同的资本结构，由此产生不同的财务风险和资本成本。所以，资本成本也就成了确定最佳资本结构的主要因素之一。随着筹资数量的增加，资本成本将随之变化。当增资成本大于增资收入时，企业便不能再追加资本。因此，资本成本是限制企业筹资数额的一个重要因素。

(2)资本成本是评价投资项目和决定投资取舍的重要标准。资本成本实际上是投资者应当取得的最低报酬水平。只有当投资项目的预期投资报酬率超过该项目使用资金的资本成本率时，才值得为之筹措资本；反之，就应该放弃该投资机会。

(3)资本成本还可用作衡量企业经营成果的尺度。一定时期企业资本成本的高低，不仅反映企业筹资管理的水平，还可作为评价企业整体经营业绩的标准。企业的生产经营活动，实际上就是所筹集资本经过投放后形成的资产营运，企业的总资产报酬率应高于其平均资本成本率，才能带来剩余收益。

(二)资本成本的计算

资本成本既可以用绝对数表示，也可以用相对数表示。为了利于不同资金规模的比较，在财务管理中，一般用相对数表示资本成本。

1. 个别资本成本

个别资本成本是单独筹资方式的资本成本，包括长期借款资本成本、长期债券资本成本、优先股资本成本、普通股资本成本、留存收益资本成本。其中，前两种是债务性资本成本，后三种是权益性资本成本或自有性资本成本。个别资本成本率可用于比较和评价各种筹资方式。

资本成本不考虑时间价值的通用计算公式为：

$$\text{资本成本率}=\frac{\text{年资金占用费}}{\text{筹资总额}-\text{筹资费用}}=\frac{\text{年资金占用费}}{\text{筹资总额}\times(1-\text{筹资费用率})}$$

(1)长期借款资本成本：

长期借款资本成本包括借款利息和借款手续费用，其中利息费用在税前支付，可以起到抵税作用，其计算公式为：

$$K_l=\frac{I_l(1-T)}{L(1-F_1)}\text{或}K_l=\frac{R_1(1-T)}{1-F_1}$$

其中，K_l为长期借款资本成本率，I_l为长期借款年利息，R_l为长期借款年利率，T为所得税率，L为长期借款筹资额（借款本金），F_l为长期借款筹资费用率。

当长期借款的筹资费用主要是借款的手续费且金额很小时，也可以忽略不计。这时，长期借款资本成本的计算公式简化为：

$$K_l = R_l(1 - T)$$

【例5－3】某企业取得长期借款100万元，年利率8%，期限为5年，每年付息一次，到期一次还本，筹措借款的费用率为0.2%，企业所得税率为25%，其资本成本率为多少？

解：

$$K_l = \frac{8\% \times (1 - 25\%)}{1 - 0.2\%} = 6.01\%$$

（2）公司债券资本成本：

公司债券资本成本包括债券利息和借款发行费用。债券筹资费用一般较高，不可省略，计算公式为：

$$K_b = \frac{I_b(1 - T)}{B(1 - F_b)}$$

其中，K_b为债券资本成本率，I_b为债券年利息，T为所得税率，B为债券筹资总额，F_b为债券筹资费用率。

若债券溢价或折价发行，为更精确地计算债券成本，应以实际发行价格作为债券筹资额。

【例5－4】某企业发行面值1 000元的债券，票面利率8%，期限为5年，每年付息一次，到期还本，发行费用率为2%，企业所得税率为25%，债券按1 200元发行，其资本成本率为多少？

解：

$$K_l = \frac{1\,000 \times 8\% \times (1 - 25\%)}{1\,200 \times (1 - 2\%)} = 5.1\%$$

（3）普通股资本成本：

普通股资本成本主要是向股东支付的各期股利。由于普通股没有期限，所以每年普通股的每股收益是不确定的，股利的支付情况取决于企业获利水平和股利政策，因此计算普通股的资本成本比较复杂，一般采取估算的方法。这里主要介绍常用的两种方法：股利增长模型法和资本资产定价模型法。

股利增长模型法是假定股本投资的收益以固定的年增长率递增，则普通股资本成本为：

$$K_S = \frac{D_0(1 + g)}{p_0(1 - F)} + g = \frac{D_1}{p_0(1 - F)} + g$$

其中，K_S为普通股资本成本率，D_0为本期支付的股利，D_1为第一年股利，g为股利增长率，P_0为股票市价；F为股票发行费用率。

【例5－5】某企业发行普通股每股发行价为8元，第一年支付股利1元，发行费用率为2%，预计股利增长率为5%，其资本成本率为多少？

解：
$$K_S = \frac{D_1}{p_0(1-F)} + g = \frac{1}{8(1-2\%)} = 17.76\%$$

资本资产定价模型法：普通股股利实际上是一种风险报酬，它的高低取决于投资者所冒风险的大小，所以只需计算股票在证券市场的组合风险系数，就可以根据这一风险来预计股票的资本成本，其计算公式为：

$$K_s = R_F + \beta(R_m - R_F)$$

其中，K_s 为普通股成本率，R_F 是市场无风险报酬率，$(R_m - R_F)$ 是对市场平均风险的补偿，β 是某股票相对于市场平均风险的波动倍数。

【例 5－6】某公司普通股 β 系数为 1.2，此时一年期国债利率 10%，市场平均报酬率 13%，则该普通股资本成本率为多少？

解：
$$K_s = 10\% + 1.2 \times (13\% - 10\%) = 13.6\%$$

（4）优先股资本成本：

优先股资本成本和普通股相似，优先股股利通常是固定的，其计算公式为：

$$K_P = \frac{D_P}{P_p(1-F_p)}$$

其中，K_p 为优先股资本成本率，D_p 为本期支付的股利，P_p 为优先股市价，F_p 为优先股发行费用率。

【例 5－7】某企业发行优先股每股发行价为 8 元，每股每年支付股利 1 元，发行费用率为 2%，其资本成本率为多少？

解：
$$K_p = \frac{1}{8(1-2\%)} = 12.76\%$$

（5）留存收益资本成本：

留存收益是企业缴纳所得税后形成的，是所有者权益，实质上是股东对企业追加投资。如果企业将留存收益用于再投资，所获得的收益率低于股东自己进行另一项风险相似投资的收益率，企业就不该保留留存收益而应将其分派给股东。

留存收益的资本成本率，表现为股东追加投资要求的报酬率，其计算原理与普通股成本相同，也分为股利增长模型法和资本资产定价模型法，不同点在于留存收益资本成本不考虑筹资费用。股利增长模型法下，留存收益的资本成本率计算公式为：

$$K_R = \frac{D_0(1+g)}{p_0} + g = \frac{D_1}{p_0} + g$$

其中，K_R 为留存收益资本成本率，D_0 为本期支付的股利，D_1 为第一年股利，g 为股利增长率，P_0 为股票市价。

2. 综合资本成本

由于受多种因素的制约，企业不可能只使用某种单一的筹资方式，往往需要通过多种方式筹集所需资金。为进行筹资决策，就要计算确定企业全部长期资金的总成本即综合平均资本成本。综合平均资本成本一般是以各种长期资本占全部资本的比重为权数，对个别资本成本进行加权平均确定的，故也称为加权平均资本成本，其计算公式为：

$$K_w = \sum_{j=1}^{n} W_j K_j$$

其中：K_w 为加权平均资金成本率，W_j 为第 j 种资金来源占全部资金来源的比重，K_j 为第 j 种资金来源的资金成本率，n 为筹资方式的种类数。

【例 5-8】某企业账面反映的长期资金共 500 万元，其中长期借款 100 万元，应付长期债券 50 万元，普通股 250 万元，保留盈余 100 万元，其成本分别为 6.7%、9.17%、11.26%、11%，该企业的加权平均资本成本率为多少？

解：$6.7\% \times 100/500 + 9.17\% \times 50/500 + 11.26\% \times 250/500 + 11\% \times 100/500 = 10.09\%$

综合资本成本的计算，存在着权数价值的选择问题，即各项个别资本按什么权数来确定资本比重。通常，可供选择的价值形式有账面价值、市场价值、目标价值等。

账面价值权数是指以各项个别资本的会计报表账面价值为基础来计算资本权数，确定各类资本占总资本的比重。这种权数是按资产负债表的账面价值计算出来的资金成本，不能反映目前从资本市场上筹集资本的现时机会成本，不适合评价现时的资金结构。

市场价值权数是指以各项个别资本的现行市价为基础来计算资本权数，确定各类资本占总资本的比重。这种权数能够反映现时的资金成本水平，有利于进行资金结构决策。由于现行市价处于经常变动之中，不容易取得，而且现行市价反映的只是现时的资金结构，不适用未来的筹资决策。

目标价值权数是指债券、股票以未来预计的目标市场价值确定权数。这种权数能体现期望的资本结构，而不是像账面价值权数和市场价值权数那样只反映过去和现在的资本结构，所以按目标价值权数计算的加权平均资本成本更适用于企业筹措新资金。然而，企业很难客观合理地确定证券的目标价值，因而这种计算方法不易推广。

3. 边际资本成本

边际资金成本是指每增加一个单位资金而增加的资金成本。企业的个别资本成本和平均资本成本，是企业过去筹集的单项资本的成本和目前使用全部资本的成本。然而，企业在追加筹资时，不仅要考虑目前所使用资本的成本，还要考虑新筹集资金的成本，即边际资本成本。边际资本成本，是企业进行追加筹资的决策依据。边际资金成本采用加权平均法计算，其权数采用目标价值权数。

计算确定边际资金成本可按如下步骤进行：

(1)确定公司目标资本结构。

(2)确定各种筹资方式的资金成本。

(3)计算筹资总额分界点。筹资总额分界点是某种筹资方式的成本分界点与目标资本结构中该种筹资方式所占比重的比值，反映了在保持某资金成本的条件下，可以筹集到的资金总限度。

$$筹资总额分界点 = \frac{可用某一特定成本率筹集到的某种资金额}{该种资金在资本结构中所占的比重}$$

（4）计算边际资金成本。根据计算出的分界点，可得出若干组新的筹资范围，对各筹资范围分别计算加权平均资金成本，即可得到各种筹资范围的边际资金成本。

【例 5-9】M 公司目前拥有资本 1 000 万元，其中长期负债 400 万元，普通股 600 万元。为了扩大生产经营规模，M 公司准备筹资，试测算追加筹资的边际资本成本。

解：（1）确定目标资金结构。经分析测算发现公司当前的资金结构较为理想。因此，可将当前的资金结构作为目标资金结构，即长期负债占 40%，普通股票占 60%。

（2）测算个别资本成本，确定个别资本成本与筹资范围的对应关系。经测算，随筹资规模的增加，各种资本的筹资成本将不断上升，测算结果如表 5-11 所示。

表 5-11　M 公司目标资金结构及分段筹资资本成本率情况表

资本种类	目标资金结构	筹资规模	资本成本
长期负债	40%	100 万元以下 100～200 万元 200 万元以上	6% 7% 8%
普通股	60%	2 400 万元以下 2 400 万元以上	12% 15%

（3）计算筹资总额分界点，确定个别资本成本与筹资总额范围的对应关系，如表 5-12 所示。

表 5-12　M 公司筹资总额分界点计算表

资本种类	资金结构	资本成本	筹资范围	筹资总额成本分界点（万元）	筹资总额的范围
长期负债	40%	6% 7% 8%	100 万元以下 100～200 万元 200 万元以上	100÷40% =250 200÷40% =500	250 万元以下 250～500 万元 500 万元以上
普通股	60%	12% 15%	2 400 万元以下 2 400 万元以上	2 400÷60% =4 000	4 000 万元以下 4 000 万元以上

（4）分区段计算边际资本成本，如表 5-13 所示。

表 5 – 13　M 公司边际资本成本计算表

筹资总额范围	资本种类	资金结构	个别资本成本	边际资本成本
250 万元以下	长期负债 普通股	40% 60%	6% 12%	6% ×40% +12% ×60% =9.6%
250 ~500 万元	长期负债 普通股	40% 60%	7% 12%	7% ×40% +12% ×60% =10%
500 ~4 000 万元	长期负债 普通股	40% 60%	8% 12%	8% ×40% +12% ×60% =10.4%
4 000 万元以上	长期负债 普通股	40% 60%	8% 15%	8% ×40% +15% ×60% =12.2%

【任务实施:二】

根据已知资料,分析宏泰公司目前(即 2014 年年末)各种长期资金的资本成本,请完成下列任务,填写表 5 – 14。

说明:

1. 宏泰公司采用资本资产定价模型确定普通股资本成本。
2. 留存收益资本成本的计算参照普通股资本成本。

表 5 – 14　宏泰公司资本成本计算表

2014 年度

项目	个别资金成本	占总资本比率	综合资本成本
留存收益			
发行股票			
长期借款			

三、杠杆效应

自然界中的杠杆效应,是指人们通过利用杠杆,可以用较小的力量移动较重物体的现象。财务管理中也存在着类似的杠杆效应,表现为:由于特定费用的存在而导致的,当某一财务变量以较小幅度变动时,另一相关变量会以较大幅度变动。了解这些杠杆的原理,有助于企业合理地规避风险,提高财务管理水平。

财务管理中的杠杆效应有三种形式即,经营杠杆、财务杠杆和复合杠杆。

(一)相关概念

1. 成本习性

成本习性也称成本性态,是指成本总额与业务量之间在数量上的依存关系。

根据成本习性的不同,可以把企业的成本分成三类:

(1)固定成本。固定成本是指总额在一定时期和一定业务量范围内不随业务量发生任何变动的那部分成本。属于固定成本的主要有按直线法计提的折旧费、保险费、管理人员工资、办公费等。固定成本总额不因业务量的变动而变动,但单位固定成本会与业务量的增减呈反向变动。

(2)变动成本。变动成本是指在一定时期和一定业务量范围内随着业务量变动而成正比例变动的那部分成本。直接材料、直接人工都属于变动成本。

固定成本和变动成本都强调一个相关业务量范围,一旦超过这个范围,单位的变动成本可能改变,固定成本总额也可能改变。

(3)混合成本。混合成本虽然随着业务量变动而变动,但不成同比例变动。它与业务量之间的关系比较复杂,兼有变动和固定两种不同性质的成本。在实际运用时,要将混合成本通过一定的方法分解成变动成本和固定成本。

按总成本习性模型可以表述为:

$$y = a + bx$$

其中:y 为总成本,a 为固定成本,b 为单位变动成本,x 为业务量。

2. 边际贡献

边际贡献是指销售收入减去变动成本后的差额。边际贡献也是一种利润。

$$边际贡献 = 销售收入 - 变动成本$$

即:

$$M = S - V = (p - b)x = mx$$

其中:M 为边际贡献,V 为变动性经营成本,p 为销售单价,b 为单位变动成本,x 为产销量,m 为单位边际贡献。

3. 息税前利润

息税前利润是指企业支付利息和交纳所得税之前的利润。

$$息税前利润 = 销售收入 - 变动成本 - 固定成本$$

$$= 边际贡献 - 固定成本$$

即:

$$EBIT = (p - b)x - a = M - a$$

其中:$EBIT$ 为息税前利润,a 为固定成本。

(二)经营杠杆

1. 经营风险

经营风险是指企业因经营上的原因而导致利润变动的风险。影响企业经营风险的因素,主要有:

(1) 产品需求。市场对企业产品的需求越稳定,经营风险就越小;反之,经营风险则越大。

(2)产品售价。产品售价变动大将导致需求不稳定,从而会使经营风险加大。

(3)产品成本。产品成本是收入的抵减,成本不稳定,会导致利润不稳定,因此产品成本变动大的,经营风险就大;反之,经营风险则小。

(4)调整价格的能力。当产品成本变动时,若企业具有较强的调整价格的能力,就能维持利润的稳定性,经营风险就小;反之,经营风险则大。

(5)固定成本的比重。在企业全部成本中,固定成本所占比重较大时,单位产品分摊的固定成本额就多,若产品业务量发生变动,单位产品分摊的固定成本随之变动,最后导致利润更大幅度地变动,经营风险就大;反之,经营风险就小。固定成本的这种作用被称为经营杠杆作用。

在以上的因素中,由于经营杠杆作用对经营风险的影响最为综合,因此,经营杠杆通常用于衡量企业的经营风险。

2. 经营杠杆

经营杠杆是指由于固定经营成本的存在,而导致息税前利润变动率大于产销量变动率的杠杆效应。在一定条件下,产销量的增加虽然不会改变固定成本总额,但会降低单位固定成本,从而提高单位利润,使息税前利润的增长率大于产销业务量的增长率。反之,产销量的减少会提高单位固定成本,降低单位利润,使息税前利润下降率大于产销业务量下降率。如果不存在固定成本,所有成本都是变动的,那么边际贡献就是息税前利润,这时息税前利润变动率就同产销量变动率完全一致。利用经营杠杆可以给企业带来利益,也可能给企业带来风险。

【例5－10】假定A公司目前产品销售量为12 000台,销售单价为20元,单位变动成本为12元,固定成本为80 000元,在销售量增减的情况下,经营杠杆对其利润的影响见表5－15。

表5－15　经营杠杆对利润的影响

项目	销售变动情况		
	本期	增长10%	下降10%
销售数量	12 000	13 200	10 800
销售收入	240 000	264 000	216 000
变动成本	144 000	158 400	129 600
边际贡献	96 000	105 600	86 400
固定成本	80 000	80 000	80 000
息税前利润	16 000	25 600	6 400
息税前利润变动情况		+60%	－60%

从表5－15中可以看出,当销售量增长10%时,息税前利润增长60%;当销售量下降10%时,息税前利润下降60%。息税前利润的增减为销售量的6倍。说明当A公司固定成本总额每年都是80 000元保持不变,随着销售量的增长或下降,息税前利润将以6倍的速度增长或下降,这就是经营杠杆效应。

3. 经营杠杆的计量

只要企业存在固定经营成本，就存在经营杠杆效应的作用。但不同企业或同一企业不同产销业务量基础上的经营杠杆效应是不完全一致的，为此，需要对经营杠杆进行计量。对经营杠杆进行计量最常用的指标是经营杠杆系数。所谓经营杠杆系数(DOL)，是指息税前利润变动率相当于产销业务量变动率的倍数。其计算公式为：

$$DOL = \frac{\text{息税前利润变动率}}{\text{产销量变动率}} = \frac{\Delta EBIT/EBIT_0}{\Delta X/X_0}$$

其中：DOL 为经营杠杆系数，$\Delta EBIT$ 为息税前利润变动额，$EBIT_0$ 为基期息税前利润，ΔX 为产销量变动值，X_0 为基期产销量。

上式经整理，经营杠杆系数的计算也可以简化为：

$$DOL = \frac{\text{基期边际贡献}}{\text{基期息税前利润}} = \frac{M_0}{EBIT_0}$$

上式表明，经营杠杆系数越高，息税前利润受产销量变动的影响程度越大，经营风险也就越大。在息税前利润为正的前提下，经营杠杆系数最低为 1，不会为负数；只要有固定性经营成本存在，经营杠杆系数总是大于 1。

【例 5－11】B 公司生产甲产品，固定成本 100 万元，变动成本率 60%，当销售额分别为 700 万元、400 万元、250 万元时，则经营杠杆系数分别为多少？

解：

$$DOL_{700} = \frac{700-700\times60\%}{700-700\times60\%-100} = 1.56$$

$$DOL_{400} = \frac{400-400\times60\%}{400-400\times60\%-100} = 2.67$$

$$DOL_{250} = \frac{250-250\times60\%}{250-250\times60\%-100} \to \infty$$

从以上的计算结果可以看出：

(1)在固定经营成本不变的情况下，经营杠杆系数说明销售额增加(或减少)所引起的息税前利润的增长(或减少)幅度，即销售额每增加(或减少)1%，息税前利润以经营杠杆系数为倍数的幅度增减变动。

(2)在其他因素不变的情况下，销售额越小，经营杠杆系数越大，经营风险也就越大，反之亦然。如销售额为 700 万元时，经营杠杆系数为 1.56，销售额为 400 万元时，经营杠杆系数为 2.67，显然后者的不稳定性大于前者，经营风险也大于前者。

(3)在销售额处于盈亏临界点 250 万元时，经营杠杆系数趋于无穷大，此时企业销售额稍有减少便会导致更大的亏损。

4. 控制经营杠杆的途径

从经营杠杆系数可以看出，影响经营杠杆的因素包括：产品销售数量、销售单价、单位变动成本、固定成本总额等。因而，企业一般可以通过增加销售数量、提高单位售价、降低产品单位变动成本、降低固定成本比重等措施使经营杠杆系数下降，从而降低经营风险。

(三)财务杠杆

1. 财务风险

财务风险是指由于负债筹资而引起的股东收益的可变性和偿债能力的不确定性,又称为筹资风险或举债风险。企业只要存在负债,就存在财务风险。影响财务风险的因素主要有:

(1)资本供求的变化。资本市场供给宽松时,较易筹集资金,若资本市场供给较紧,筹集资金较难,这时要谨防风险的产生。

(2)利率水平的变化。市场利率的变化会影响企业资金成本的变化,当市场利率水平上升时,企业的资金成本会随之升高,从而带来收益的下降风险,反之,企业的资金成本就会降低。

(3)获利能力的变化。如果企业经营状况良好,获利能力强,使得企业投资收益率大于资本成本率,则企业面临的财务风险小,反之,企业面临的财务风险大。

(4)资本结构的变化。长期债务与权益资本的组合形成了企业的资本结构。债务融资,一方面可以实现抵税收益,给股东带来较大的收益,另一方面在增加债务的同时也会加大企业的风险,并最终要由股东承担这些风险的成本,负债的这种双重作用通常称为财务杠杆作用。

在以上的因素中,企业资本结构的变化会产生不同的财务杠杆作用,由于财务杠杆作用对财务风险的影响最大,因此,财务杠杆通常用于衡量企业的财务风险。

2. 财务杠杆

财务杠杆是指由于固定财务费用的存在而导致普通股每股收益变动大于息税前利润变动的杠杆效应。不论企业营业利润多少,债务的利息和优先股的股利通常都是固定不变的。当息税前利润增大时,每一元盈余所负担的固定财务费用就会相对减少,这能给普通股股东带来更多的盈余;反之,当息税前利润减少时,每一元盈余所负担的固定财务费用就会相对增加,这就会大幅度减少普通股的盈余。利用财务杠杆效应可以给企业所有者带来额外收益,同时也增加了风险。

【例5-12】沿用例5-10资料,假定A公司资本来源为债券100 000元,年利率5%,发行在外的普通股为20 000股,该公司所得税率为40%,在息税前利润增减的情况下,财务杠杆对股东每股收益的影响见表5-16。

表5-16 财务杠杆对股东每股收益的影响

项目	息税前利润变动情况		
	本期	增长60%	下降60%
息税前利润	16 000	25 600	6 400
利息	5 000	5 000	5 000
税前利润	11 000	20 600	1 400

续表

项目	息税前利润变动情况		
	本期	增长 60%	下降 60%
所得税	4 400	8 240	560
税后利润	6 600	12 360	840
每股收益	0.33	0.618	0.042
每股收益变动情况		+87.27%	-87.27%

从表5-16中可以看出，当息税前利润增长60%时，股东每股收益增长87.27%；当息税前利润下降60%时，股东每股收益下降87.27%，每股收益的增减为息税前利润的1.45倍，即当A公司固定财务费用每年都是5 000元保持不变，随着息税前利润的增长或下降，股东每股收益将以1.45倍左右的速度增长或下降，这就是财务杠杆效应。

3. 财务杠杆的计量

只要企业融资方式中存在固定财务费用，就存在财务杠杆效应，如固定利息、固定融资租赁费等的存在，都会产生财务杠杆效应，通常用财务杠杆系数来衡量财务杠杆作用的大小。财务杠杆系数（DFL）是每股收益变动率与息税前利润变动率的倍数，计算公式为：

$$DFL = \frac{\text{每股收益变动率}}{\text{息税前利润变动率}} = \frac{\Delta EPS/EPS_0}{\Delta EBIT/EBIT_0}$$

上式经整理，财务杠杆系数的计算也可以简化为：

$$DFL = \frac{\text{基期息税前利润总额}}{\text{基期息税前利润总额} - \text{利息}} = \frac{EBIT_0}{EBIT_0 - I_0}$$

需要说明的是，本公式只考虑利息费用，没有涉及优先股股息。

当固定资本成本不变时，随着息税前利润的增加，财务杠杆系数会呈下降趋势。当一个公司没有负债、优先股等固定性的资本时，财务杠杆系数在任何时候都等于1，但只要有固定财务费用存在，财务杠杆系数总是大于1。

【例5-13】B公司普通股10万股，债务年利息为10万元，当息税前利润分别为20万元、60万元、100万元时，则财务杠杆系数分别为多少？

解：

$$DFL_{20} = \frac{20}{20-10} = 2$$

$$DFL_{60} = \frac{60}{60-10} = 1.2$$

$$DFL_{100} = \frac{100}{100-10} = 1.11$$

【例5-14】有A、B、C三个公司，资本总额均为1 000万元，所得税税率均为30%，每股面值均为1元。A公司资本全部由普通股组成；B公司债务资本300万元（利率10%），普通股700万元；C公司债务资本500万元（利率10.8%），普通股

500 万元。三个公司 2015 年 EBIT 均为 200 万元,2016 年 EBIT 均为 300 万元, EBIT 增长了 50%。有关财务指标如表 5－17 所示:

表 5－17　普通股每股收益及财务杠杆的计算　　单位:万元

利润项目		A 公司	B 公司	C 公司
普通股股数		1 000 万股	700 万股	500 万股
利润总额	2015 年	200	170	146
	2016 年	300	270	246
	增长率	50%	58.82%	68.49%
净利润	2015 年	140	119	102.2
	2016 年	210	189	172.2
	增长率	50%	58.82%	68.49%
普通股利润	2015 年	140	119	102.2
	2016 年	210	189	172.2
	增长率	50%	58.82%	68.49%
每股收益	2015 年	0.14 元	0.17 元	0.20 元
	2016 年	0.21 元	0.27 元	0.34 元
	增长率	50%	58.82%	68.49%
财务杠杆系数		1.00	1.78	1.37

从以上的计算结果可以看出:

(1)没有负债、优先股等固定型的资本时,没有财务杠杆效应。A 公司由于不存在固定资金成本,财务杠杆系数等于 1。

(2)在资本总额、息前税前盈余相同的情况下,负债、优先股等固定型的资本所占比重越高,财务杠杆系数就越大,财务风险越高,但预期普通股每股收益也越大。C 公司存在债务资本,并且债务资本的比重比 B 公司高,其财务杠杆系数高于 B 公司,其财务风险高于 B 公司,每股收益也高于 B 公司。

4. 控制财务杠杆的途径

适度利用财务杠杆作用,会给企业带来财务杠杆利益,同时也会使企业获得节税收益。但是如果过分强调财务杠杆作用,举债过多,则会增加企业的财务风险,特别是一旦企业经营不善或经济环境恶化,息税前利润率就可能下降到借款利息率之下,这样会加重企业的财务危机。因此,企业必须权衡负债筹资的利弊,通过控制负债比率,合理安排资本结构,使财务杠杆利益抵消因风险增大所带来的不利影响。

（四）复合杠杆

1. 复合杠杆与公司风险

经营杠杆通过扩大销售影响息税前利润，而财务杠杆通过扩大息税前利润影响每股收益，如果两种杠杆共同起作用，那么销售额稍有变动就会使每股收益产生更大的变动，即发生复合杠杆作用。由于固定经营成本和固定财务费用的共同存在而导致的每股收益变动率大于产销量变动率的杠杆效应，称为复合杠杆。

由于复合杠杆作用使每股收益大幅度波动而造成的风险，称为复合风险。复合风险直接反映企业的整体风险。在复合杠杆作用下，当企业经济效益好时，每股收益会大幅度上升；当经济效益差时，每股收益会大幅度下降。

2. 复合杠杆的计量

对复合杠杆进行计算的最常用的指标是复合杠杆系数，它是每股收益变动率相当于产销量变动率的倍数，也等于营业杠杆与财务杠杆的乘积，用公式表示为：

$$DTL = \frac{\text{普通股每股收益变动率}}{\text{产销量变动率}}$$

上式经整理，复合杠杆系数的计算也可以简化为：

$$DTL = DOL \times DFL = \frac{\text{基期边际贡献}}{\text{基期利润总额}} = \frac{M_0}{EBIT_0 - I_0}$$

【例5－15】沿用例5－10和例5－12资料，可以分别计算A公司经营杠杆系数、财务杠杆系数和复合杠杆系数。

解：

$$DOL = 60\%/10\% = 6$$

$$DFL = 87.27\%/60\% = 1.454\ 5$$

$$DTL = 87.27\%/10\% = 8.727$$

或

$$DTL = DOL \times DFL = 6 \times 1.454\ 5 = 8.727$$

复合杠杆系数越大，每股收益的波动幅度越大。在其他因素不变的情况下，复合杠杆系数越大，复合风险越大；复合杠杆系数越小，复合风险越小。

3. 控制复合杠杆的途径

复合杠杆显示了经营杠杆与财务杠杆之间的相互关系，为了达到或维持某种适度的复合杠杆系数，就可用较低的经营杠杆系数来抵消较高的财务杠杆系数影响。反之，假如企业过多地发挥了经营杠杆的作用，就可通过减少财务杠杆使用加以平衡。总之，企业合适的总风险水平需要在企业风险和期望收益之间进行权衡。

【任务实施：三】

根据已知资料，假设宏泰公司2015年企业的固定成本、债务不发生变动，请完成下列任务，填写表5－18。

表 5－18　杠杆效应计算表

2015 年度　　单位:万元

项目	2014 年
销售收入	
减:变动成本	
边际贡献	
减:固定成本	
息税前利润(EBIT)	
减:利息	
利润总额	
减:所得税	
净利润	
每股收益(EPS,元/股)	
2015 年经营杠杆(DOL): 2015 年财务杠杆(DFL): 2015 年总杠杆(DTL):	

四、最佳资本结构决策

不同的筹资活动会给企业带来不同的风险。因此,如何通过筹资活动调整资本结构,使其趋于科学合理,是企业筹资管理的核心问题。

(一)资本结构的含义

资本结构是指企业各种资本的构成及其比例关系,是企业一定时期筹资组合的结果。资本结构有广义和狭义之分,广义的资本结构是指全部债务与股东权益资本的构成比例;狭义的资本结构则指长期负债与股东权益资本构成比例,因为短期资金结构经常变动,且在整个资金总量中所占比重不稳定,所以,财务管理中的"资本结构"常指狭义的资本结构,即长期资本结构。

资本结构是企业财务状况的一项重要指标。合理的资本结构可以降低筹资成本,发挥财务杠杆的调节作用,使企业获得更大的自有资金收益率。

(二)影响资本结构的因素

影响资金结构的因素很多,主要有如下几个方面:

1. 企业经营状况的稳定性和发展能力

企业产销业务量的稳定程度对资本结构有重要影响：如果产销业务量稳定，企业可较多地负担固定的财务费用。经营发展能力表现为未来产销业务量的增长率，如果产销业务量能够以较高的水平增长，企业可以采用高负债的资本结构，以提升权益资本的报酬。

2. 企业的财务状况和信用等级

企业财务状况良好，信用等级高，债权人愿意向企业提供信用，企业容易获得债务资本。相反，如果企业财务情况欠佳，信用等级不高，债权人投资风险大，这样会降低企业获得信用的能力，加大债务资金的筹资成本。

3. 企业资产结构

企业资本结构的稳定性和安全性，取决于资产结构与资本结构的对称性。一般来说，拥有大量固定资产的企业主要通过长期负债和发行股票筹集资金；拥有较多流动资产的企业更多地依赖流动负债筹集资金；以技术研发为主的企业则负债较少。

4. 企业所有者和经营者的态度

如果企业为少数股东控制，股东通常重视企业控股权问题，为防止控股权稀释，企业一般尽量避免普通股筹资，而是采用优先股或债务资本筹资。从企业管理当局的角度看，高负债资本结构的财务风险高，一旦经营失败或出现财务危机，管理当局将面临市场接管的威胁或者被董事会解聘，因此，稳健的管理当局偏好于选择低负债比例的资本结构。

5. 企业的经营周期

企业的经营周期包括投入、成长、成熟、衰退四个阶段。在企业的投入期，产品刚刚打入市场，生产销售受限制，这时负债比率应低一些；在企业的成长期，产品占有了小部分市场，企业生产销售扩大，有发展前景，应适当扩大负债比率；当企业处于成熟阶段，产品渐渐趋于饱和，生产销售状况稳定，但预期的销售会有所下降，所以企业应该适当下调负债率；当企业处于衰退期，产品开始渐渐失去市场，生产销售滑坡，应压缩负债规模，开发新的产品，重新找出一条路。

6. 税收环境

企业必须交纳所得税，债务筹资发生的利息费用可以抵税，这可以为企业带来一部分额外收益，企业所得税税率越高，企业举债的好处就越大。由此可见，税收政策实际上会对企业债权资本的安排产生一定的刺激作用。

（三）资本结构的优化

不同的资本结构会给企业带来不同的后果，企业必须权衡财务风险和资本成本的关系，确定最佳的资本结构。所谓最佳资本结构，是指在一定条件下使企业平均资本成本率最低、企业价值最大的资本结构。资本结构优化的目标，是降低平均资本成本率或提高普通股每股收益。从理论上讲，最佳资本结构是存在的，但由于企业内部条件和外部环境的经常性变化，寻找最佳资本结构非常困难。资本结构决策的主要方法有比较资本成本法、每股收益无差别点分析法。

1. 比较资本成本法

比较资本成本法是指企业在筹资决策时，首先拟定多个备选方案，分别计算各个方案的加权平均资本成本，并相互比较来确定最佳资本结构，能够降低平均资本成本的资本结构，就是合理的资本结构。这种方法侧重于从资本投入的角度对筹资方案和资本结构进行优化分析。

以加权平均资本成本最低为唯一判断标准，这在应用中可体现出直观性和操作上的简便性。另外，资本成本的降低必然给企业财务带来好的影响，一定条件下也可以使企业的市场价值增大。但在运用此方法时应注意：

(1)采用该方法需要预先拟定若干个备选方案，由于所拟定的方案有限，故有可能把最优方案漏掉。

(2)采用该方法只是考虑资本的成本问题，未考虑筹资风险问题。

(3)采用该方法要注意筹资前后个别资本成本的变化。筹资后，股票的每股市价、每股股息和股利增长率可能发生改变，股票的资本成本须重新计算，而且由于股票是"同股同权"，新老普通股的成本没有差别，都应按新的股价、股息及股利增长率等计算。但新老债券或借款的资本成本应分别计算。

【例5－16】某企业拟增资2 000万元，现在有A、B两个筹资方案，具体见表5－19。要求：用比较资本成本法选择最优追加资本方案。

表5－19　三个初始筹资方案的有关资料　　单位：万元

筹资方式	原资本结构		追加资本A方案		追加资本B方案	
	筹资额	资本成本(%)	筹资额	资本成本(%)	筹资额	资本成本(%)
长期借款	1 500	10	1 000	8	500	8
普通股	3 500	14	1 000	12.5	1 500	12.5
合计	5 000	12.8	2 000	—	2 000	—

解：(1)A方案加权平均资本成本

各种资本的比重：

$$原长期借款比重 = (1\ 500/7\ 000) \times 100\% = 21.43\%$$

$$新增长期借款比重 = (1\ 000/7\ 000) \times 100\% = 14.29\%$$

$$新普通股比重 = 100\% - 21.43\% - 14.29\% = 64.28\%$$

$$企业加权平均资本成本 = 21.43\% \times 10\% + 14.29\% \times 8\% + 64.28\% \times 12.5\% = 11.32\%$$

(2)B方案加权平均资本成本

各种资本的比重：

$$原长期借款比重 = (1\ 500/7\ 000) \times 100\% = 21.43\%$$

$$新增长期借款比重 = (500/7\ 000) \times 100\% = 7.14\%$$

新增普通股比重 = 100% - 21.43% - 7.14% = 71.43%

企业加权平均资本成本 = 21.43% × 10% + 7.14% × 8% + 71.43% × 12.5% = 11.64%

根据计算结果可知，A 方案追加资本后的综合资本成本率略低于 B 方案，因此 A 方案为最佳资本结构方案。

2. 每股收益无差别点分析法

每股收益无差别点分析法是将企业的盈利能力与负债对股东财富的影响结合起来，去分析资金结构与每股利润之间的关系，进而确定合理的资金结构的方法，也称息税前利润 - 每股利润分析法，简写为 EBIT - EPS 分析法。它是利用息税前利润和每股利润之间的关系来确定最优资金结构的方法。

所谓每股收益无差别点，是指使不同筹资方式下的每股收益（EPS）相等时的息税前利润（EBIT）和业务量水平。根据这一分析方法，可以分析判断在什么样的息税前利润水平下适于采用何种资金结构。这种方法确定的最佳资金结构亦即每股利润最大的资金结构。

每股收益无差别点计算公式如下：

$$\frac{(EBIT - I_1)(1 - T) - D_1}{N_1} = \frac{(EBIT - I_2)(1 - T)D_2}{N_2}$$

其中：$EBIT$ 为每股收益无差别点，I_1、I_2 为两种筹资方式下的年利息，D_1、D_2 为两种筹资方式下的年优先股股利，N_1、N_2 为两种筹资方式下的普通股股数。

由于负债有递减所得税的效应，而股票筹资股利无法在税前扣除，所以，当预计的息税前利润大于每股收益无差别点息税前利润时，负债筹资方案可以加大企业财务杠杆的作用，放大收益倍数。当预计息税前利润小于每股收益无差别点的息税前利润时，发行股票筹资比较好。处在每股收益无差别点时，不同筹资方案的每股收益是相等的。每股收益无差别点分析见图 5 - 1。

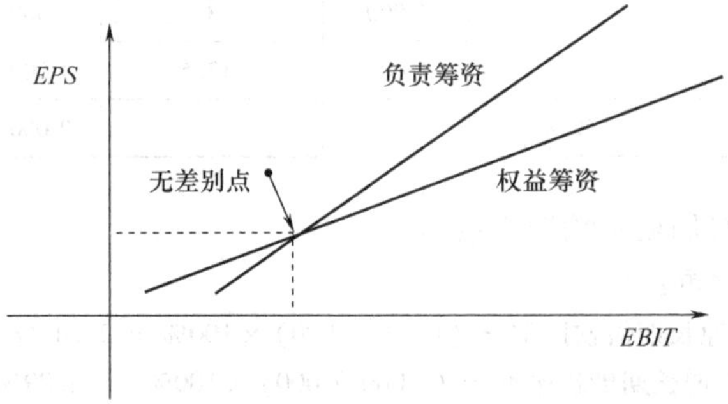

图 5 - 1　每股收益无差别点分析图

【例 5 - 17】某公司目前发行在外普通股 1 000 万股（每股面值 1 元），已平价发行利率为 5% 的债券 2 000 万元。该公司打算为一个新的投资项目融资 5 000 万元，新项目投资后公司每年息税前利润预计为 1 000 万元。

现有两个方案可供选择：

方案一:按 8% 的利率平价发行债券。

方案二:按每股 10 元发行新股。公司适用所得税税率为 30%。

要求:(1)计算两个方案每股收益无差别点的息税前利润。

(2)判断应采用哪个方案进行筹资(不考虑资本结构对风险的影响)。

解:(1)令:

$$\frac{(EBIT-2\ 000\times5\%-5\ 000\times8\%)\times(1-30)}{1\ 000}=\frac{(EBIT-2\ 000\times5\%)\times(1-30\%)}{1\ 000+5\ 000/10}=1\ 300$$

解得:每股收益无差别点 $EBIT=1\ 300$(万元)

(2)由于息税前利润 1 000 万元小于每股收益无差别点息税前利润 1 300 万元,所以应该采用权益筹资,采用方案二。

【任务实施:四】

根据宏泰公司拟定的两个筹资方案,计算两种方案的综合资本成本(仅指长期资金)以及两种筹资方案的每股收益无差别点息税前利润,为该公司进行筹资决策。请完成下列任务,填写表 5-20。

说明:公司预计的息税前利润不考虑非营业因素(如营业外收支、投资收益等),即:预计息税前利润 = 预计销售收入 - 预计变动成本 - 预计固定成本。公司预计的息税前利润数据来源于情境二“总预算”。

表 5-20　宏泰公司筹资决策分析表

2015 年度　　　　单位:万元

筹资方法	计算过程	
比较资本成本法	方案	综合资本成本
	方案一(发行股票)	
	方案二(长期借款)	
每股收益无差别点分析法	预计息税前利润	
	每股无差别点息税前利润	
筹资决策分析		

【拓展领域】

企业价值分析法

公司价值分析法,是在考虑市场风险的基础上,以公司市场价值为标准,进行资本结构优化,即能够提升公司价值的资本结构,就是合理的资本结构。这种方法主要用于对现有资本结构进行调整,适用于资本规模较大的上市公司资本结构优化分析。同时,在公司价值最大的资本结构下,公司的平均资本成本率也是最低的。计算方法如下:

(一)企业价值计算

公司的市场价值 V 等于股票的市场价值 S 加上长期债务的价值 B,即:

$$V = S + B$$

为了计算方便,设长期债务(长期借款和长期债券)的现值等于其面值;股票的现值则等于其未来的净收益按照股东要求的报酬率贴现。

假设企业的经营利润永续,股东要求的回报率(权益资本成本)不变,则股票的市场价值为:

$$S = \frac{(EBIT - I)(1 - T) - P_d}{K_S}$$

其中:

$$K_s = R_f + \beta(R_m - R_f)$$

(二)加权平均资本成本的计算

$$K_w = K_b \frac{B}{V}(1 - T) + K_s \frac{S}{V}$$

在没有债务资本的情况下,公司的总价值等于股票的账面价值。当公司增加一部分债务时,财务杠杆开始发挥作用,股票市场价值大于其账面价值,公司总价值上升,平均资本成本率下降。在债务达到一定金额时,公司总价值最高,平均资本成本率最低。债务超过此金额后,随着利息率的不断上升,财务杠杆作用逐步减弱甚至呈现负作用,公司总价值下降,平均资本成本率上升。因此,在该金额下,公司的平均资本成本率最低,即也是公司价值最大时。

【技能训练】

一、选择题:

1. 某企业本年营业收入 1 200 万元,变动成本率为 60%,下年经营杠杆系数为 1.5,本年的经营杠杆系数为 2,则该企业本年的固定性经营成本为(　　)万元。

A. 160　　B. 320　　C. 240　　D. 无法计算

2. 如果甲企业经营杠杆系数为 1.5,总杠杆系数为 3,则下列说法正确的有(　　)。

A. 如果销售量增加 10%,息税前利润将增加 15%

B. 如果息税前利润增加20%,每股收益将增加40%

C. 如果销售量增加10%,每股收益将增加30%

D. 如果每股收益增加30%,销售量需要增加5%

3. 企业采用(　　)的方式筹集资金,能够降低财务风险,但是往往资金成本较高。

A. 发行债券　　B. 发行股票　　C. 从银行借款　D. 利用商业信用

4. 优先股股东的权利不包括(　　)。

A. 优先分配剩余财产权　　B. 优先分配股利权

C. 优先认股权　　D. 部分管理权

5. 相对于股票筹资而言,不属于银行借款筹资的优点的是(　　)。

A. 筹资速度快　B. 筹资成本低　C. 借款弹性好　D. 财务风险小

6. 按股票发行时间的先后,可将股票分为(　　)。

A. 普通股　　B. 优先股　　C. 始发股　　D. 新发股

7. 公司债券与股票的区别表现在(　　)。

A. 债券是固定收益证券,股票多为变动收益证券

B. 债券到期必须还本付息,股票一般不退还股本

C. 债券在剩余财产分配中优于股票

D. 债券的投资风险较大,股票的投资风险较小

8. 普通股股东具有的权利包括(　　)。

A. 查账权　　B. 分享盈余权　C. 剩余财产要求权　D. 优先认股权

9. 下列各项中,属于吸收直接投资与债务筹资相比的优点的是(　　)。

A. 资本成本低　　B. 企业控制权集中

C. 财务风险低　　D. 有利于发挥财务杠杆作用

10. 企业向租赁公司租入一台设备,价值500万元,合同约定租赁期满时残值5万元归租赁公司所有,租期从2012年1月1日到2017年1月1日,租费率为12%,若采用后付租金的方式,则平均每年支付的租金为(　　)万元。

A. 137.92　　B. 123.14　　C. 245.47　　D. 108.61

11. 出租人既出租某项资产,又以该项资产为担保借入资金的租赁方式是(　　)。

A. 直接租赁　　B. 售后回租　　C. 杠杆租赁　　D. 经营租赁

12. 某公司普通股目前的股价为20元/股,筹资费用率为4%,刚刚支付的每股股利为1元,已知该股票的资本成本率为9.42%,则该股票的股利年增长率为(　　)。

A. 4%　　B. 4.2%　　C. 4.42%　　D. 5%

13. 设目前国库券收益率为5%,市场平均报酬率为10%,而某股票的β系数为1.2,那么该股票的资本成本为(　　)。

A. 11%　　B. 6%　　C. 17%　　D12%

14. 预计某公司2017年的财务杠杆系数为1.2,2016年息税前利润为720万元,则2016年该公司的利息费用为(　　)万元。

A. 120　　B. 144　　C. 200　　D. 600

15. 某企业2016年的销售额为5 000万元,变动成本1 800万元,固定经营成本1 400万元,利息费用50万元,则2017年该企业的总杠杆系数为(　　)。

A. 1.78　　B. 1.03　　C. 1.83　　D. 1.88

16. 下列各项中,属于吸收直接投资的有(　　)。

A. 吸收国家投资　　B. 吸收债权人投资

C. 吸收外商直接投资　　D. 吸收社会公众投资

17. 相对于利用银行借款购买设备而言,通过融资租赁方式取得设备的主要优点有(　　)。

A. 延长资金融通的期限　　B. 限制条件较少

C. 免遭设备陈旧过时的风险　　D. 资本成本低

18. 下列各项费用中,属于占用费的有(　　)。

A. 借款手续费　　B. 公司债券的发行费

C. 股利　　D. 借款利息

19. 下列措施中,可以降低企业经营风险的有(　　)。

A. 增加产品销售量　　B. 降低利息费用

C. 降低变动成本　　D. 提高固定成本水平

20. 某公司经营杠杆系数为2,财务杠杆系数为3,如果产销量增加1%,则下列说法不正确的有(　　)。

A. 息税前利润将增加2%　　B. 息税前利润将增加3%

C. 每股收益将增加3%　　D. 每股收益将增加6%

21. 以下各项中,会使财务风险增大的情况有(　　)

A. 借入资本增多　　B. 增发优先股

C. 发行债券　　D. 发行普通股

22. 下列关于经营杠杆系数的说法,正确的有(　　)

A. 在产销量的相关范围内,提高经营杠杆系数,能够降低企业的经营风险

B. 在相关范围内,经营杠杆系数与产销量呈反方向变动

C. 在相关范围内,产销量上升,经营风险加大

D. 对于某一特定企业而言,经营杠杆系数是固定的

23. 在个别资金成本的计算中,不必考虑筹资费用影响因素的是(　　)

A. 长期借款成本　　B. 债券成本

C. 保留盈余成本　　D. 普通股成本

24. 某公司经营杠杆系数为2,预计息税前盈余将增长10%,在其他条件不变

的情况下,销售量要增长(　　)

A. 15%　　B. 10%　　C. 25%　　D. 5%

25. 下列关于经营杠杆的说法不正确的是(　　)。

A. 经营杠杆,是指由于固定成本的存在而导致税前利润变动率大于产销量变动率的杠杆效应

B. 经营杠杆本身并不是利润不稳定的根源,但是经营杠杆扩大了市场和生产等不确定因素对利润变动的影响

C. 在其他因素一定的情况下,固定成本越高,经营杠杆系数越大

D. 按照简化公式计算经营杠杆系数时,本期边际贡献的大小并不影响本期的经营杠杆系数

二、判断题:

1. 普通股股东依法享有公司重大决策参与权、优先认股权、优先分配剩余财产权、股份转让权等。(　　)

2. 与普通股股票筹资相比,留存收益筹资的特点是财务风险小。(　　)

3. 在计算个别资本成本时,长期债券筹资不需要考虑所得税抵减作用。(　　)

4. 一般来说,在企业初创阶段,企业筹资主要依靠债务资本,在较高程度上使用财务杠杆;在企业扩张成熟期,企业筹资主要依靠股权资本,在较低程度上使用财务杠杆。(　　)

5. 企业全部资本中,权益资本与债务资本的比是1∶1,则该企业经营风险和财务风险可以相互抵消。(　　)

6. 不考虑风险的情况下,利用每股收益无差别点进行企业资本结构分析时,当预计息税前利润低于每股收益无差别点时,采用低财务杠杆筹资方式比采用高财务杠杆筹资方式有利。(　　)

7. 从企业资产结构对资本结构影响的角度进行分析,拥有大量固定资产的企业主要通过长期负债和发行股票筹集资金。(　　)

8. 普通股具有双重性质,它既属于自有资金又兼有债券性质。(　　)

9. 边际贡献等于销售收入与销售成本的差额,息税前利润等于边际贡献与固定成本的差额,其中的固定成本中不包括利息费用。(　　)

10. 在应用比较资金成本法进行企业最佳资本结构决策时,如果息税前利润大于每股利润无差别点的息税前利润,企业通过负债筹资比权益资本筹资更为有利,因为将使企业资金成本降低。(　　)

11. 当息税前利润大于零,单位边际贡献不变时,除非固定成本为零或业务量无穷大,否则息税前利润的变动率大于销售量的变动率。(　　)

12. 如果企业负债为零,没有优先股,则财务杠杆系数为1。(　　)

13. 达到无差别点时,公司选择何种资本结构对股东财富没有影响。(　　)

三、计算题：

1. 某公司目前拥有资金2 000万元，其中，长期借款800万元，年利率10%；普通股1 200万元，上年支付的每股股利2元，预计股利增长率为5%，发行价格20元，目前价格也为20元，该公司计划筹集资金100万元，企业所得税率为33%，有两种筹资方案：

方案一：增加长期借款100万元，借款利率上升到12%，假设公司其他条件不变。

方案二：增发普通股40 000股，普通股市价增加到每股25元，假设公司其他条件不变。

要求：根据以上资料

(1)计算该公司筹资前加权平均资金成本；

(2)用比较资金成本法确定该公司最佳的资金结构。

2. ABC公司是一家生产经营甲产品的上市公司，目前拥有资金1 000万元，其中，普通股75万股，每股价格8元；债券400万元，年利率8%；目前的销量为24万件，单价为25元，单位变动成本为10元，固定成本为100万元。该公司准备扩大生产规模，预计需要新增投资800万元，投资所需资金有下列两种方案可供选择：

方案一：发行债券800万元，年利率10%。

方案二：发行普通股股票800万元，每股发行价格16元。

预计扩大生产能力后，固定成本会增加82万元，假设其他条件不变。公司适用所得税税率为25%。

要求：

(1)计算两种筹资方案的每股收益相等时的销量水平。

(2)若预计扩大生产能力后企业销量会增加16万件，不考虑风险因素，确定该公司最佳的筹资方案。

3. 某企业是一家销售A产品的上市公司，发行在外的普通股股数为2 500万股，2015年和2016年的利息费用均为120万元，企业适用所得税税率25%，有关生产经营的资料见表5－21：

表5－21 金额单位：元

项目	2015年	2016年
销售量(万件)	9	10.2
销售单价	500	500
单位变动成本	350	350
固定经营成本	3 600 000	3 600 000

要求：

(1)计算2015年该企业的边际贡献、息税前利润、净利润和每股收益。

(2)计算2016年该企业的边际贡献、息税前利润、净利润和每股收益。

(3)计算2016年该企业的经营杠杆系数、财务杠杆系数和总杠杆系数。

(4)计算2017年该企业的经营杠杆系数、财务杠杆系数和总杠杆系数。

4. 某公司2016年销售商品12 000件,每件商品售价为240元,每件单位变动成本为180元,全年发生固定成本总额320 000元。该企业拥有总资产500万元,资产负债率为40%,债务资金的利率为8%,主权资金中有50%普通股,普通股每股面值为20元。企业的所得税税率为33%。要求计算:①单位边际贡献;②边际贡献总额;③息税前利润(*EBIT*);④利润总额;⑤净利润;⑥普通股每股收益(*EPS*);⑦经营杠杆系数(*DOL*);⑧财务杠杆系数(*DFL*);⑨复合杠杆系数(*DTL*)。

5. 某投资项目资金来源情况如下:银行借款300万元,年利率为4%,手续费为4万元。发行债券500万元,面值100元,发行价为102元,年利率为6%,发行手续费率为2%。优先股200万元,年股利率为10%,发行手续费率为4%。普通股600万元,每股面值10元,每股市价15元,每股股利为2.40元,以后每年增长5%,手续费率为4%。留用利润400万元。该投资项目的计划年投资收益为248万元,企业所得税率为33%。企业是否应该筹措资金投资该项目?

6. 某公司拥有资产总额为4 000元,自有资金与债务资金的比例6:4。债务资金中有60%是通过发行债券取得的,债券的利息费用是公司全年利息费用的70%。在2016年的销售收入为2 000万元,净利润为140万元,公司所得税税率为30%。企业的经营杠杆系数和财务杠杆系数均为2。要求计算:①该公司的全年利息费用(I);②公司的全年固定成本总额(a);③贡献边际(M);④债券资金的资金成本率。

7. 某公司是一家上市公司,相关资料如下:

资料一:2016年年末的资产负债表(简表)如表5-22所示:

表5-22　资产负债表(简表)

2016年12月31日　　　　单位:万元

项目	期末数	项目	期末数
流动资产合计	5 760	短期借款	984
长期股权投资	144	应付票据	432
固定资产	1 560	应付账款	600
无形资产	216	应付职工薪酬	168
		长期负债合计	768
		股本	1 200
		资本公积	1 968
		留存收益	1 560
资产总计	7 680	负债及所有者权益总计	7 680

资料二:根据历史资料考察,流动资产、应付票据、应付账款和应付职工薪酬项目与销售收入成正比变动。

资料三:2016 年度销售收入为 9 600 万元,净利润为 2 400 万元,年末支付现金股利 1 200 万元,普通股股数 1 200 万股。假设企业的固定经营成本在 2.4 亿元的销售收入范围内保持 240 万元的水平不变。

要求:

(1)预计 2017 年度销售收入为 1.2 亿元,且公司有足够的生产能力,销售净利率与 2016 年相同,董事会提议将股利支付率提高到 70%以稳定股价。如果可从外部融资 258 万元,你认为该提案是否可行?

(2)假设该公司一贯实行固定股利支付率政策,预计 2017 年度销售收入为 1.32 亿元,销售净利率降低到 20%,采用销售百分比法预测 2017 年外部融资额。

(3)假设按(2)所需资金有两种筹集方案:

方案一:全部通过增加借款取得,新增借款的年利息率为 6.48%;

方案二:全部通过增发普通股取得,预计发行价格为 12 元/股,股利固定增长率为 6%。该公司 2016 年年末借款利息为 30.36 万元,公司的所得税税率为 25%。

计算两种方案各自的资本成本(其中借款资本成本采用一般模式计算);

计算两种筹资方案的每股收益无差别点息税前利润;

计算每股收益无差别点时各自的财务杠杆系数。

(4)结合(3),假设预计追加筹资后的息税前利润为 672 万元。

判断企业应选择何种追加筹资方案;

计算两种筹资方案下各自的经营杠杆系数。

任务二　短期筹资管理

【任务目标】

知识目标：

- 理解短期筹资的特点
- 理解短期借款和商业信用的优缺点
- 掌握短期借款的信用条件及应付账款成本

能力目标：

- 能运用短期借款为企业筹资
- 能合理运用商业信用，降低企业成本

【任务引入】

企业的发展离不开资金，资金短缺是各个企业在发展每个时期都会遇到的问题，特别是流动资金缺口更关乎企业的生存。企业应做到未雨绸缪，合理筹集短期资金，降低资金成本。宏泰公司正进行短期筹资计划，具体情况如下：

1. 宏泰公司预计2015年需要筹集资金来满足季节性的需要（季节性资金需求量预算数据来源于情境二"财务预算—现金预算表"短期借款的金额），估计借款使用期为半年，公司于2015年年初与银行协商，银行提供给公司四个方案：

方案一：采用收款法付息，年利率为6%。

方案二：采用贴现法付息，年利率为5.9%。

方案三：利息率为5%，银行要求的补偿性余额比率为20%。

方案四：2015年年初与银行签订一年周转信贷协议，信贷额为100万元，年承诺费率为0.5%，借款年利率为5%。

2. 宏泰公司经常性地向光明公司购买原材料，2014年12月20日向光明公司购入的原材料有500万元未支付货款，光明公司开出的付款条件为"1/20，*N*/90"，公司银行短期贷款利率为6%。

短期筹资是为满足企业临时性流动资金需要而进行的筹资活动。企业的短期资金一般是通过流动负债的方式取得，如短期借款筹资、商业信用筹资，以及短期融资券筹资等。各种来源具有不同的获取速度、灵活性、成本和风险。

一、短期借款

短期借款是指企业因维持正常的生产经营所需而向银行或其他金融机构等外单位借入的、偿还期限在一年或超过一年的一个经营周期内的各种借款。

（一）短期借款的信用条件

银行等金融机构对企业贷款时，通常会附带一些信用条件。短期借款所附带的一些信用条件主要有：

1. 信贷额度

信贷额度亦即贷款限额，是银行对借款人规定的无担保贷款的最高限额。信贷额度的有效期限通常为一年，但根据情况也可延期一年。一般情况下，在信贷额度内，企业可以随时按需要使用银行借款。但是，银行并不承担必须提供全部信贷限额的义务。如果企业信誉恶化，即使在信贷限额内，企业也可能得不到借款。

2. 周转信贷协议

周转信贷协议是一种银行承诺提供不超过某一最高限额贷款的协议。在协议的有效期内，只要企业借款总额未超过最高限额，银行必须满足企业任何时候提出的借款要求。企业要享用周转信贷协议，通常要对贷款限额的未使用部分付给银行一笔承诺费用，这是银行向企业提供此项贷款的一种附加条件。

【例 5－18】某企业取得银行为期一年的周转信贷协议，金额为 100 万，年度内使用了 60 万（使用期平均 8 个月），假设利率为每年 12%，年承诺费率为 0.5%。

$$\text{企业应支付利息} = 60 \times 12\% \times (8/12) = 4.8(\text{万元})$$

$$\text{企业应支付的承诺费} = 40 \times 0.5\% + 60 \times 0.5\% \times (4/12) = 0.3(\text{万元})。$$

则年终企业应支付利息和承诺费共为 5.1 万元。

$$\text{周转信贷协议的实际借款利率为} = \frac{4.8 + 0.3}{60} \times \frac{12}{8} \times 100\% = 12.75\%$$

3. 补偿性余额

补偿性余额是银行要求借款企业在银行中保持按贷款限额或实际借用额一定比例（通常为 10%～20%）计算的最低存款余额。对于银行来说，补偿性余额有助于降低贷款风险，补偿其可能遭受的损失；而对借款企业来说，补偿性余额则提高了借款的实际利率，加重了企业的负担。补偿性余额下实际借款利率的计算公式为：

$$\text{实际借款利率} = \frac{\text{名义利率}}{1 - \text{补偿性余额比率}} \times 100\%$$

【例 5－19】某企业按年利率 8% 向银行借款 100 万元，借款期限半年，银行要求保留 20% 的补偿性余额，计算企业实际借款利率。

解：

$$\text{企业实际借款利率} = \frac{8\%}{1 - 20\%} \times 100\% = 10\%$$

4. 借款抵押

银行向财务风险较大的企业或信誉不甚了解的企业发放贷款，有时需要有抵押品担保，以减少自身蒙受损失的风险。短期借款的抵押品经常是借款企业的应收账款、存货、股票、债券等。银行接受抵押品后，将根据抵押品的面值决定贷款金额，一般为抵押品面值的 30%～90%，这一比例的高低，取决于抵押品的变现能力和银行的风险偏好。抵押借款的成本通常高于非抵押借款,这是因为银行主要向信誉好的客户提供非抵押贷款,而将抵押贷款看成是一种风险投资,同时银行管理抵押贷款要比管理非抵押贷款困难,往往还会另收取手续费。

5. 偿还条件

贷款的偿还分为到期一次偿还和在贷款期内定期(每月、季)等额偿还两种方式。一般来讲,企业不希望采用后一种偿还方式,因为这会提高借款的实际年利率。

6. 其他承诺

银行有时还要求企业为取得贷款而作出其他承诺,如及时提供财务报表、保持适当的财务水平(如特定的流动比率)等。企业在借款期间违背所作出的承诺,银行可要求企业立即偿还全部贷款。

(二)短期借款的成本

短期借款成本主要包括利息、手续费等。短期借款成本的高低主要取决于贷款利率的高低和利息的支付方式。短期贷款利息的支付方式有收款法、贴现法和加息法三种,付息方式不同,短期借款成本计算也有所不同。

1. 收款法

收款法是在借款到期时一次向银行支付利息的方法。银行向企业贷款一般都采用这种方法收取利息。采用收款法时,短期贷款的实际利率就是名义利率。但是,如果有其他附加条件,则应另行考虑。

2. 贴现法

贴现法又称折价法,是指银行向企业发放贷款时,先从本金中扣除利息部分,到期时借款企业偿还全部贷款本金的一种利息支付方法。在这种利息支付方式下,企业可以利用的贷款只是本金减去利息部分后的差额,因此,贷款的实际利率要高于名义利率。

【例5-20】某企业从银行取得借款200万元,期限1年,利率6%,利息12万元。按贴现法付息,企业实际可动用的贷款为188万元,计算借款的实际利率。

解:

$$借款实际利率=\frac{200\times6\%}{200-200\times6\%}\times100\%=6.38\%$$

3. 加息法

加息法是银行发放分期等额偿还贷款时采用的利息收取方法。在分期等额偿还贷款情况下,银行将根据名义利率计算的利息加到贷款本金上,计算出贷款的本息和,要求企业在贷款期内分期偿还本息之和的金额。由于贷款本金分期均衡偿还,借款企业实际上只平均使用了贷款本金的一半,却支付了全额利息,这样企业所负担的实际利率便要高于名义利率大约一倍。

(三)短期借款筹资的优缺点

短期借款筹资方式和长期借款、发行股票等筹资方式相比,具有灵活简便、速度快、时效性强等优点，不足之处是使用时间短、财务风险高，在有附加条件的情况下，资金成本往往也比较高。

【任务实施：一】

根据已知资料，帮助宏泰公司分析短期借款方案，并加以选择。请完成下列任务，填写表5－23。

表5－23　宏泰公司短期借款筹资方案计算表

2015年度

方案	实际利率
方案一	
方案二	
方案三	
方案四	
结论	

二、商业信用

商业信用是指在商品或劳务交易中，由于延期付款或预收货款所形成的企业间的借贷关系，是企业之间直接的短期信用行为。商业信用产生于商品交易之中，是一种自发性筹资方式。商业信用的具体筹资方式有应付账款、应付票据、预收账款等。

（一）商业信用的形式

1. 应付账款

应付账款是供应商给企业提供的一个商业信用。销售方可以通过赊销吸引客户，增加销售收入，减少库存。购买者可以在到货一段时间后才付款，于是商业信用就成为企业短期资金来源。

商业信用条件通常包括以下两种：

（1）无现金折扣的延期付款。在这种情况下，卖方给予买方一定的信用期，买方在信用期内按照发票金额支付货款，即使提前付款，也不会获得现金折扣，买方通过应付账款形式获取的资金为免费使用资金。一般表现形式如“N/30”，表示30天内按发票金额全数支付。

(2)带现金折扣的延期付款。在这种情况下,卖方除了给予买方一定的信用期外,还给予现金折扣期,企业放弃现金折扣获取资金延期使用权是有代价的。一般表现形式如“2/10,N/30”,表示10天内付款享受现金折扣2%,若买方放弃折扣,30天内必须付清款项。

供应商在信用条件中规定有现金折扣,目的主要在于加速资金回收。企业在决定是否享受现金折扣时,应仔细考虑。通常,放弃现金折扣的成本是高昂的。

$$放弃现金折扣的成本 = \frac{折扣百分比}{1-折扣百分比} \times \frac{360}{信用期-折扣期} \times 100\%$$

公式表明,放弃现金折扣的信用成本率与折扣百分比大小、折扣期长短和付款期长短有关系,与货款额和折扣额没有关系。

【例5-21】某企业购入一批原材料,价款总数为100万元,付款约定为(1/10,N/30)。计算放弃现金折扣的成本。

解:

$$放弃现金折扣的成本 = \frac{1\%}{1-1\%} = \frac{360}{30-10} \times 100\% = 18.18\%$$

假定银行贷款利率为10%,则A企业不应该放弃现金折扣,宁可向银行借款在第10天付99万元货款,因为向银行借款20天的利息为0.55(99×10%×20/360)万元,这种决策让企业仅花0.55万元的银行利息却省下1万元的现金折扣,是划算的。

在附有现金折扣的情况下,因为获得不同信用要负担不同的代价,因此买方在做信用决策时,一般应从以下方面考虑:

如果能以低于放弃现金折扣的隐含利息成本(实质是一种机会成本)的利率借入资金,便应在现金折扣期内用借入的资金支付货款,享受现金折扣。反之,企业应放弃折扣。

如果在折扣期内将应付账款用于短期投资,所得的投资收益率高于放弃折扣的隐含利息成本,则应放弃折扣而去追求更高的收益。当然,即使企业放弃折扣优惠,也应将付款日推迟至信用期内的最后一天,以降低放弃折扣的成本。

如果面对两家以上提供不同信用条件的卖方,应通过衡量放弃折扣成本的大小,选择信用成本最小(或所获利益最大)的一家。

2. 预收账款

预收账款,是指销货单位按照合同和协议规定,在发出货物之前向购货单位预先收取部分或全部货款的信用行为。对于卖方来讲,预收账款相当于向买方借用资金后用货物抵偿。销货方对于生产周期长,造价较高的商品,往往采用预收货款方式销货,以减少本企业资金占用过多的风险。

3. 应付票据

应付票据,是指企业在商品购销活动中,由买方向卖方签发的延期付款凭证。在票据到期前买方占用了卖方资金,形成了一种商业信用的融资方式。在我国,商业汇票的付款期限最长为6个月,因而应付票据即短期应付票据。应付票据按是否带息分为带息应付票据和不带息应付票据两种，其中，带息票据有资金成本。

（二）商业信用融资的优缺点

商业信用筹资是一种自发性筹资，无需额外办理筹资手续，容易取得；与银行借款相比，限制条件少；若无现金折扣条件，或有现金折扣但不放弃现金折扣，或是无息票据，则无商业信用成本。

其缺点是筹资数量有限，使用时间有限，在提供现金折扣条件的情况下，放弃现金折扣的成本往往很高。

【任务实施：二】

根据已知资料，计算宏泰公司放弃光明公司提供的现金折扣成本，并加以选择。请完成下列任务，填写表 5－24。

表 5－24　宏泰公司商业信用筹资方案计算表

2015 年度

现金折扣条件	放弃现金折扣成本
1/20，N/90	
结论	

【拓展领域】

短期融资券

1. 短期融资券及其分类

短期融资券（以下简称融资券），是由企业依法发行的无担保短期本票。在我国，短期融资券是指企业依照《短期融资券管理办法》的条件和程序在银行间债券市场发行和交易的、约定在期限不超过一年内还本付息的有价证券。中国人民银行对融资券的发行、交易、登记、托管、结算、兑付进行监督管理。短期融资券按不同标准可作不同分类：

（1）按发行人分类，短期融资券分为金融企业的融资券和非金融企业的融资券。在我国，目前发行和交易的是非金融企业的融资券。

（2）按发行方式分类，短期融资券分为经纪人承销的融资券和直接销售的融资券。非金融企业发行融资券一般采用间接承销方式进行，金融企业发行融资券一般采用直接发行方式进行。

2. 短期融资券的发行条件

(1)发行人为非金融企业,发行企业均应经过在中国境内工商注册且具备债券评级能力的评级机构进行信用评级,并将评级结果向银行间债券市场公示。

(2)发行和交易的对象是银行间债券市场的机构投资者,不向社会公众发行和交易。

(3) 融资券的发行由符合条件的金融机构承销,企业不得自行销售融资券,发行融资券募集的资金用于本企业的生产经营。

(4)对企业发行的融资券实行余额管理,待偿还融资券余额不超过企业净资产的40%。

(5)融资券采用实名记账方式在中央国债登记结算有限公司(简称中央结算公司)登记托管,中央结算公司负责提供有关服务。

(6)融资券在债权债务登记日的次一工作日,即可以在全国银行间债券市场的机构投资人之间流通转让。

3. 短期融资券的发行程序

(1) 公司作出发行短期融资券的决策。

(2)办理发行短期融资券的信用评级。

(3)向有关审批机构(中国人民银行)提出发行申请。

(4)审批机关对企业提出的申请进行审查和批准。

(5)正式发行短期融资券,取得资金。

4. 发行短期融资券筹资的特点

(1)短期融资券的筹资成本较低。相对于发行公司债券筹资而言,发行短期融资券的筹资成本较低。

(2)短期融资券筹资数额比较大。相对于银行借款筹资而言,短期融资券一次性的筹资数额比较大。

(3)发行短期融资券的条件比较严格。必须是具备一定信用等级的实力强的企业,才能发行短期融资券筹资。

【技能训练】

一、选择题:

1. 企业与银行签订了为期一年的周转信贷协议,周转信贷额为1 000万元,年承诺费率为0.5%,借款企业年度内使用了600万元(使用期为半年),借款年利率为6%,则该企业当年应向银行支付利息和承诺费共计(　　)万元。

A. 20　　B. 21.5　　C. 38　　D. 39.5

2. 补偿性余额的约束使借款企业所受的影响包括(　　)。

A. 增加了可用资金　　B. 提高了筹资成本

C. 减少了应付利息　　D. 增加了应付利息

3. 某企业按“1/20,*n*/55”的条件购进商品一批,若该企业放弃现金折扣,而在信用期满时付款,则放弃现金折扣的成本为(　　)。

A. 11.22%　　B. 10.39%　　C. 9.31%　　D. 12.33%

4. 企业按照年利率6%向银行借款50万元,银行要求企业保留10%的补偿性余额,则企业该项借款的年实际利率是(　　)。

A. 6%　　B. 7.58%　　C. 6.67%　　D. 8%

5. 商业信用的形式主要包括(　　)。

A. 预收货款　　B. 商业汇票　　C. 赊购商品　　D. 融资租赁

6. 企业短期资金的主要来源包括(　　)。

A. 商业信用　　B. 留存收益　　C. 发行股票　　D. 短期借款

7. 下列各项中会导致借款的实际利率高于名义利率的有(　　)。

A. 补偿性余额　　B. 利随本清法　　C. 收款法　　D. 贴现法

8. 某企业需要借入资金60万元,由于银行要求将贷款数额的20%作为补偿性余额,故企业需向银行申请的贷款数额为(　　)。

A. 60万元　　B. 72万元　　C. 75万元　　D. 67.2万元

9. 商业信用筹资方式筹集的资金只能是(　　)。

A. 其他企业资金　　B. 企业自留资金

C. 居民个人资金　　D. 银行信贷资金

10. 放弃现金折扣成本的大小与(　　)。

A. 折扣百分比的大小成反比　　B. 信用期的长短成同向变化

C. 与折扣期的长短同向变化　　D. 信用期和折扣期的长短成反向变化

二、判断题:

1. 信贷额度具有法律效应,银行必须满足企业不超过最高限额的借款,贷款限额未使用的部分,企业需要支付承诺费。(　　)

2. 商业信用筹资属于自然融资,其优点是容易取得,并且不须支付利息,所以不必负担筹资成本。(　　)

3. 周转信贷协议是银行具有法律义务承诺提供某一最高限额的贷款协议。(　　)

4. 信贷额度是银行从法律上承诺向企业提供不超过某一最高限额的贷款协议。(　　)

5. 企业在利用商业信用筹资时,如果企业不放弃现金折扣,则没有实际成本。(　　)

三、计算题:

1. 某企业从银行取得借款200万元(名义借款额),期限一年,名义利率8%。求下列几种情况下的实际利率:

(1)收款法付息;

(2)贴现法付息；

(3)银行规定补偿性余额为10%；

(4)银行规定补偿性余额为10%，并按贴现法付息。

2. 某公司拟采购一批零件，价值50 000元，供应商规定的付款条件为“1/20，n/50”。

要求回答以下互不相关的问题：

(1)假设银行短期贷款年利率为10%，计算放弃现金折扣的成本，并确定对该公司最有利的付款日期和价格。

(2)假设目前有一短期投资，年均收益率为20%，确定对该公司最有利的付款日期和价格。

3. 某企业按(2/10，n/40)的条件购入一批货物，即企业如果在10日内付款，可享受2%的现金折扣；倘若企业放弃现金折扣，贷款应在40天内付清。

要求：

(1)计算企业放弃该项现金折扣的成本。

(2)若另一家供应商提出(1/20，n/40)的信用条件，计算放弃折扣的成本。若企业准备享受现金折扣，选择哪一家供应商有利；若企业准备放弃现金折扣，选择哪一家供应商有利？

情境四　投资决策

☆马云被大家形容为“神一样的创业者”，但是这位大神却曾在收购整合上留下了雅虎中国这样的大败笔。投资是个技术活，没人能保证百分百的资源整合效率。2005 年，阿里巴巴收购雅虎中国全部资产，同时得到雅虎 10 亿美元投资，雅虎置换阿里巴巴集团 40% 的股份。而在 2012 年 9 月，阿里巴巴集团耗资 76 亿美元才从雅虎手中收回 21% 的股份，而自己手上的雅虎中国已经变成了一个负担。

☆投资决策是企业所有决策中最为关键、最为重要的决策，投资决策的失误也是企业最大的失误，一个重要的投资决策失误可能会使一个企业陷入困境，甚至破产。本章我们将讨论企业如何进行投资决策。

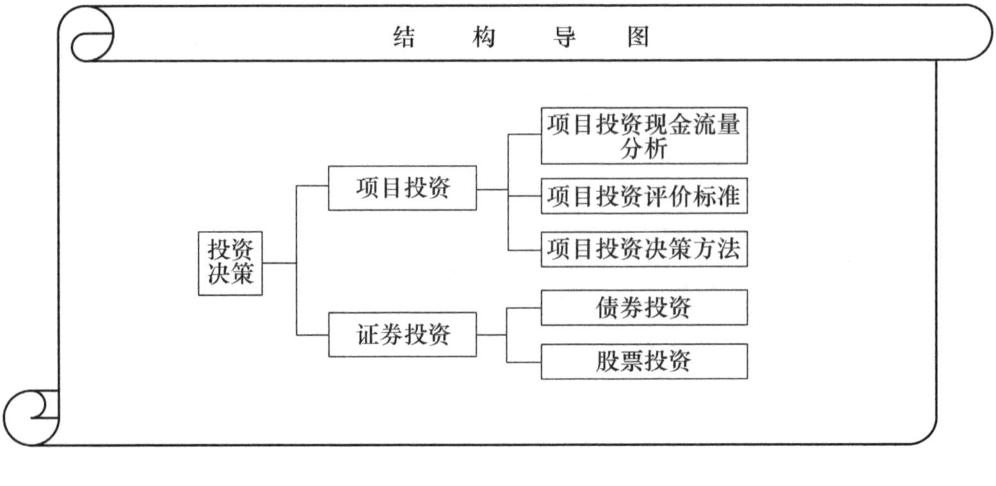

随着我国市场经济的不断发展，投资已经成为企业发展中的重要活动之一，投资决策是财务管理的重要环节。只有强化投资策略管理，有效规避投资风险，提高经济效益，才能更好地促进企业健康、长远发展。

一、投资概念

投资，是指特定经济主体（包括国家、企业和个人）为了在未来可预见的时期内获得收益或使资金增值，在一定时期向一定领域的标的物投放足够数额的资金或实物等货币等价物的经济行为。从特定企业角度看，投资就是企业为获取收益而向一定对象投放资金的经济行为。

二、投资类型

（一）直接投资和间接投资

按照投资行为的介入程度，分为直接投资和间接投资：

直接投资是指不借助金融工具，由投资人直接将资金转移交付给被投资对象使用的投资，包括企业内部直接投资和对外直接投资，前者形成企业内部直接用于生产经营的各项资产，如各种货币资金、实物资产、无形资产等，后者形成企业持有的各种股权性资产，如持有子公司或联营公司股份等。间接投资是指通过购买被投资对象发行的金融工具而将资金间接转移交付给被投资对象使用的投资，如企业购买特定投资对象发行的股票、债券、基金等。

（二）生产性投资和非生产性投资

按照投入的领域不同，分为生产性投资和非生产性投资：

生产性投资是指将资金投入生产、建设等物质生产领域中，并能够形成生产能力或可以产出生产资料的一种投资，又称为生产资料投资。这种投资的最终成果将形成各种生产性资产，包括形成固定资产的投资、形成无形资产的投资、形成其他资产的投资和流动资金投资。其中，前三项属于垫支资本投资，后一项属于周转资本投资。非生产性投资是指将资金投入非物质生产领域中，不能形成生产能力，但能形成社会消费或服务能力，满足人民的物质文化生活需要的一种投资。这种投资的最终成果是形成各种非生产性资产，如对学校、国防安全、社会福利设施、电视台、影剧院等的投资。

（三）对内投资和对外投资

按照投资的方向不同，分为对内投资和对外投资：

从企业的角度看，对内投资就是项目投资，是指企业将资金投放于为取得供本企业生产经营使用的固定资产、无形资产、其他资产和垫支流动资金而形成的一种投资。对外投资是指企业为购买国家及其他企业发行的有价证券或其他金融产品（包括期货与期权、信托、保险），或以货币资金、实物资产、无形资产向其他企业

(如联营企业、子公司等)注入资金而发生的投资。

【技能训练】

一、选择题:

1. 下列属于直接投资的有(　　)。

A. 企业设立新工厂

B. 某公司收购另一家公司60%的股权

C. 居民个人购买1 000股某公司股票

D. 发放长期贷款而不参与被贷款企业的经营活动

2. 按照投资的内容不同,投资可分为(　　)。

A. 固定资产投资　　B. 无形资产投资

C. 证券投资　　D. 流动资产投资

二、判断题:

直接投资是实物投资。(　　)

任务一　项目投资

【任务目标】

知识目标：

- 了解项目投资的特点、意义及程序
- 理解项目投资的现金流量估算
- 掌握项目投资决策各评价指标的计算和评价

能力目标：

- 能对不同投资项目进行现金流量估算
- 能恰当运用静态指标和动态指标分析各投资项目的可行性
- 能运用项目投资决策方法对独立方案和互斥方案进行决策

【任务引入】

近几年来，实木复合门逐渐成为木门中的主流，一直供不应求，宏泰公司考虑到市场需求，为抓住市场发展机遇，扩大市场份额，公司准备在2015年新建一条生产线——实木复合门。公司要求项目组编制项目可行性方案，并进行财务评价。根据细致的市场调研，项目组提供的可行性方案中财务评价的相关情况如下：

1. 该生产线的原始投资额2 000万元，第一年年初投入，建设期1年，投资项目可使用10年，残值2万元，第一年垫支流动资金50万元，流动资金可在项目结束后全部收回。

2. 项目投产后第一年到第五年销售单价均达1 600元/扇，每年可生产10 000扇门，并基本满足市场需求，随着产品的成熟和市场的开发，预计投产后第六年到第十年销售单价将下降到1 500元/扇，每年销售量增加到12 000扇。

3. 预计该项目生产的产品总成本的构成如下：

变动费用：材料费用为500元/扇，人工费用200元/扇，付现的制造费用为100元/扇。

固定费用：付现管理及销售等费用200万元/年。

4. 公司对现有资金成本进行分析后，确定公司对该项目要求的最低报酬率为12%。

5. 不考虑发生的财务费用。

一、项目投资现金流量分析

(一)项目投资概述

1. 项目投资含义

项目投资是一种以特定项目为对象,直接与新建项目或更新改造项目有关的长期投资行为。

工业企业投资项目主要包括以新增生产能力为目的新建项目投资和以恢复或改善原有生产能力为目的更新改造项目投资两大类。本书主要介绍新建项目的投资。

2. 项目投资的特点

与其他形式的投资相比,项目投资具有以下特点:

(1)投资内容独特。每个项目都至少涉及一项形成固定资产的投资。

(2)投资金额大。项目投资,一般都需要较多的资金,其投资额往往是企业及投资人多年的投资积累,在企业总资产中有相当大的比重。

(3)影响时间长。项目投资投资期及发挥作用的时间都较长,至少一年或一个营业周期以上,对企业未来的生产经营活动将产生重大影响。

(4)变现能力差。项目投资一般不准备在一年或一个营业周期内变现,而且即使在短期内变现,其变现能力也较差。

(5)投资风险大。因为影响项目投资未来收益的因素很多,加上投资额大、影响时间长和变现能力差,必然造成其投资风险比其他投资大,对企业未来的发展产生决定性影响。

3. 项目投资程序

企业投资的程序主要包括以下步骤:

(1)提出投资领域和投资对象。提出投资领域和投资对象是项目投资程序的第一步,一般是根据企业长期发展战略、中长期投资计划和投资环境的变化,在把握良好投资机会的情况下提出的。

(2)评价投资方案的财务可行性。投资规模较大,所需金额较多的战略性项目,应由董事会提出,各部门专家组成专家小组提出方案并进行可行性研究;投资规模较小,所需金额不大的战术性项目由主管部门提议,并由有关部门组织人员提出方案并进行可行性研究。

(3)投资方案比较与选择:①估算出投资方案的预期现金流量;②预计未来现金流量的风险,并确定预期现金流量的概率分布和期望值;③确定资金成本的一般水平(即贴现率);④计算投资方案现金流入量和现金流出量的总现值;⑤通过项目投资决策评价指标的计算,作出投资方案是否可行的决策。

(4)投资方案的执行。对已作出可行决策的投资项目,企业管理部门要编制现金预算,并筹措所需要的资金,在投资项目实施过程中,要进行控制和监督,使之按期按质完工，投入生产，为企业创造经济效益。

(5)投资方案的再评价。在投资项目执行的过程中，应关注原来作出的投资决策是否合理，是否正确。一旦出现新的情况，就要随时根据变化的情况作出新的调整。如果情况发生重大变化，原来投资决策变得不合理，就要进行是否终止投资或怎样终止投资的决策，以避免更大的损失。

(二)项目计算期和投资资金的确定

1. 项目计算期的构成

项目计算期是指投资项目从投资建设开始到最终清理结束整个过程的全部时间，包括建设期和运营期。

(1)建设期是指项目资金正式投入开始到项目建成投产为止所需要的时间，建设期的第一年年初称为建设起点(记作第0年)，建设期的最后一年年末称为投产日(记作第 s 年)。项目计算期的最后一年年末(记作第 n 年)称为终结点，假定项目最终报废或清理均发生在终结点(但更新改造除外)。在实务中，建设期应根据项目的建设计划和有关工期等要求来确定。

(2)经营期是指从投产日到终结点之间的时间间隔，经营期又包括试产期和达产期两个阶段。试产期是指项目投入生产，但生产能力尚未完全达到设计能力时的过渡阶段。达产期是指生产运营达到设计预期水平后的时间。经营期一般应根据项目主要设备的经济使用寿命期确定。项目计算期(n)、建设期(s)和经营期(p)之间存在以下关系，见图6-1。

$$项目计算期(n) = 建设期(s) + 经营期(p)$$

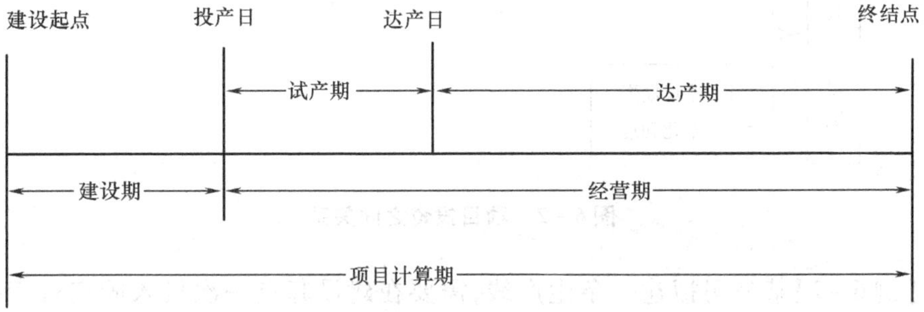

图6-1 项目计算期的关系

【例6-1】某企业拟构建一个项目，在建设起点开始投资，历经2年后投产，试产期1年，主要固定资产的预计使用寿命10年，则：

$$项目建设期 = 2(年)$$

$$经营期 = 10(年)$$

$$达产期 = 10 - 1 = 9(年)$$

$$项目计算期 = 2 + 10 = 12(年)$$

2. 原始总投资和项目投资总额的内容

原始总投资是一个反映项目所需现实资金水平的价值指标。它是指为使项目完全达到设计生产能力,开展正常经营而投入的全部现实资金,包括建设投资和流动资金投资两项具体内容。建设投资,是指在建设期内按一定生产经营规模和建设内容进行的投资,又具体包括固定资产投资、无形资产投资和其他资产投资(如生产准备和开办费投资)三项内容。流动资金投资是指项目投产前后分次或一次投放于流动资产项目的投资增加额,又称垫支流动资金或营运资金投资。

项目投资总额是反映项目投资总体规模的价值指标,等于原始总投资与建设期资本化利息之和。

原始总投资和投资总额之间存在的关系如图6-2所示。

3. 项目投资的投入方式

项目投资的投入方式包括一次投入和分次投入两种形式。一次投入是指投资行为集中一次发生在项目计算期第一个年度的年初或年末;如果投资行为涉及两个或两个以上年度,或虽然只涉及一个年度但同时在该年的年初和年末发生,则属于分次投入方式。实践中,项目投资的投入方式非常灵活。

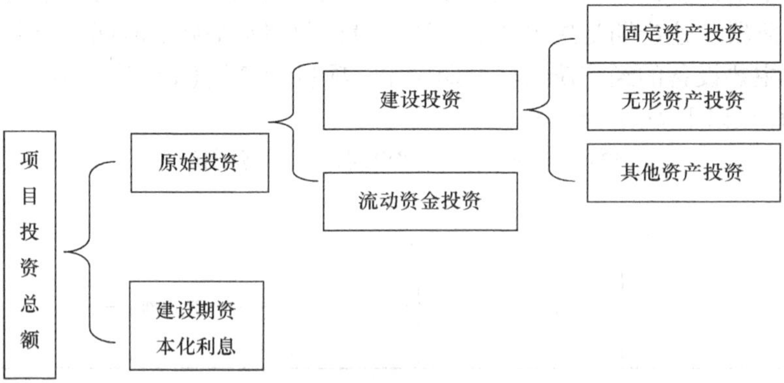

图6-2 项目投资之间关系

【例6-2】某公司拟建一条生产线,需要在建设起点一次投入固定资产投资100万元,无形资产投资20万元,建设期为1年,建设期资本化利息为5万元。流动资金分别在投产后第一年和第二年年末分两次投入,投资额分别是30万元和20万元。要求计算有关指标:固定资产原值、流动资金投资额、建设投资额、原始总投资额和投资总额。

解: (1)固定资产原值 = 100 + 5 = 105(万元)

(2)流动资金投资额 = 30 + 20 = 50(万元)

(3)建设投资额 = 100 + 20 = 120(万元)

(4)原始总投资额 = 120 + 50 = 170(万元)

(5) 投资总额 = 170 + 5 = 175(万元)

(三)项目投资现金流量的构成

1. 现金流量的含义

所谓现金流量,在投资决策中是指一个项目引起的企业在未来一定时期所发生的现金支出和现金收入,它可以动态地反映该投资项目的投入与产出的相对关系。这里的"现金"是广义的现金,它不仅包括各种货币资金,而且还包括项目投资企业所拥有的非货币资产的变现价值。

现金流量是计算项目投资决策评价指标的主要依据和重要信息,也是评价项目投资是否可行的一个基础性假设。为了克服确定现金流量的困难,简化现金流量的计算过程,首先做出以下假设:

(1)财务可行性分析假设:假设投资决策是从企业投资者的立场出发,投资决策者确定现金流量就是为了进行项目财务可行性研究,该项目已经具备国民经济可行性和技术可行性。

(2)全投资假设:假设在确定项目的现金流量时,只考虑全部投资的运动情况,而不具体区分自有资金和借入资金等具体形式的现金流量。即使实际存在借入资金也将其作为自有资金对待。

(3)建设期投入全部资金假设:即假设项目的资金都是在建设期投入的,在生产经营期没有投入。

(4)经营期与折旧年限一致假设:假设项目主要固定资产的折旧年限或使用年限与经营期相同。

(5)时点指标假设:为便于利用资金时间价值的形式,不论现金流量具体内容所涉及的价值指标实际上是时点指标还是时期指标,均假设按照年初或年末的时点指标处理。其中建设投资在建设期内有关年度的年初或年末发生;流动资金投资则在建设期末发生;经营期内各年的收入、成本、折旧、摊销、利润、税金等项目的确认均在年末发生;新建项目最终报废或清理均发生在终结点。

(6)确定性假设:假设与项目现金流量有关的价格、产销量、成本水平、企业所得税税率等因素均为已知常数。

(7)产销平衡假设:假定经营期同一年的产量等于该年的销售量,假定按成本项目计算的当年成本费用等于按要素计算的成本费用。

2. 现金流量的构成

在进行项目投资决策时,通常用现金流出量、现金流入量和现金净流量来反映项目投资的现金流量。

(1)现金流出量。现金流出量是指该投资项目引起的企业现金支出额。例如,企业购置一条生产线,通常会引起的现金流出量包括:①购置生产线的价款;②生产线的维护、修理等费用;③垫支流动资金。

(2)现金流入量。一个投资项目的现金流入量是指该投资项目引起的企业现金收入额。例如，企业购置一条生产线，通常会引起的现金流入量包括：①营业现金流入；②该生产线寿命期终了或出售或报废时的残值收入；③收回的流动资金。

（3）现金净流量（NCF）。现金净流量是指一定期间现金流入量与现金流出量的差额。这里的"一定期间"，根据投资项目的决策需要而定，可以是一年，也可以是整个投资项目的有效年限内。一定期间的现金流入量大于现金流出量时，净现金流量为正值；反之，净现金流量为负值。

3. 现金流量的估算

由于一个项目从准备投资到项目结束，经历了项目准备及建设期、生产经营期及项目终止期三个阶段，因此投资项目净现金流量包括建设期现金流量、经营期现金流量和项目终止期现金流量。另外缴纳所得税作为企业的一项现金流出，在计算有关现金流量时也应该将所得税的影响考虑进去。

（1）建设期现金流量。建设期现金流量主要是现金流出量，是投资项目的原始投资，包括长期资产的投资和垫支的流动资金。

长期资产投资主要包括固定资产投资、无形资产投资以及其他资产投资。其中，固定资产投资主要应当根据项目规模和投资计划所确定的各项建筑工程费用、设备购置成本、安装工程费用和其他费用来估算。

垫支的流动资金是指投资项目形成了生产能力，需要在流动资产上的追加投资。由于扩大了企业生产能力，原材料、在产品、产成品等流动资产规模也随之扩大，需要追加投入日常流动资金。同时，企业营业规模扩充后，应付账款等结算性流动负债也随之增加，自动补充了一部分日常流动资金的需要。因此，为该投资垫支的流动资金是追加的流动资产扩大量与结算性流动负债扩大量的净差额。这里需要特别说明，在项目投资的计算中，垫支的流动资金一般假设在终点全部收回。建设期现金净流量公式如下：

$$\text{建设期现金净流量}(NCF) = -\text{该年投资额}$$

（2）经营期现金流量。经营阶段是投资项目的主要阶段，该阶段既有现金流入量，也有现金流出量。现金流入量主要是经营各年营业收入，现金流出量主要是经营各年的付现营运成本和所得税。而折旧、摊销等是不需要每年实际支付现金的成本，因此不需要将它当作一项现金流出项目处理。经营期现金净流量公式如下：

$$\begin{aligned}\text{经营期现金净流量}(NCF) &= \text{营业收入} - \text{付现成本} - \text{所得税} &①\\ &= \text{税后营业利润} + \text{非付现成本} &②\\ &= \text{收入}\times(1-\text{所得税税率}) - \text{付现成本}\times(1-\text{所得税税率}) + \text{非付现成本}\times\text{所得税税率} &③\end{aligned}$$

（3）终止期现金流量。终止阶段的现金流量除了包含经营期现金净流量外，还包括固定资产变价净收入和垫支营运资金的收回。

固定资产变价净收入，是指固定资产出售或报废时的出售价款或残值收入扣除清理费用后的净额。

伴随着固定资产的出售和报废，投资项目的经济寿命结束，企业将与该项目相关的存货出售，应收账款收回，应付账款也随之偿付，流动资金恢复到原有水平，项目开始时垫支的流动资金在此时也得到了收回。终止期现金净流量公式如下：

$$终止期现金净流量(NCF) = 经营期现金净流量 + 回收额$$

【例6－3】某固定资产项目需要一次投入价款1 000万元，建设期为一年，建设期资本化利息为100万元，该固定资产可使用10年，按直线法折旧，期满有残值100万元。流动资金50万元在经营期期初投入，投入使用后，运营期第1～10年每年产品销售收入（不含增值税）增加900万元，每年的付现经营成本增加510万元，该企业适用的所得税税率为25%。要求：计算该项目每年的净现金流量。

解：

$$(1)\ 项目计算期 = 1 + 10 = 11(年)$$

$$(2)\ 固定资产原值 = 1\ 000 + 100 = 1\ 100(万元)$$

$$(3)\ 年折旧 = \frac{1\ 100 - 100}{10} = 100(万元)$$

$$(4)\ 经营期第1 \sim 10年每年总成本费用增加额 = 510 + 100 = 610(万元)$$

$$(5)\ 经营期第1 \sim 10年每年营业利润增加额 = 900 - 610 = 290(万元)$$

$$(6)\ 经营期第1 \sim 10年每年净利润增加额 = 290 \times (1 - 25\%) = 217.50(万元)$$

按简化公式计算的建设期净现金流量为：

$$NCF_0 = -1\ 000(万元)$$

$$NCF_1 = -50(万元)$$

经营期净现金流量为：

$$NCF_{2-10} = 217.5 + 100 = 317.50(万元)$$

$$NCF_{11} = 217.5 + 100 + 100 + 50 = 467.50(万元)$$

【例6－4】某公司计划增添一条生产流水线，以扩充生产能力。该项目需要投资500 000元，预计使用寿命为5年，折旧采用直线法，预计残值为20 000元。预计投产后年销售收入为1 000 000元，第一年付现成本为660 000元，以后在此基础上每年增加维修费10 000元。项目投入营运时，需垫支营运资金200 000元。公司所得税税率为20%。项目的现金流量见经营现金流量表6－1和各年现金流量表6－2。

表6－1　项目经营现金流量表　　　　单位：元

项目/年份	1	2	3	4	5
销售收入(1)	1 000 000	1 000 000	1 000 000	1 000 000	1 000 000
付现成本(2)	660 000	670 000	680 000	690 000	700 000
折旧(3)	96 000	96 000	96 000	96 000	96 000

续表

项目/年份	1	2	3	4	5
税前利润(4)=(1)-(2)-(3)	244 000	234 000	224 000	214 000	204 000
所得税(5)=(4)×20%	48 800	46 800	44 800	42 800	40 800
税后营业利润(6)=(4)-(5)	195 200	187 200	179 200	171 200	163 200
经营现金净流量(7)=(3)+(6)	291 200	283 200	275 200	267 200	259 200

表 6-2　项目各年现金流量表　　单位:元

项目/年份	0	1	2	3	4	5
固定资产投资	-500 000					
营运资金垫支	-200 000					
经营现金流量		291 200	283 200	275 200	267 200	259 200
固定资产残值						20 000
营运资金收回						200 000
现金流量合计	-700 000	291 200	283 200	275 200	267 200	479 200

【任务实施:一】

根据已知资料,针对宏泰公司 2015 年投资新生产线情况,计算该项目每年净现金流量,请完成下列任务,填写经营现金流量表 6-3 和各年现金流量表 6-4。

表 6-3　宏泰公司生产线投资项目经营现金流量表

2015 年度　　单位:万元

项目经营期	第 1~5 年	第 6~10 年
销售收入(1)		
付现成本(2)		
其中:材料费		
人工费		
制造费用		
销售及管理费用等		
折旧(3)		

续表

项目经营期	第 1～5 年	第 6～10 年
税前利润(4)＝(1)－(2)－(3)		
所得税(5)＝(4)×25%		
税后利润(6)＝(4)－(5)		
经营现金净流量(7)＝(6)＋(3)		

表 6－4 宏泰公司生产线投资项目各年现金流量表

2015 年度　　单位:万元

项目计算期（第 t 年）	建设期		经营期		终止期
	0	1	2～6	7～10	11
初始投资					
流动资金					
经营现金流量					
设备残值					
流动资金回收					
现金净流量(*NCF*)					

二、项目投资评价指标

项目投资评价指标是指用于衡量和比较投资项目可行性,据以进行方案决策的定量化标准与尺度,是由一系列综合反映投资效益、投入产出关系的量化指标构成的。

项目投资评价指标主要有静态评价指标和动态评价指标。静态评价指标是指在计算过程中不考虑资金时间价值因素的指标,包括静态投资回收期和投资收益率;动态评价指标是指在计算过程中充分考虑和利用资金时间价值的指标,包括净现值、净现值率、获利指数和内部收益率。

(一)静态评价指标的计算与分析

1. 静态投资回收期

静态投资回收期(PP)是指在不考虑资金时间价值情况下,投资项目的未来累计现金净流量与原始投资额相等时所经历的时间,即原始投资额通过未来现金流量回收所需要的时间。它代表收回投资所需要的年限。该指标一般以年为单位。

(1)计算方法:

方法一:公式法。

$$包含建设期静态投资回收期(PP)=建设期+\frac{原始投资合计}{经营期每年相等的现金净流量}$$

$$不含建设期静态投资回收期(PP) = \frac{原始投资合计}{经营期每年相等的现金净流量}$$

公式法在应用时要求项目运营期前若干年内每年的净现金流量必须相等且这些年内的净现金流量之和应大于或等于建设期发生的原始投资合计。

【例6－5】有甲、乙两个投资方案。甲方案的项目计算期是6年，初始投资100万元于建设起点一次投入，建设期1年，投产后前三年每年现金流量都是40万元，后两年每年都是50万元。乙方案的项目计算期也是6年，初始投资100万元于建设起点一次投入，建设期1年，假设投产后前两年每年流入都是20万元，后三年每年都是60万元。要求：计算甲、乙两个投资方案的回收期。

解：

甲方案：初始投资100万元，现金流量是投产后前三年相等，即为3×40＝120万元，大于原始投资额100万元。

所以甲方案可以利用公式法计算静态投资回收期（PP）：

$$静态投资回收期(PP) = 1 + \frac{100}{40} = 3.5(年)$$

乙方案：投产后前两年现金流量也是相等的，但前两年现金流量总和小于原始总投资，20×3＝60＜100万元，所以不能用简化公式。

方法二：列表法。

列表法包括建设期的投资回收期恰好是累计净现金流量为零的年限。

如例6－5中乙方案前四年的累计净现金流量为0，故包括建设期的投资回收期为4年。否则用下列公式解决。

$$包含建设期静态回收期 = M + \frac{|第M年累计净现金流量|}{第M+1年净现金流量}$$

其中：M为累计净现金流量由负变正的前一年。

【例6－6】某投资项目投资总额100万元，建设期2年，投产后各年现金流量如表6－5。要求：计算累计净现金流量及投资回收期

表6－5　某投资项目累计净现金流量情况表

项目计算期	净现金流量	累计净现金流量
0	－1 000 000	－1 000 000
1	0	－1 000 000
2	0	－1 000 000
3	300 000	－700 000
4	340 000	－360 000
5	350 000	－10 000
6	420 000	410 000
7	460 000	870 000

解： 包括建设期的回收期 = 5 + | - 10 000 | ÷ 420 000 = 5.02（年）

（2）评价标准：

投资者希望投入的资本能以某种方式尽快地收回来，回收的时间越长，所担风险就越大。因而，投资方案回收期的长短是投资者十分关心的问题，也是评价方案优劣的标准之一。用回收期法评价方案时，回收期越短越好。

（3）特点：

回收期法通俗易懂，可大致反映投资回收速度，而且计算简便，但是这种方法有两个缺陷：①没有考虑资金时间价值因素；②它忽略了回收期后的收益，容易造成严重的退缩不前。因为许多对企业的长期生存至关重要的较大型投资项目，并非在开始几年内就能带来收益，实际上，资本投资的目的在于创造利润，而不只是为了保本。因而，对于投入资金大，而且周期长的项目，不宜单一使用这一指标。目前这种方法作为辅助工具使用，主要用来测定方案的流动性。

2. 投资收益率

投资收益率又称投资报酬率，指达产期正常年份的年息税前利润或经营期正常年均息税前利润（不包括终结点的残值收入）占投资总额的百分比。它是评价投资方案盈利能力的静态指标，表明投资方案正常生产年份中，单位投资每年所创造的年净收益额。

（1）计算方法：

投资收益率（*ROI*）= 年息税前利润或年均息税前利润 ÷ 投资总额 × 100%

【例6-7】某企业有A、B两个投资方案，投资总额均为100 000元，全部用于购置新的设备，采用直线法折旧，使用期均为5年，无残值，其他有关资料如表6-6所示。

表6-6 A、B投资方案息税前利润及现金净流量情况表

项目计算期	A方案		B方案	
	息税前利润	现金净流量	息税前利润	现金净流量
0		-100 000		-100 000
1	10 000	30 000	10 000	30 000
2	10 000	30 000	11 000	31 000
3	10 000	30 000	13 000	33 000
4	10 000	30 000	15 000	35 000
5	10 000	30 000	16 000	36 000
合计	50 000	50 000	65 000	65 000

要求：计算A、B两方案的投资收益率。

解：
$$A\text{方案的投资收益率} = 10\ 000 \div 100\ 000 \times 100\% = 10\%$$
$$B\text{方案的投资收益率} = 65\ 000 \div 5 \div 100\ 000 \times 100\% = 13\%$$

(2)评价标准：

如果投资收益率高于企业要求的最低投资收益率或行业的平均投资收益率，则认为项目是可以考虑接受的，否则不可行。在多个投资项目的互斥性决策中，项目的投资收益率越高，说明该投资项目的投资效果越好，故应选择投资收益率高的投资项目。

(3)特点：

投资收益率法计算简便，指标的经济意义直观、明确，其应用范围很广。其缺点是没有考虑资金时间价值因素，不能反映项目的回收期，分子、分母计算口径的可比性较差，无法直接利用净现金流量信息，这些缺点会容易导致企业做出错误的决策。

(二)动态评价指标的计算与分析

1. 净现值法

净现值(NPV)是指在项目计算期内，按行业的基准收益率或其他设定折现率计算的各年净现金流量现值的代数和。净现值法是利用净现值指标作为决策依据的一种投资方案决策方法。

净现值法所依据的原理是：假设预计的现金流入在年末肯定可以实现，并把原始投资看成是按预定贴现率借入的，当净现值为正数时偿还本息后该项目仍有剩余的收益，当净现值为零时偿还本息后一无所获，当净现值为负数时该项目收益不足以偿还本息。

(1)计算方法：

$$\text{净现值}(NPV) = \sum_{t=0}^{n} \frac{NCF_t}{(1+i_C)^t} = \sum_{t=0}^{n} [NCF_t \times (P/F, i_C, t)]$$

其中的折现率 i_C 可按以下方法确定：①项目的资金成本；②投资的机会成本(投资要求最低投资报酬率)；③行业平均资金收益率。

【例6-8】沿用例6-3资料，假设贴现率10%，按要求计算项目的净现值。

解：
$$\begin{aligned}\text{净现值}(NPV) &= -1\ 000 - 50(P/F,10\%,1) + 317.50(P/A,10\%,9)(P/F,10\%,1) + \\ &\quad 467.50(P/F,10\%,11) \\ &= -1\ 000 - 50 \times 0.909\ 1 + 317.50 \times 5.759\ 0 \times 0.909\ 1 + 467.50 \times 0.350\ 5 \\ &= 780.68(\text{万元})\end{aligned}$$

(2)评价标准：

在进行单项投资决策时，净现值大于或等于零，投资方案是可以接受的；净现值小于零，投资方案就是不可接受的。在进行多个互斥方案的投资决策时，在净现值大于零的投资项目中，净现值越大，投资方案越好。

(3)特点：

净现值法考虑了资金时间价值，能够反映各个投资方案的净收益，因而它具有很广泛的实用性，净现值法是投资决策评价中的最基本的方法。但是该指标有几个缺点：①在运用财务净现值指标时，要选择一个比较客观的折现率，否则，评价的结果会失真；②净现值法无法从动态的角度直接反映投资项目的实际收益率水平；③由于净现值是一个绝对数，当几个投资项目的初始投资额不一致时，仅用净现值法往往无法确定投资项目的优劣。

2. 净现值率法

净现值率(NPVR)是反映项目的净现值占原始投资现值的比率，亦可将其理解为单位原始投资的现值所创造的净现值。净现值率是一种动态投资收益指标，用于衡量不同投资方案的获利能力大小，说明某项目单位投资现值所能实现的净现值大小。

(1)计算方法：

$$净现值率(NPVR) = \frac{项目的净现值}{原始投资的现值合计} \times 100\%$$

$$= \frac{NPV}{\left|\sum_{t=0}^{S}[NCF_t \times (1+i_C)^{-t}]\right|} \times 100\%$$

【例6-9】沿用例6-3和例6-8的资料，要求：计算方案的净现值率。

$$净现值 = 780.68(万元)$$

$$原始投资的现值 = |-1\ 000 - 50 \times (P/F,10\%,1)| = 1\ 045.46(万元)$$

$$净现值率(NPVR) = \frac{780.68}{1\ 045.46} \times 100\% = 74.67\%$$

(2)评价标准：

在进行单项投资决策时，净现值率大于或等于零，投资方案是可以接受的；净现值小于零，投资方案就是不可接受的。在进行多个互斥方案的投资决策时，在净现值率大于零的投资项目中，净现值率越大，投资方案越好。

(3)特点：

净现值率是一个折现的相对量评价指标，考虑了资金时间价值，并可以从动态角度反映项目投资的资金投入和净产出的关系；其缺点与净现值指标相似，同样无法直接反映投资项目的实际收益率。

3. 获利指数法

获利指数(PI)又称现值指数，是指按行业基准收益率或设定折现率折算的经营期各年净现金流量的现值合计与原始投资的现值合计之比。

(1)计算方法：

$$获利指数(PI) = \frac{经营期各年净现金流量的现值合计}{原始投资的现值合计}$$

$$= \frac{\sum_{t=S+1}^{n}[NCF_t \times (P/F,i_C,t)]}{\left|\sum_{t=0}^{S}[NCF_t \times (P/F,i_C,t)]\right|}$$

获利指数也可使用变形公式计算：获利指数$(PI) = 1 +$ 净现值率

【例6-10】沿用例6-3和例6-8的资料,要求:计算方案的获利指数。

解:经营期各年净现金流量的现值合计 = 317.50 × (P/A,10%,9) × (P/F,10%,1) + 467.50 × (P/F,10%,11)

=317.50×5.759 0×0.909 1+467.50×0.350 5

=1 826.13(万元)

原始投资的现值合计 = 1 000 + 50 × (P/F,10%,1) = 1 045.46万元

获利指数(PI) = 1 826.13 ÷ 1 045.46 = 1.746 7

或:获利指数(PI) = 1 + 净现值率 = 1 + 0.746 7 = 1.746 7

(2)评价标准:

对于单个投资方案,如果现值指数大于或等于1,投资项目是可行的;如果现值指数小于1,则投资项目是不可行的;对于多个互斥投资项目,在现值指数大于1中选择现值指数最大的投资项目。

(3)特点:

获利指数考虑了资金时间价值,克服了净现值对于投资额不同时无法决策的缺陷,有利于在初始投资额不同的投资方案之间进行比较。但它和净现值一样,也无法直接反映投资项目的实际收益率。

4. 内部收益率法

内部收益率(记作IRR)又叫内含报酬率,即指项目投资实际可望达到的收益率,亦可将其定义为能使投资项目的净现值等于零时的折现率。内部收益率实际上反映了投资项目的真实报酬率。

(1)计算方法:

$$\sum_{t=0}^{n}[NCF_t \times (P/F,IRR,t)] = 0$$

内部收益率的计算是解一个 n 次方程,通过采用测试法求IRR的值。内部收益率的计算可以分两种情况进行:

情况一:特殊方法。当全部投资均于建设起点一次投入,建设期为零,投资项目未来每年的净现金流量相等,则按以下步骤计算:

第一步,计算年金现值系数:

$$年金现值系数 = \frac{投资总额}{经营期每年相等的现金净流量}$$

第二步,查年金现值系数表,在相同的折现期数下,分别找出与年金现值系数结果相邻的两个年金现值系数所对应的贴现率。

第三步,采用插值法确定内部收益率。

【例6-11】某公司投资一个项目,项目投资额为180万元,在项目建设期初一次性投入,项目无建设期,项目投入后预计在未来5年中每年可获现金净流量70万元。如果该项目的资金成本是15%,试用内部收益率法判断该项目投资的可行性。

解:由于内部收益率是使投资项目净现值等于零时的折现率,因而:

$$NPV = 70 \times (P/A, i, 5) - 180$$

令 $NPV = 0$

则：$70 \times (P/A, i, 5) - 180 = 0$

$$(P/A, i, 5) = 180 \div 70 \approx 2.5714$$

查年金现值系数表，确定2.571 4介于2.745 4（对应的折现率 i 为24%）和2.532（对应的折现率 i 为28%）之间，可见内部收益率介于24%和28%之间。此时可采用插值法计算内部收益率：

$$IRR = 24\% + \frac{2.7454 - 2.5714}{2.7454 - 2.532} \times (28\% - 24\%) \approx 27.26\%$$

通过计算可知，$IRR \approx 27.26\% > 15\%$，则该投资项目可行。

情况二：一般方法。投资项目未来每年的净现金流量不相等。则按以下步骤计算：

第一步，首先应设定一个折现率 i，并按此折现率计算净现值 NPV。

第二步，如果 $NPV = 0$ 则内部收益率 $IRR = i$，计算结束；如果 $NPV > 0$，说明设定的折现率 i 小于该项目的内部收益率，此时应提高折现率（设定为 i），并按 i 重新将项目计算期的现金流量折为现值，计算净现值 NPV，继续进行下一轮的判断；如果 $NPV < 0$，说明设定的折现率 i 大于该项目的内部收益率，此时应降低折现率（设定为 i），并按 i 重新将项目计算期的现金流量折为现值，计算净现值 NPV，继续进行下一轮的判断。经过反复测试，找到相邻近的两个折现率所对应的净现值一个为正数，一个为负数。

第三步，根据上述两个相邻近的折现率及其对应的净现值，使用插值法计算出该项目实际的内部收益率。

【例6－12】沿用例6－3资料，计算该项投资的收益率。

解：根据题意可知，各年净现金流量如下：

$$NCF_0 = -1000\text{（万元）}$$

$$NCF_1 = -50\text{（万元）}$$

$$NCF_{2-10} = 217.50 + 100 = 317.50\text{（万元）}$$

$$NCF_{11} = 217.50 + 100 + 100 + 50 = 467.50\text{（万元）}$$

经判断，该项目只能用一般方法计算内部收益率

按照一般方法的要求，自行设定折现率并计算净现值，据此判断调整折现率，见表6－7。

表6－7　折现率测算表

测试次数(j)	设定折现率(r)	净现值(NPV)
1	10%	780.68
2	18%	191.17
3	20%	87.75
4	24%	-83.48

然后,采用插值法计算投资收益率。由于折现率为20%时净现值为87.75万元,折现率为24%时净现值为-83.48万元,因此,该项目投资收益率必然介于20%与24%之间。这时,可以采用插值法计算投资收益率:

$$\text{于是,该项目内部收益率} = 20\% + \frac{87.75}{87.75+83.48} \times (24\% - 20\%) = 22.05\%$$

(2)评价标准:

如果是单一项目进行投资 i 决策时,计算出的内部收益率大于或等于企业的资本成本或必要报酬率则采纳,反之则放弃;如果是多个互斥方案,则应选择内部收益率超过资本成本或必要报酬率最多的那个方案。

(3)特点:

内部收益率法考虑了货币时间价值,可以反映出投资项目真实报酬率,而且不受行业基准收益率高低的影响,比较客观,有利于对投资额不同的项目进行决策。但其计算比较复杂,特别是对每年现金净流量不相等的投资项目,一般要经过多次测试才能求出结果。

【任务实施:二】

根据已知资料,针对宏泰公司2015年投资新生产线情况,计算该项目各项投资指标,请完成下列任务,填写评价指标计算表6-8。

表6-8 宏泰公司生产线投资项目评价指标计算表

2015年度

<table>
<tr><td colspan="2">评价指标</td><td>计算过程</td></tr>
<tr><td rowspan="2">静态评价指标</td><td>投资回收期</td><td>累计现金净流量计算表(单位:万元)
<table>
<tr><td>项目计算期</td><td>净现金流量</td><td>累计净现金流量</td></tr>
<tr><td>0</td><td></td><td></td></tr>
<tr><td>1</td><td></td><td></td></tr>
<tr><td>2</td><td></td><td></td></tr>
<tr><td>3</td><td></td><td></td></tr>
<tr><td>4</td><td></td><td></td></tr>
<tr><td>5</td><td></td><td></td></tr>
<tr><td>6</td><td></td><td></td></tr>
<tr><td>7</td><td></td><td></td></tr>
<tr><td>8</td><td></td><td></td></tr>
<tr><td>9</td><td></td><td></td></tr>
<tr><td>10</td><td></td><td></td></tr>
<tr><td>11</td><td></td><td></td></tr>
<tr><td>投资回收期</td><td></td><td></td></tr>
</table></td></tr>
<tr><td>投资收益率</td><td></td></tr>
</table>

续表

<table>
<tr><th colspan="2">评价指标</th><th>计算过程</th></tr>
<tr><td rowspan="4">动态评价指标</td><td>净现值</td><td></td></tr>
<tr><td>净现值率</td><td></td></tr>
<tr><td>获利指数</td><td></td></tr>
<tr><td>内部收益率</td><td>一般测试法
<table><tr><th>测试次数(j)</th><th>设定折现率(r)</th><th>净现值(NPV)</th></tr><tr><td>1</td><td></td><td></td></tr><tr><td>2</td><td></td><td></td></tr><tr><td>3</td><td></td><td></td></tr><tr><td>4</td><td></td><td></td></tr><tr><td>内部收益率</td><td></td><td></td></tr></table></td></tr>
</table>

三、项目投资决策方法

项目投资决策的关键，就是合理选择适当的决策方法，利用投资决策评价指标作为决策的标准，作出最终的投资决策。企业面临的投资决策主要有：独立方案财务可行性评价投资决策、多个互斥方案择优决策以及多个方案组合排队的投资决策。本节主要介绍前两种决策。

（一）独立方案财务可行性评价投资决策

独立方案财务可行性评价就是判断某一方案是否具备财务可行性，从而做出接受或拒绝该项目决策的过程。选择某一方案并不排斥另一方案。

独立方案财务可行性评价的条件：

1. 完全具备财务可行性条件

（1）动态评价指标可行，即①净现值（NPV）$\geqslant 0$；②净现值率（$NPVR$）$\geqslant 0$；③获利指数（PI）$\geqslant 1$；④内部收益率（IRR）$\geqslant$基准折现率（i）。

（2）静态评价指标可行，即①$PP \leqslant n/2$，$PP' \leqslant p/2$；②投资收益率（ROI）$\geqslant$基准投资利润率（i）。

2. 基本具备财务可行性条件

（1）动态评价指标可行，即①净现值（NPV）$\geqslant 0$；②净现值率（$NPVR$）$\geqslant 0$；③获利指数（PI）$\geqslant 1$；④内部收益率（IRR）$\geqslant$基准折现率（i）。

(2)静态评价指标不可行,即①$PP > n/2$,$PP > p/2$;②投资收益率(ROI)<基准投资利润率(i)。

3. 基本不具备财务可行性的条件

(1)动态评价指标不可行,即①净现值(NPV)<0;②净现值率($NPVR$)<0;③获利指数(PI)<1;④内部收益率(IRR)<基准折现率(i)。

(2)静态评价指标可行,即①$PP \leqslant n/2$,$PP' \leqslant p/2$;②投资收益率(ROI)≥基准投资利润率(i)。

4. 完全不具备财务可行性的条件

(1)动态评价指标不可行,即①净现值(NPV)<0;②净现值率($NPVR$)<0;③获利指数(PI)<1;④内部收益率(IRR)<基准折现率(i)。

(2)静态评价指标不可行,即①$PP > n/2$,$PP > p/2$;②投资收益率(ROI)<基准投资利润率(i)。

只有完全具备或基本具备财务可行性的方案,才可以接受;完全不具备或基本不具备财务可行性的方案,不可以接受。

【例6-13】某固定资产投资项目只有一个方案,其原始投资为1 000万元,项目计算期为11年(其中生产经营期为10年),基准投资收益率为9.8%,行业基准折现率为10%。

有关投资决策评价指标如下:$ROI = 10\%$,$PP = 6$年,$PP' = 5$年,$NPV = 152$万元,$NPVR = 12.05\%$,$PI = 1.120\,5$,$IRR = 11.54\%$。

要求:判断该方案是否具备可行性。

解:$ROI = 10\% > 9.8\%$,$PP' = 5$年$= p/2$,$PP = 6 > n/2$,$NPV = 152$万元> 0

$NPVR = 12.05\% > 0$,$PI = 1.1205 > 1$,$IRR = 11.54\% > 10\%$

所以,该方案基本上具备财务可行性

其他应注意的问题:

(1)在对独立方案进行财务可行性评价过程中,动态评价指标在评价财务可行性的过程中起主导作用,当动态评价指标与静态评价指标得出的结论不一致时通常以动态评价指标的结论为准。

(2)利用动态指标对同一个投资项目进行评价和决策,会得出完全相同的结论。

(二)多个互斥方案择优决策

互斥方案是指互相关联、互相排斥的方案。采纳方案组中的某一方案,就会自动排斥这组方案中的其他方案。

多个互斥方案择优决策是指在每一个入选方案已具备财务可行性的前提下,利用具体决策方法比较各个方案的优劣,利用评价指标从各个备选方案中最终选出一个最优方案的过程。

项目投资互斥方案比较决策方法的选择需要考虑互斥方案的投资额、项目计算期的情况来加以确定，通常有三种情况：投资额、项目计算期均相同的互斥方案，投资额不同、项目计算期相同的互斥方案，投资额、项目计算期均不同的互斥方案。

1. 投资额、项目计算期均相同的互斥方案决策

投资额、项目计算期均相同的互斥方案决策，一般通过净现值指标来选择最优方案。在此法下，净现值最大的方案为最优。

【例6－14】某个固定资产投资项目需要原始投资 100 万元，有 A、B、C、D 四个互相排斥的备选方案可供选择，各方案的净现值指标分别为 120 万元、100 万元、112 万元和 －50 万元。A、B、C、D 四个方案的项目计算期相同。

要求：(1)评价每一个方案的财务可行性。

(2)按净现值法进行比较决策。

解：(1)评价方案的财务可行性：

A、B、C 备选方案的 *NPV* 均大于 0，但 D 方案 *NPV* 小于 0，所以只有 A、B、C 方案具有财务可行性，D 方案不具财务可行性。

(2)按净现值法进行比较决策：

因为 120 > 112 > 100，所以，A 方案最优，其次是 C 方案，最后为 B 方案。

2. 投资额不同、项目计算期相同的互斥方案决策

投资额不同、项目计算期相同的互斥方案决策，经常采用的方法为差额投资内部收益率法。

所谓差额投资内部收益率法，是指在计算两个原始投资额不同方案的差量净现金流量（记作 ΔNCF）的基础上，计算出差额内部收益率（记作 ΔIRR），并将其与行业基准折现率进行比较，进而判断方案孰优孰劣的方法。采用此种方法，当差额内部收益率大于或等于行业基准折现率或设定折现率时，原始投资额大的方案较优；反之，则投资额小的方案为优。

【例6－15】某公司一个项目投资有 A、B 两个备选方案，A 方案原始投资为 1 500 000元，1 ~5 年每年的净现金流量为 326 700 元；B 方案的原始投资额为 1 400 000万元，1 ~5 年每年的净现金流量为 300 000 元。行业基准折现率为 10%。

要求：(1)计算差量净现金流量 ΔNCF。

(2)计算差额内部收益率 ΔIRR。

(3)用差额内部收益率法决策。

解：(1)差量净现金流量：

$$\Delta NCF_0 = -1\ 500\ 000 - (-1\ 400\ 000) = -100\ 000\text{ 元}$$

$$\Delta NCF = 326\ 700 - 300\ 000 = 26\ 700\text{ 元}$$

(2)差额内部收益率：

$$(P/A, \Delta IRR, 5) = \frac{100\ 000}{26\ 700} = 3.745\ 3$$

查年金现值系数表可知：

$i = 10\%$ 时，对应的年金现值系数为 3.790 8

$i=12\%$时，对应的年金现值系数为3.604 8

故所求差额内部收益率(ΔIRR)介于10%～12%之间，用内插法求得：

$$\Delta IRR = 10\% + \frac{3.790\,8 - 3.745\,3}{3.790\,8 - 3.604\,8} \times (12\% - 10\%) = 10.49\%$$

(3)用差额内部收益率法决策：

由于$\Delta IRR > 10\%$，所以A项目优于B项目。

3. 投资额、项目计算期均不同的互斥方案决策

投资额、项目计算期均不同的互斥方案决策，通常采用的方法为年等额净回收额法和计算期统一法。

(1)年等额净回收额法：

所谓年等额净回收额法，是指通过比较所有方案的年等额净回收额指标的大小来选择最优决策方案的决策方法。在此法下，年等额净回收额最大的方案为优。其计算公式如下：

$$年等额净回收额 = 净现值 \div 年金现值系数$$

【例6-16】某公司准备投资一条新流水线，现在有两个方案可供选择。A方案的原始投资为1 000万元，项目计算期为12年，净现值为900万元；B方案的原始投资为800万元，项目计算期为11年，净现值为800万元。行业基准折现率为9%，要求：按年等额净回收额法进行决策分析。

解：A方案的年等额净回收额 = $NPV_A/(P/A,9\%,12)$ = 900/7.160 7 = 125.69(万元)

B方案的年等额净回收额 = $NPV_B/(P/A,9\%,11)$ = 800/6.805 2 = 117.56(万元)

A方案的年等额净回收额大于B方案，故应选择A方案。

(2)计算期统一法：

计算期统一法是指通过对计算期不相等的多个互斥方案选定一个共同的计算分析期，以满足时间可比性的要求，进而根据调整后的评价指标来选择最优方案的方法，该法又包括方案重复法和最短计算期法两种具体处理方法。

方案重复法是将各方案计算期的最小公倍数作为比较方案的计算期，进而调整有关指标并据以进行多方案比较决策的一种方法。

最短计算期法是指在将所有方案的净现值均还原为年等额净回收额的基础上，再按照最短的计算期来计算出相应的净现值，进而根据调整后的净现值指标进行多方案比较决策的一种方法。

【任务实施：三】

根据已知资料，针对宏泰公司2015年投资新生产线情况，确定是否进行投资。(假定企业基准折现率12%，投资收益率为15%)

假如宏泰公司还可以选择另外一个新生产线进行投资——钢木复合门，但由于公司资金比较紧张，只能选择其中一条生产线进行投资。钢木复合门生产线具体情况为：原始投资额1 800万元，项目计算期为10年，经测算，项目净现值为500

万元。(说明:运用年等额净回收额法进行决策)

请完成下列任务,填写投资项目决策分析表6-9。

表6-9　宏泰公司生产线投资项目决策分析表

2015年度

<table>
<tr><th colspan="2">方案</th><th>计算过程</th><th>投资决策</th></tr>
<tr><td rowspan="2">独立方案</td><td>静态指标</td><td></td><td rowspan="2"></td></tr>
<tr><td>动态指标</td><td></td></tr>
<tr><td rowspan="2">互斥方案</td><td>方案一:
实木复合门</td><td></td><td rowspan="2"></td></tr>
<tr><td>方案二:
钢木复合门</td><td></td></tr>
</table>

【拓展领域】

多个方案组合排队的投资决策

如果一组方案既不属于相互独立,又不属于相互排斥,而是可以实现任意组合或排队,则这些方案被称作组合或排队方案,其中又包括先决方案、互补方案和不完全互斥方案等形式。在这种方案决策中,除了要求首先评价所有方案的财务可行性,淘汰不具备财务可行性的方案外,还需要衡量不同组合条件下的有关评价指标的大小,从而作出最终决策。

这类决策分两种情况:

(1)在资金总量不受限制的情况下,可按每一项目的净现值(*NPV*)大小排队,确定优先考虑的项目顺序。

(2)在资金总量受到限制时,则需按净现值率(*NPVR*)或获利指数(*PI*)的大小,结合净现值(*NPV*)进行各种组合排队,从中选出累计净现值最大的最优组合。

总之,在主要考虑投资效益的条件下,多方案比较决策的主要依据就是能否保证在充分利用资金的前提下,获得尽可能多的净现值总量。

例:A、B、C、D、E五个投资项目为非互斥方案,有关原始投资额、净现值、净现值率和内部收益率数据见表6-10所示。

表6-10　各投资项目评价指标情况表

项目	原始投资额	净现值	净现值率	内部收益率
A	300	120	0.4	20%
B	200	50	0.25	21%

续表

项目	原始投资额	净现值	净现值率	内部收益率
C	200	100	0.5	40%
D	100	20	0.20	25%
E	100	28	0.28	30%

要求:分别就以下不相关情况作出多方案组合决策:

(1)投资总额不受限制;

(2)投资总额最大限度为500万元。

解答:按照各方案净现值率的大小排序,并计算累计原始投资额和累计净现值数据。其结果见表6-11所示。

表6-11 各投资项目净现值率排队情况表

顺序	项目	净现值率	原始投资额	累计原始投资额	净现值
1	C	0.5	200	200	100
2	A	0.4	300	500	120
3	E	0.28	100	600	28
4	B	0.25	200	800	50
5	D	0.20	100	900	20

(1)当投资总额不受限制或限额大于或等于900万元时,最佳投资组合方案为A+C+B+E+D。

(2)投资总额受到限制时,计算限额内各投资组合的净现值:

C+A=220(万元)

C+E+B=178(万元)

C+B+D=170(万元)

A+B+D=190(万元)

A+E+D=168(万元)

以上在限额内的各个组合净现值合计最大的是C+A,净现值为220万元,故C+A组合为最优组合。

【技能训练】

一、选择题:

1. 某公司新建一条生产线,预计投产后第一年末、第二年末流动资产分别为40万元和50万元,结算性流动负债分别为15万元和20万元,则第二年新增的营运资金是(　　)万元。

A. 5　　B. 15　　C. 20　　D. 30

2. 已知某投资项目的固定资产投资为 2 000 万元，无形资产为 200 万元。预计投产后第 3 年的营运成本为1 000万元，同年的折旧额为 200 万元、无形资产摊销额为 40 万元，则投产后第 3 年用于计算营业现金净流量的付现营运成本为(　　)万元。

A. 1 300　　B. 760　　C. 700　　D. 300

3. 某企业拟进行一项固定资产投资项目决策，设定贴现率为 12%，有 4 个方案可供选择。其中甲方案的项目计算期为 10 年，净现值为 100 万元，10 年期、贴现率为 12% 的投资回收系数为 0.177；乙方案的现值指数为 0.85；丙方案的项目计算期为 11 年，其年金净流量为 150 万元；丁方案的内含报酬率为 10%。最优的投资方案是(　　)。

A. 甲方案　　B. 乙方案　　C. 丙方案　　D. 丁方案

4. 在一般投资项目中，当一项投资方案的净现值等于零时，即表明(　　)。

A. 该方案的年金净流量大于0

B. 该方案动态回收期等于0

C. 该方案的现值指数大于1

D. 该方案的内含报酬率等于设定贴现率

5. 对于单一项目来说，下列(　　)说明该项目是可行的。

A. 方案的实际报酬率高于所要求的报酬率

B. 方案的实际投资报酬率低于所要求的报酬率

C. 方案的年金净流量小于0

D. 净现值是负数

6. 下列各项因素中不会影响年金净流量的大小的是(　　)。

A. 每年的现金流量　　B. 折现率

C. 原始投资额　　D. 投资的实际报酬率

7. 已知某投资项目按 10% 贴现率计算的净现值大于零，按 12% 贴现率计算的净现值小于零，则该项目的内含报酬率肯定(　　)。

A. 大于 10%，小于 12%　　B. 小于 10%

C. 等于 11%　　D. 大于 12%

8. 已知某投资项目的原始投资额为 100 万元，投资期为 2 年，投产后第 1 ~ 3 年每年 $NCF=25$ 万元，第 4 ~ 10 年每年 $NCF=20$ 万元。则该项目包括投资期的静态回收期为(　　)。

A. 4.25 年　　B. 6.25 年　　C. 4 年　　D. 5 年

9. 静态回收期相对于动态回收期的缺点是(　　)。

A. 如果各方案的原始投资额不相等，有时无法做出正确的决策

B. 不能对寿命期不同的互斥方案进行决策

C. 忽视时间价值,不能较为准确地计算投资经济效益

D. 难以理解

10. 在下列评价指标中,未考虑货币时间价值的是(　　)。

A. 净现值　　B. 内部收益率　　C. 获利指数　　D. 回收期

11. 如果某投资项目的相关评价指标满足以下关系:$NPV>0$,$NPVR>0$,$PI>1$,$IRR>i$,$PP>n/2$,则可以得出的结论是(　　)。

A. 该项目基本具备财务可行性

B. 该项目完全具备财务可行性

C. 该项目基本不具备财务可行性

D. 该项目完全不具备财务可行性

12. 如果某投资项目完全具备财务可行性,且其净现值指标大于零,则可以断定该项目的相关评价指标同时满足以下关系:(　　)。

A. 获利指数大于1

B. 净现值率大于等于零

C. 内部收益率大于基准折现率

D. 包括建设期的静态投资回收期大于项目计算期的一半

13. 某投资项目的项目计算期为5年,净现值为10 000万元,行业基准折现率10%,5年期、折现率为10%的年金现值系数为3.790 8,则该项目的年等额净回收额约为(　　)万元。

A. 2 000　　B. 2 638　　C. 37 910　　D. 50 000

14. 在项目计算期不同的情况下,能够应用于多个互斥投资方案比较决策的方法有(　　)。

A. 差额投资内部收益率法　　B. 年等额净回收额法

C. 最短计算期法　　D. 方案重复法

15. 在利用下列指标对同一方案财务可行性进行评价时,评价结论一定是相同的有(　　)。

A. 净现值　　B. 静态投资回收期

C. 内部收益率　　D. 投资收益率

16. 在财务管理中,将企业为使项目完全达到设计生产能力、开展正常经营而投入的全部现实资金称为(　　)。

A. 投资总额　　B. 现金流量　　C. 建设投资　　D. 原始总投资

17. 关于项目投资,下列说法不正确的有(　　)。

A. 投资内容独特,投资数额多,投资风险小

B. 项目计算期 = 建设期 + 达产期

C. 达产期 = 运营期 - 试产期

D. 达产期指的是投产日至达产日的期间

18. 如果其他因素不变，一旦折现率提高，则下列指标中其数值将会变小的是（　　）。

A. 净现值率　　B. 净现值　　C. 内部收益率　　D. 获利指数

19. 某投资项目在建设期内投入全部原始投资，该项目的获利指数为1.25，则该项目的净现值率为（　　）。

A. 0.25　　B. 0.75　　C. 0.125　　D. 0.8

20. 下列各项中，不属于投资项目的现金流出量的是（　　）。

A. 建设投资　　B. 垫支流动资金

C. 固定资产折旧　　D. 经营成本

21. 在考虑所得税因素以后，能够计算出营业现金流量的公式有（　　）。

A. 营业现金流量 = 税后收入 − 税后付现成本

B. 营业现金流量 = 收入 ×（1 − 税率）− 付现成本 ×（1 − 税率）+ 折旧 × 税率

C. 营业现金流量 = 税后净利 + 折旧

D. 营业现金流量 = 营业收入 − 付现成本 − 所得税

二、判断题：

1. 投资项目的付现营运成本不应包括营业期内固定资产折旧费、无形资产摊销费和财务费用。（　　）

2. 某项目需固定资产投资100万元，建设期为1年，需垫支流动资金12万元，资本化利息为2万元，投产后每年的净现金流量均为30万元，则包括建设期的静态投资回收期为4.8年。（　　）

3. 在全投资假设条件下，从投资企业的立场看，企业取得借款应视为现金流入，而归还借款和支付利息则应视为现金流出。（　　）

4. 不考虑时间价值的前提下，投资回收期越短，投资获利能力越强。（　　）

5. 如果项目的净现值大于0，则净现值率一定大于0，获利指数也一定大于0。（　　）

6. IRR的计算本身与计算净现值用的折现率高低无关。（　　）

7. 某一投资方案按10%的贴现率计算出净现值大于零，说明该方案的内含报酬率大于10%。（　　）

三、计算题：

1. 企业投资设备一台，设备买价为1 200 000元，在项目开始时一次投入，项目建设期为2年。设备采用直线法计提折旧，净残值率为8%。设备投产后，可经营8年，每年可增加产品产销4 200件，每件售价为150元，每件单位变动成本80元，但每年增加固定性经营成本81 500元。企业所得税率为30%。分别计算：①项目计算期；②固定资产折旧额；③经营期的年净利润；④建设期、经营期的每年净现金流量。

2. 某投资项目建设期2年，在建设期初设备资金100万元，在第二年初投入设备资金50万元,在建设期末投入流动资金周转50万。项目投产后,经营期8年,每年可增加销售产品32 000件,每件单价120元,每件经营成本60元。设备采用直线折旧法,期末有8%的净残值。企业所得税率为33%,资金成本率为18%。要求:计算该投资项目的净现值并决策该投资项目是否可行。

3. 企业投资某设备投入资金400 000元,在建设期初一次投入。项目建设期2年,经营期8年。投产后每年经营收入324 000元,每年经营成本162 000元。设备采用直线法折旧,期末有4%的净残值。企业所得税率为35%,行业基准收益率为16%。要求计算:①该投资项目的净现值;②企业投资项目的内部报酬率;③决策该投资项目是否可行。

4. 甲公司为一投资项目拟定了甲、乙两个方案,请您帮助做出合理的投资决策,相关资料如下:

(1)甲方案原始投资额在建设期起点一次性投入,项目计算期为6年,净现值为19.8万元。

(2)乙方案原始投资额为100万元,在建设期起点一次性投入,项目计算期为4年,建设期为1年,经营期每年的净现金流量均为50万元。

(3)该项目的折现率为10%。

要求:

(1)计算乙方案的净现值;

(2)用年等额净回收额法做出投资决策。

任务二　证券投资

【任务目标】

知识目标：

- 理解证券投资的目的及特点
- 掌握证券投资价值及到期收益率的计算

能力目标：

- 识别证券投资风险、计算证券的价值和到期收益率
- 能够利用所学知识进行证券投资实务操作

【任务引入】

宏泰公司召开董事会，决定分别将500万元和300万元留存收益投资债券和股票，债券和股票各选一只，其分别是：

1. 三峡债券和高铁债券相关信息如下：

三峡债券面值为1 000元，每年的票面利率为9%，每年付息一次，5年期，当前该债券的市场价格为980元；

高铁债券面值为2 000元，每年的票面利率9%，到期一次还本付息，不计复利，5年期，当前该债券的市场价格为1 700元；

债券的必要报酬率为10%。

2. 长虹股份和海尔股份两只股票相关信息如下：

长虹股份预计未来3年高速增长，年增长率为20%，在此之后转为正常增长，年增长率为5%，目前该股票的价格为45元，股利为1.5元；

海尔股份目前的股利为2元，预计年增长率为7%，该股票的价格为40元；

普通股投资的必要收益率为12%。

证券投资是指投资者购买股票、债券、基金等有价证券以及有价证券的衍生品，以获取收益的一种投资行为，是间接投资的重要形式。

企业进行证券投资的目的主要有以下几个方面：

第一，有效地利用资金。企业在经营过程中，有时出现资金短缺，有时出现资金闲置。当现金流入量超过流出量时，资金被闲置，现金是一种不会生利的资产，企业可以将闲置资金投资于有价证券以获取收益。当现金流出量超过流入量时，企业可能会由于资金短缺而遭受损失，此时，可以通过有价证券变现来弥补所需的现金。因而，通过证券投资，一方面可以取得收益，提高资金使用效益；另一方面可以提高资产的流动性，增强企业偿债能力。

第二,满足企业扩张需要,增强企业竞争能力。企业通过持有某一公司一定量的股份可以达到影响甚至控制该公司的目的。企业在发展的过程中,可以通过在证券市场上购进其他企业发行的有价证券,从而实现不断扩张的目的。这种投资方式比实物投资更快捷、更方便。

第三,分散资金投向,降低投资风险。企业将资金分成内部经营投资和对外证券投资两个部分,可实现企业经营的多元化,能够有效地分散投资风险。

证券投资的基本程序如下:①开户。证券开户就是到证券公司开立股东账户,进行股票买卖。②合理选择投资对象,委托买卖。企业在证券交易所开户后,即可向证券商发出委托代理买卖证券的指令。委托指令一般包括四项内容:交易证券的名称、委托价格、证券交易数量、委托有效期。③清算与交割。证券的清算与交割是一笔证券交易达成后的后续处理,是价款结算和证券交收的过程。④过户。证券过户是指证券的所有者向新所有者转移有关证券全部权利的记录行为。证券过户是完成证券交易的最后程序。

目前,金融市场上的证券有很多种类,证券投资主要包括:债券投资、股票投资、基金投资、期权投资、期货投资、证券组合投资等。下面主要介绍债券投资和股票投资。

一、债券投资

(一)债券投资的目的及特点

1. 债券投资的目的

债券投资是指企业将资金投向其他企业发行的债券的投资活动。企业进行短期债券投资的目的主要是为了配合企业对资金的需求,调节现金余额,使现金余额保持合理水平。当企业现金余额太多时,便投资于债券,使现金余额降低;反之,当现金余额太少时,则出售原来投资的债券,收回现金,使现金余额提高。企业进行长期债券投资的目的主要是为了获得稳定的收益。

2. 债券投资的特点

(1)安全性高。由于债券发行时就约定了到期后偿还本金和利息,故其收益稳定、安全性高。特别是对于国债及有担保的公司债、企业债来说,几乎没有什么风险,是具有较高安全性的一种投资方式。此外,在企业破产时,债券投资者有优先于股票持有者对企业剩余资产的索取权。

(2)收益稳定。投资于债券,投资者一方面可以获得稳定的利息收入,另一方面可以利用债券价格的变动,买卖债券,赚取价差。

(3)流动性强。债券的流动性是指债券具有可及时转化为货币资金的能力。一般来说,上市债券具有较好的流动性。当债券持有人急需资金时,可以在交易市场随时卖出,而且随着金融市场的进一步开放,债券的流动性将会不断加强。

（二）债券的价值评估

债券价值也称为债券的内在价值，是指投资者进行债券投资预期可获得的现金流入的现值。债券的现金流入主要包括利息和到期收回的本金或出售时获得的现金两部分。只有债券的购买价格低于债券价值时，才值得购买。

债券价值计算的基本模型：

$$P = \sum_{j=1}^{n} \frac{I_j}{(1+k)^j} + \frac{F}{(1+k)^n}$$

其中：P 为债券的价值；I_j为每年支付的债券利息额；F 为债券到期偿还的价值，通常是债券的票面面额；K 为贴现率，通常采用市场利率或投资者期望报酬率；n 为债券到期年限。

在实际中，常见的债券有：分期付息、到期还本债券，一次还本付息且单利计息债券以及贴现发行的债券。下面主要介绍这几种债券价值的确定方法。

1. 分期付息、到期还本债券价值的确定

常见的债券是分期付息、到期还本的债券，这种债券的债券价值等于债券利息收入的年金现值与该债券到期收回本金的现值之和，其计算公式如下：

$$P = F \times (P/F,K,n) + I \times (P/A,K,n)$$

【例 6－17】某公司欲购买一张面值为 1 000 元、票面利率为 8%、每年付息一次、5 年到期的债券。若该公司要求的最低投资收益率为 10%，问该债券目前市价为多少时公司才能进行投资。

解：
$$\begin{aligned} P &= 1\,000 \times (P/F,10\%,5) + 1\,000 \times 8\% \times (P/A,10\%,5) \\ &= 1\,000 \times 0.620\,9 + 80 \times 3.790\,8 \\ &= 924.16(\text{元}) \end{aligned}$$

当该债券市价低于 924.16 元时，才能进行投资。

2. 一次还本付息且单利计息债券价值的确定

到期一次还本付息的债券价值等于债券利息收入与到期收回本金之和的现值，其计算公式如下：

$$P = (F + F \times i \times n) \times (P/F,K,n)$$

其中：i 表示债券票面利率。

【例 6－18】A 公司欲购买 B 公司发行的利随本清、不计复利的债券。该债券面值为 1 000 元，5 年期，票面利率为 10%，当前市场利率为 8%。若该债券目前发行价格为 1 015 元，问 A 公司应否购买该债券。

解：
$$\begin{aligned} P &= (1\,000 + 1\,000 \times 10\% \times 5) \times (P/F,8\%,5) \\ &= 1\,500 \times 0.680\,6 \\ &= 1\,020.90(\text{元}) \end{aligned}$$

该债券价值为 1 020.90 元，大于目前市价 1 015 元，所以 A 公司可以投资。

3. 贴现发行的债券价值的确定

目前,我国有些债券采用贴现方式发行,没有票面利率,到期按面值偿还,这种债券价值的计算公式为:

$$P = F \times (P/F, K, n)$$

【例 6 - 19】某债券面值为 2 000 元,期限为 5 年,以贴现方式发行,期内不计利息,到期按面值偿还,若企业要求的投资收益率为 8%,问其价格为多少时,企业才能购买?

解:

$$\begin{aligned} P &= 2\ 000 \times (P/F, 8\%, 5) \\ &= 2\ 000 \times 0.680\ 6 \\ &= 1\ 361.20(\text{元}) \end{aligned}$$

当该债券价格低于 1 361.20 元时,企业才能购买。

总的来说,影响债券价值有两个方面的因素:

一方面是内在因素,包括债券期限、票面利率、提前赎回规定、税收待遇、流动性(二级市场的活跃程度)、信用级别等:①债券期限。债券的期限越长,投资者要求的收益率也就越高,债券的内在价值也越低。②票面利率。票面利率越低,债券价格的易变性也就越大,债券的内在价值也越低。③提前赎回规定。具有较高的提前赎回可能性的债券应具有较高的票面利率,其内在价值相对较低。④税收待遇。免税债券的收益率比类似应纳税债券的收益率低,前者的债券内在价值比后者要高。⑤流动性。流动性好的债券与流动性差的债券相比,前者具有较高的内在价值。⑥信用级别。信用级别越低的债券,投资者要求的收益率越高,债券的内在价值也就越低。

另一方面就是外在因素,包括基准利率、市场利率风险(波动程度)、通货膨胀水平等因素:①基准利率。当基准利率提高时,投资者预期的收益率会相应提高,原因是投资者的预期收益由两部分构成,一部分是无风险收益,另一部分是风险溢价。基准利率的提高直接提高了无风险收益,不考虑其他影响,投资者的预期收益率也会相应提高。所以投资者对债券的投资价值评估就会调低。②市场利率风险。在市场总体利率上升时,债券的收益率水平也应上升,从而使债券的内在价值降低;反之,在市场总体利率水平下降时,债券的收益率水平也应下降,从而使债券的内在价值增加。③通货膨胀水平。通货膨胀的存在使投资者从债券投资中实现的收益不足以抵补由于通货膨胀造成的购买力损失,这些损失的可能性都必然在债券的定价中得到体现,使债券的到期收益率增加,债券的内在价值降低。

【任务实施:一】

根据已知资料,帮助宏泰公司分析债券投资方案,并加以选择。请完成下列任务,填写表 6 - 12。

表 6-12 宏泰公司债券投资方案计算表

2015 年度

方案	债券价值计算
三峡债券	
高铁债券	
结论	

二、股票投资

(一)股票投资的目的及特点

1. 股票投资的目的

股票投资是指企业将资金投向其他企业发行的股票,借以获得收益的行为。

企业股票投资的目的主要有两个:一是获利,股票投资的收益是由“收入收益”和“资本利得”两部分构成的。收入收益是指股票投资者以股东身份,按照持股的份额,在公司盈利分配中得到的股息和红利的收益。资本利得是指投资者在股票价格的变化中所得到的收益,即将股票低价买进,高价卖出所得到的差价收益。二是控股,即通过大量购买某一企业的股票达到控制该企业的目的。

2. 股票投资的特点

(1)可参与企业的经营决策。股票投资是一种权益性投资,股票是代表所有权的凭证,股票投资者作为股东有权出席股东大会,选举公司董事会,参与公司重大决策。股票持有者的投资意志和享有的经济利益,通常是通过行使股东参与权来实现的。

(2)投资风险大。股票是一种无偿还期限的有价证券,投资者一旦买入某一公司的股票,投资者就不能中途向公司退股,抽回投资,只能到二级市场转让给第三者。从期限上看,只要公司存在,它所发行的股票就存在,股票的期限等于公司存续的期限。因此,股票投资至少面临两个方面的风险,一是股票发行公司经营不善所形成的风险,二是股票市场价格变动所形成的价差损失风险。

(3)收益率高,但收益不稳定。股票的收益性是与股票的风险性相对应的。股票作为一种收益不固定的证券,其收益主要受发行公司的经营状况和盈利水平的影响,其收益一般高于债券,相对于债券而言,其收益的稳定性较差。

(二)股票的价值评估

股票的价值又称股票的内在价值,是进行股票投资所获得的未来现金流入的现值。股票的内在价值由一系列的每期预期股利收入和将来出售股票时售价收入的现值所构成,通常当股票的价值高于现行股票价格时,才值得购买。

在现实中,投资者购入股票的目的不一样,有些投资者是短期投资,其目的主要为了获取短期收益,而有些投资者为了控制被投资公司而长期持有股票。

1. 短期持有的股票内在价值

短期持有的股票内在价值的现金流入由持有期间的股利收入和售出股票收入两个部分组成。其股票价值计算的基本模型如下:

$$P=\frac{D_1}{(1+R)^1}+\frac{D_2}{(1+R)^2}+\cdots+\frac{D_t}{(1+R)^t}\cdots+\frac{P_n}{(1+R)^n}$$

$$=\sum_{t=1}^{n}\frac{D_t}{(1+R)^t}+\frac{P_n}{(1+R)^n}$$

其中:P 为股票的内在价值,D_t为每年的股利,R 为贴现率(投资者期望报酬率,通常采用市场利率),P_n为预期 n 年后股票的市价。

【例 6-20】某公司的股票市价为 9 元,预计第一年股利为 1 元,第二年股利为 1.2 元,第三年股利为 1.5 元,持有 3 年后出售的预计售价为 10 元,投资者期望报酬率为 12%。要求:计算该股票的价值。

解:$P=1\times(P/F,12\%,1)+1.2\times(P/F,12\%,2)+1.5\times(P/F,12\%,3)+10\times(P/F,12\%,3)$

$=1\times0.8929+1.2\times0.7972+1.5\times0.7118+10\times0.7118$

$=10.04$(元)

计算结果表明,此公司股票价值为 10.04 元,高于其股票市价,值得投资。

2. 长期持有的股票内在价值

长期持有的股票内在价值的现金流入是各年的股利收入,其股票价值计算的基本模型如下:

$$P=\frac{D_1}{(1+R)^1}+\frac{D_2}{(1+R)^2}+\cdots+\frac{D_t}{(1+R)^t}\cdots=\sum_{t=1}^{n}\frac{D_t}{(1+R)^t}$$

常见的几种股利有:零增长股利、固定增长股利和非固定增长股利。

(1)零增长股利股票价值的确定:

零增长股利股票是指该股票每年的股利发放金额都固定,即 $D_1=D_2=D_3\cdots=D_n$则股利支付过程是一个永续年金。这种情况的股票价值的计算公式为:

$$P=\frac{D}{R}$$

【例 6-21】某公司每年分配优先股固定股利为 1.5 元,最低报酬率为 10%。要求:计算该股票的内在价值。

解：

$$P = \frac{D}{R} = \frac{1.5}{10\%} = 15(\text{元})$$

在实际中，优先股股利基本每年都是固定的。所以，零增长股利股票价值的计算方法非常适合计算优先股股票的价值。

（2）固定增长股利股票价值的确定：

由于企业的不断发展，大多数公司的盈余和股利并非固定不变，因而股票的股利也是在变化的。固定增长股利股票是指股票每年股利按一定的比例稳定上升。这种股票的内在价值的计算公式为：

$$P = \frac{D_0(1+G)}{R-G} = \frac{D_1}{R-G}$$

其中：D_0为上年股利，D_1为本年股利，G为股利增长率。

【例 6－22】某公司的股票本年每股股利为 2 元，预计以后每年以 3% 的增长率增长，投资者期望的报酬率为 8%。要求：计算股票的内在价值。

解：

$$P = \frac{D_1}{R-G} = \frac{2}{8\% - 3\%} = 40(\text{元})$$

当该公司股票价格为 40 元以下时，投资者才会购买该股票。

（3）非固定增长股利股票价值的确定：

在现实生活中，任何企业的股利都不可能是绝对固定或稳步增长的。实际上，企业的股利政策会随着企业不同的发展阶段而不断变化，如在发展初期可能不发股利，在快速发展阶段采取固定增长股利政策，在稳定发展阶段采取零增长股利政策等，即这种公司股票属于非固定增长股利股票。在这种情况下，股票的内在价值需要分阶段计算才能确定。

【例 6－23】某公司预计未来 3 年高速发展，上年股利 D_0为 2 元，年增长率为 20%，以后转为正常增长，年增长率 5%，投资者期望报酬率 15%。要求：计算股票内在价值。

解：首先，计算前 3 年的股利现值，如表 6－13 所示：

表 6－13

年份	股利（D_t）	复利现值系数（15%）	现值
1	2×（1＋20%）＝2.4	0.869 6	2.09
2	2.4×（1＋20%）＝2.88	0.756 1	2.18
3	2.88×（1＋20%）＝3.456	0.657 5	2.27
合计	—	—	6.54

第二步：计算第三年底股票价值：

$$P'_3 = \frac{D_4}{R-G} = \frac{3.456\times(1+5\%)}{15\% - 5\%} = 36.29(\text{元})$$

计算第三年底股票价值的现值：

$$P_3 = \frac{36.29}{(1+15\%)^3} = 23.86(元)$$

第三步：将上述两步计算的现值相加，即可得出该公司股票的内在价值：

$$P = 6.54 + 23.86 = 30.40(元)$$

即只有该公司股票的市价在30.40元以下时，该公司股票才值得购买。

【任务实施：二】

根据已知资料，帮助宏泰公司分析股票投资方案，并加以选择。请完成下列任务，填写表6-14。

表6-14 宏泰公司股票投资筹资方案计算表

2015年度

方案	股票价值计算
长虹股份	
海尔股份	
结论	

【拓展领域】

基金投资

（一）基金投资的含义

基金投资是一种间接的证券投资方式。基金管理公司通过发行基金份额，集中投资者的资金，由基金托管人托管，基金管理人管理和运用资金，从事股票、债券等金融工具投资，然后共担投资风险、分享收益。其本质就是“受人之托，代人理财”。

国际经验表明，基金对引导储蓄资金转化为投资，稳定和活跃证券市场，提高直接融资的比例，完善社会保障体系，完善金融结构具有极大的促进作用。世界上不同国家和地区对证券投资基金的称谓有所不同。证券投资基金在美国被称为“共同基金”，在英国和我国香港特别行政区被称为“单位信托基金”，在欧洲一些国家被称为“集合投资基金”或“集合投资计划”，在日本和我国台湾地区则被称为“证券投资信托基金”。

（二）基金投资的种类

1. 契约型、公司型投资基金

按组织形式和法律地位来分类，证券基金基本有两种类型，即契约型和公司型

(1)契约型投资基金。契约型投资基金也称信托型投资基金，在组织上是指

按照信托契约原则，通过发行带有受益凭证性质的基金证券而形成的证券投资基金组织。该类基金一般由基金管理人、托管人及收益人三方订立信托契约，规定当事人各自的权利义务。

(2)公司型基金。公司型证券投资基金，简称公司型基金，在组织上是指按照公司法(或商法)规定所设立的、具有法人资格并以营利为目的的证券投资基金公司(或类似法人机构)；在证券上是指由证券投资基金公司发行的证券投资基金证券。

2. 封闭型、开放型投资基金

按运作和变现方式分类，证券投资基金可分为封闭型基金和开放型基金

(1)封闭型投资基金。封闭型证券投资基金，可简称为封闭式基金，又称为固定式证券投资基金，是指基金的预定数量发行完毕，在规定的时间(也称"封闭期")内基金资本规模不再增大或缩减的证券投资基金。

由于封闭型投资基金的股票及受益凭证不能被追加、认购或赎回，投资者只能通过证券经纪商在证券交易所进行基金的买卖，因此有人又称封闭型投资基金为公开交易共同基金。

封闭型投资基金的单位价格虽然以基金净资产价值为基础，但更多的是随证券市场供求关系的变化而变化，或高于基金净资产价值(溢价)或低于净资产价值(折价)，并不必然反映基金净资产价值。

(2)开放型投资基金。开放式证券投资基金，可简称为开放式基金，又称为变动式证券投资基金，是指基金的资本总额及持份总数不是固定不变的，而是可以随时根据市场供求状况发行新份额或被投资人赎回的投资基金。

开放式基金不上市交易，基金管理公司开设柜台交易，其交易价格由基金资产净值决定，不随行就市，每日由基金管理公司公布资产净值并据此确定投资者的申购价和赎回价，因此，基金份额不固定，净值也无法固定，价格也随时波动。基金管理公司须保留部分现金以备投资者赎回。

3. 股票、债券、货币市场、衍生证券投资基金

按照投资对象的不同，分为股票基金、债券基金、货币市场基金、衍生证券基金四类：股票基金以上市交易的股票为主要投资对象；债券基金以国债、企业债等固定收益类证券为主要投资对象；货币市场基金以短期国债、银行票据、商业票据等货币市场工具为主要投资对象；衍生证券基金以期货、期权等金融衍生证券为主要投资对象。

(三) 基金投资的价值与报价

1. 基金单位净值

基金单位净值也称为单位净资产价值或单位资产净值，基金单位净值是指在某一时点上，某一投资基金每份基金单位实际代表的价值。由于基金往往分散投资于证券市场的各种投资工具，如股票、债券等，这些资产的市场价格是不断变动

的，因而基金的价值取决于基金净资产的现在价值。其计算公式：

基金单位净值 = 基金净资产价值总额 / 基金单位总份额

其中：基金净资产价值总额 = 基金总资产价值 - 基金总负债价值

基金单位净值是评价基金业绩最基本和最直观的指标，它在封闭式基金的价值评估中占有重要的地位，同时也是开放式基金申购和赎回价格的基础。

2. 基金的报价

从理论上说，基金的价值决定了基金的价格，基金的交易价格是以基金单位净值为基础的，基金单位净值高，基金的交易价格也高。封闭式基金在二级市场上竞价交易，其交易价格由供求关系和基金业绩决定，围绕着基金单位净值上下波动。开放式基金的柜台交易价格则完全以基金单位净值为基础，通常采用两种报价形式：认购价（卖出价）和赎回价（买入价）。认购价一般是基金单位资产净值加5%左右的首次购买费，赎回价是基金券所代表的资产净值减去一定的赎回费。

基金认购价 = 基金单位净值 + 首次认购费

基金赎回价 = 基金单位净值 - 基金赎回费

【技能训练】

一、选择题：

1. 证券资产的持有目的是多元的，下列各项中不属于持有证券资产目的的是（　　）。

A. 谋取资本利得即为销售而持有　　B. 为未来积累现金即为未来变现而持有

C. 为消耗而持有　　D. 为取得其他企业的控制权而持有

2. 某公司发行5年期债券，债券的面值为1 000元，票面利率5%，每年付息一次，到期还本，投资者要求的必要报酬率为6%。则该债券的价值为（　　）元。

A. 784.67　　B. 769　　C. 1 000　　D. 957.92

3. 某种股票为固定成长股票，股利年增长率6%，预计第一年的股利为8元/股，无风险收益率为10%，市场上所有股票的平均收益率为16%，而该股票的β系数为1.3，则该股票的内在价值为（　　）元。

A. 65.53　　B. 67.8　　C. 55.63　　D. 71.86

4. 证券投资收益包括（　　）。

A. 证券交易的现价　　B. 证券交易的原价

C. 证券交易现价与原价的差　　D. 定期的股利或利息

5. 相对于股票投资来说，债券投资的缺点包括（　　）。

A. 市场流动性差　　B. 购买力风险大

C. 没有经营管理权　　D. 收入不稳定

6. 股票投资的优点包括（　　）。

A. 能获得较高的投资收益 B. 能适当降低购买力风险

C. 投资风险小 D. 拥有一定的经营控制权

7. 下列各项中,能够影响债券内在价值的因素有( )。

A. 债券的价格 B. 债券的计息方式

C. 当前市场利率 D. 票面利率

二、判断题:

1. 企业进行股票投资就是为了控制被投资企业。( )

2. 当投资者要求的收益率高于债券(指分期付息债券)票面利率时,债券的市场价值会低于债券面值;当投资者要求的收益率低于债券票面利率时,债券的市场价值会高于债券面值。( )

三、计算题:

1. 有一面值为1 000元的债券,票面利率为8%,每年支付一次利息,2011年5月1日发行,2016年5月1日到期。每年计息一次,投资的必要报酬率为10%,债券的市价为1 080元,问该债券是否值得投资。

2. 假定有一张面值为1 000元的公司债券,票面利率为10%,5年后到期。要求:

(1)若市场利率是12%,计算债券的价值。

(2)如果市场利率为10%,计算债券的价值。

(3)如果市场利率为8%,计算债券的价值。

3. 某公司发行公司债券,面值为1 000元,票面利率为10%,期限为5年。已知市场利率为8%。要求计算并回答下列问题:

(1)债券为按年付息、到期还本,发行价格为1 020元,投资者是否愿意购买?

(2)债券为单利计息、到期一次还本付息债券,发行价格为1 010元,投资者是否愿意购买?

(3)债券为贴现债券,到期归还本金,发行价为700元,投资者是否愿意购买?

4. A企业计划进行长期股票投资,企业管理层从股票市场上选择了两种股票:甲公司股票和乙公司股票,A企业只准备投资一家公司股票。已知甲公司股票现行市价为每股6元,上年每股股利为0.2元,预计以后每年以5%的增长率增长。乙公司股票现行市价为每股8元,每年发放的固定股利为每股0.6元。A企业所要求的投资必要报酬率为8%。

要求:利用股票估价模型,分别计算甲、乙公司股票价值并为A企业作出股票投资决策。

情境五　营运资金管理决策

☆海尔集团自1984年创立以来，坚持创业和创新精神创世界名牌，已经从一家濒临倒闭的集体小厂发展成为全球拥有8万多名员工、2014年营业额为2007亿元的全球化集团公司。早在20世纪80年代，海尔就意识到了“现金利润”对企业持续健康发展的重要性，并经过多年的摸索与实践，逐步贯彻落实“现金利润”战略。海尔通过一些具体的营运资金管理措施来实现该战略：

1. 库存管理：从企划产品到企划市场，真正以客户需求为产品设计导向，实现销售模式创新，帮助客户建立“勤进快销”系统，以客户成长及双赢为目标。

2. 应收管理：制定全球统一的应收交易规范准则和信用管理体系，严格管控应收账款的风险。

3. 供应链管理：对供应商进行全面管理，如资源集中（寻源集中、采购集中）管理；实施模块化采购等，和供应商实现双赢。

☆经调查发现，财务经理在营运资金管理上所花费的时间达到60%。为何营运资金对企业如此重要呢？我们将通过以下的学习找到答案。

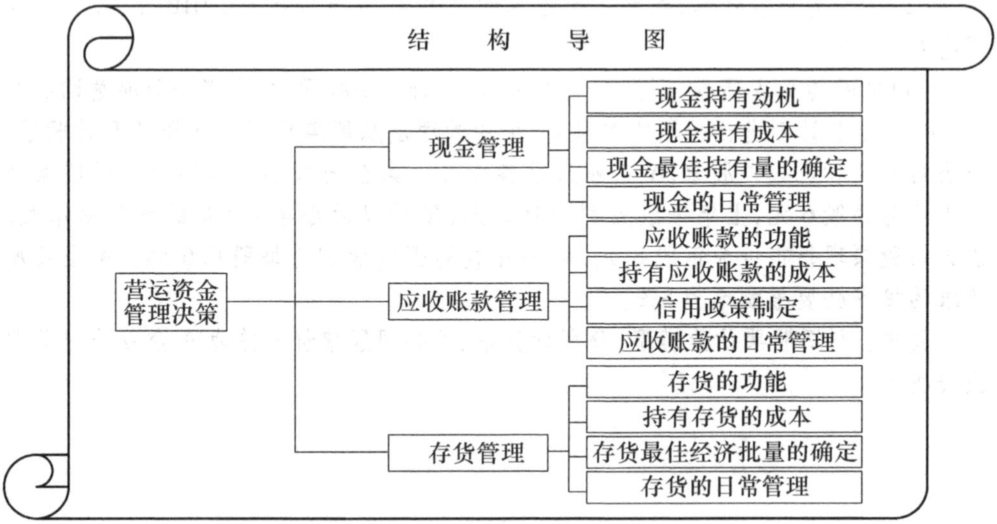

企业要维持正常的运转就必须要拥有适量的营运资金。营运资金是企业资金结构中最具活力的部分，营运资金的运转效率很大程度上决定了企业的生存与发展。

一、营运资金的概念

营运资金也称营运资本，是指在企业生产经营活动中占用在流动资产上的资金。营运资金有广义和狭义之分，广义的营运资金又称总营运资本，是指一个企业投放在流动资产上的资金总额，具体包括现金、有价证券、应收账款、存货等占用的资金，它反映一个经营周期内各种活动所需的投资，是一个具体的概念，可以用公式表示为：总营运资本 = 流动资产（总额）；狭义的营运资金又称为净营运资本，是指企业流动资产减去流动负债后的余额，它是一个抽象的概念，不是特指某一项资产，但它是判断和分析企业流动资金运作状况和财务风险程度的重要依据，可以用公式表示为：净营运资本 = 流动资产 - 流动负债。

二、营运资金的特点

为了有效地管理企业的营运资金，必须研究营运资金的特点，以便有针对性地进行管理。营运资金一般具有如下特点：

第一，周转期短。企业的营运资金周转速度快，周转期较短，通常会在一年或一个营业周期内收回。根据这一特点，营运资金可以用商业信用、银行短期借款等短期筹资方式来加以解决。

第二，变现性强。非现金形态的营运资金如存货、应收账款、短期有价证券等流动资产一般具有较强的变现能力，如果遇到意外情况，企业出现资金周转不灵、现金短缺时，便可迅速变卖这些资产，以获取现金。这一点对企业应付临时性的资金需求具有重要意义。

第三，形态波动大。企业的流动资产表现为货币资金、储备资金、生产资金和成品资金等多种形式，其数量也会随企业内外条件的变化而变化，时高时低，波动很大，不同时期具有不同的存在形式和不同使用量。因而，企业应根据营运资金波动情况，尽可能使流动资产的变动与企业的生产经营波动保持一致，随时调整其数量。

第四，来源灵活。营运资金的需求问题既可通过长期筹资方式解决，也可通过短期筹资方式解决。仅短期筹资就包括银行短期借款、短期融资、商业信用、票据贴现等多种方式。

三、营运资金的管理政策

企业营运资金在全部资金中占有相当大的比重，而且周转期短，形态易变，是企业财务管理工作的一项重要内容。就企业而言，如果营运资金过量，说明资产利用率不高；如果营运资金过少，说明固定资产投资依赖短期债务融资的程度较高，经营上会受到影响。因而，企业营运资金管理主要是保证营运资金具有足够的流动性，同时也应努力提高企业资产的盈利能力。

在营运资金管理的过程中，必须建立一个框架用来评估营运资金管理中的风险与收益的平衡，包括营运资金的投资和融资战略，分别研究如何确定营运资金的持有量和如何筹集营运资金两个方面。

(一)资产组合策略

资产组合策略即营运资金持有策略，主要是解决在既定总资产的前提下，流动资产与非流动资产等之间的比例关系问题。企业资产按其在生产经营中的性质和存在形态不同，可分为流动资产与非流动资产，其中流动资产包括现金、短期投资、应收款项及存货等；非流动资产包括固定资产、长期投资、无形资产及递延资产等。资产组合是优化资产结构及营运资金管理的重要内容。根据预测的可靠性，企业可选择三种资产组合策略：宽松的资产组合策略、适中的资产组合策略、紧缩的资产组合策略，如图 7－1 所示。

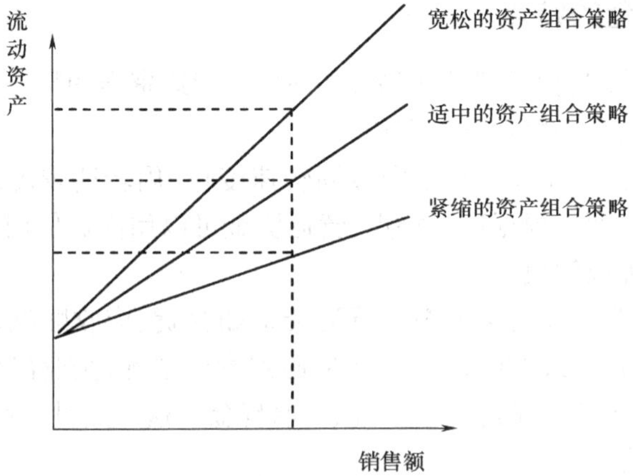

图 7－1　资产组合策略图

1. 宽松的资产组合

在宽松的资产组合下，企业通常会维持高水平的流动资产与销售收入比率。企业流动资产的数量按其功能可以分成正常需要量和保险储备量，正常需要量是指为满足正常的生产经营需要而占用的流动资产，保险储备量是指为应付意外情况的发生，在正常生产经营需要量以外而储备的流动资产。在宽松的资产组合下，企业在保持正常生产经营需要量和正常保险储备量的流动资产基础上，还会再加上一部分额外的储备量，以便能较自如地支付到期债务，使风险大大减少。在这种组合下，由于较高的流动性，企业的财务与经营风险较小。但是，但由于现金、短期有价证券投资收益较低，存货占用使资金营运效率低，从而降低了企业的盈利能力。

2. 适中的资产组合

在适中的资产组合下，企业维持适中水平的流动资产与销售收入比率。即在保证正常需要的情况下，再适当地留有一定保险储备的流动资产，以防不测。由于营运资金水平是由多种因素共同作用的结果，包括销售水平、存货和应收账款周转速度等，所以有时很难准确确定最佳营运资金持有量，只有在企业能够比较准确地预测未来流动资产和流动负债时，才可采用该组合。

3. 紧缩的资产组合

在紧缩的资产组合下，企业维持低水平的流动资产与销售收入比率，即企业只安排正常生产经营需要量而不安排或只安排很少的保险储备量的流动资产。在此组合下，可以节约流动资金，从而降低资金占用成本，流动资产周转率提高可增加企业收益，但与此同时可能伴随着由于资金不足造成生产中断、延付货款或不能偿还到期债务等更高风险。在外部环境相当稳定，企业的管理水平较高，能非常准确地预测未来的情况下，可采用该组合。

（二）筹资组合策略

企业的流动资产包括永久性流动资产和临时性流动资产。永久性流动资产是用来满足长期最低需求的那一部分流动资产；临时性流动资产是随季节需求变动而变动的那一部分流动资产。营运资金筹资组合策略，主要是就如何安排临时性流动资产和永久性流动资产的资金来源而言的，即企业资本总额中短期资本和长期资本各自所占的比例。从资本来源与资产结构的匹配程度，依其风险与收益的不同，主要有三种可供选择的筹资组合策略，即保险筹资组合策略、正常筹资组合策略和冒险筹资组合策略。

1. 保险筹资组合

在保险筹资组合下，临时性负债（短期资本）用于满足部分临时性流动资产的资本需要，长期负债、自发性负债和股权资本用于满足永久性资产、部分临时性资产的资本需要，如图 7－2 所示。

在这种组合下，临时性负债占企业全部资本来源的比例较小，企业面临到期债务的风险较小。但由于长期资本成本高于短期资本的资本成本，从而降低了企业的收益。所以，保险筹资组合策略是一种风险性和收益性均较低的融资策略。

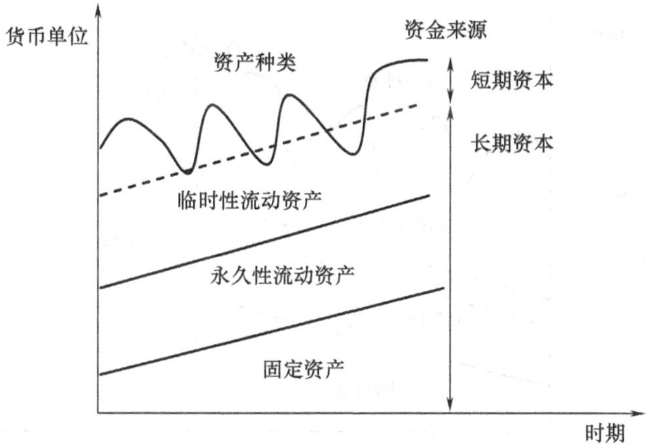

图 7－2　保险筹资组合策略图

2. 正常筹资组合

正常筹资组合也称为配合筹资组合，用临时性负债满足临时性流动资产的资本需要，用长期负债、自发性负债和股权资本满足永久性资产（包括永久性流动资产和固定资产）的资本需要，如图 7－3 所示。

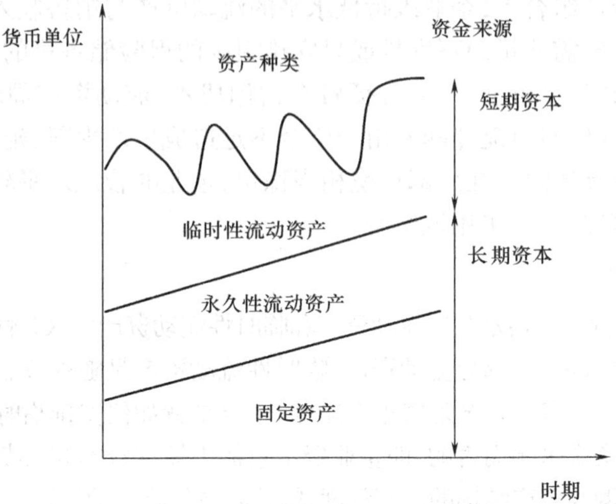

图 7－3　正常筹资组合策略图

这种筹资策略的基本思想是将资产与负债的期间相配，以降低企业不能偿还到期债务的风险和尽可能降低债务的资本成本。但事实上，由于资产使用寿命的不确定性，往往做不到资产与负债的完全配合。因此，配合型筹资政策是一种理想的、对企业有着较高资本使用要求的营运资本融资政策。

3. 冒险筹资组合

在冒险筹资组合下，临时性负债不但要满足临时性流动资产的资本需要，还要满足永久性资产的资本需要，如图 7－4 所示。

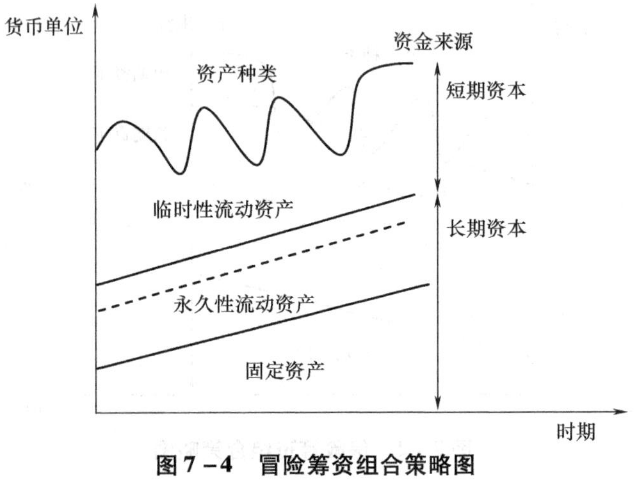

图 7－4　冒险筹资组合策略图

在这种策略下，临时性负债所占比重较大，企业的资本成本较低。但为了满足永久性资产的长期资本需要，企业必然要在临时性负债到期后重新举债或申请债务展期，这样企业便会更为经常地举债和还债，从而加大筹资困难和风险；还可能面临由于短期负债利率的变动而增加企业资本成本的风险，所以冒险筹资组合策略是一种收益性和风险性均较高的一种融资策略。

企业在制定营运管理政策时，采用哪种策略应视企业具体需求而定，既要保证合理的资金需求，提高资金的使用效率，节约资金使用成本，同时，还应充分考虑企业经营的内外部环境。

【技能训练】

一、选择题：

1. 下列关于营运资金管理的说法中不正确的是(　　)。

A. 营运资金的管理既包括流动资产的管理，也包括流动负债的管理

B. 流动资产是指可以在一年以内或超过一年的一个营业周期内变现或运用的资产

C. 流动资产的数量会随着企业内外条件的变化而变化，时高时低，波动很大

D. 企业占用在流动资产上的资金，会在一年内收回

2. 净营运资金指的是(　　)。

A. 流动资产　　B. 流动负债

C. 现金　　D. 流动资产减流动负债

3. 以下何种营运资金政策将给企业带来较大的风险(　　)。

A. 用长期负债来筹集临时性流动资产

B. 用长期负债来筹集永久性的流动资产

C. 用短期负债来筹集永久性的流动资产

D. 用短期负债来筹集临时性的流动资产

4. 企业在安排流动资产数量时，在正常生产经营需要量和正常保险储备量的基础上，再加上一部分额外的储备量，这种流动资产组合政策属于(　　)

A. 激进型　　B. 宽松型　　C. 适中型　　D. 冒险型

5. 在总资本不变的情况下，如果营运资本增加，下述事项不会发生的是(　　)

A. 预期获利能力降低　　B. 预期获利能力提高

C. 风险降低　　D. 以上均不对

6. 下列有关流动资产的投资战略的说法中，错误的是(　　)。

A. 在冒险的流动资产投资战略下，一个公司维持低水平的流动资产与销售收入比率

B. 冒险的流动资产投资战略可能是最有利可图的，只要不可预见的事件没有

损坏公司的流动性导致严重的问题

C. 对流动资产的高投资可能导致较低的投资收益率，但由于有较大的流动性，企业的运营风险较大

D. 在宽松的流动资产投资战略下，一个公司维持较高水平的流动资产与销售收入比率

7. 某企业拥有流动资产120万元(其中永久性流动资产40万元)，长期融资260万元，短期融资50万元，则以下说法正确的是( )。

A. 该企业采取激进融资战略　　B. 该企业采取宽松融资战略

C. 该企业的风险和收益居中　　D. 该企业的风险和收益较高

二、判断题：

1. 企业营运资金越多，则企业的风险越大，收益率越高。( )

2. 营运资金就是流动资产。( )

3. 一个财务管理者对营运资金管理必须作两个决策，一是企业运营需要多少营运资金；二是如何筹集企业运营所需要的营运资金。( )

任务一　现金管理

【任务目标】

知识目标：

- 了解现金持有动机
- 理解现金持有成本及日常管理
- 掌握现金最佳持有量的计算

能力目标：

- 能确定企业最佳现金持有量
- 能设计制订企业内部现金管理制度

【任务引入】

宏泰公司历年来非常注重加强对现金的日常收支进行管理，并初步取得了一定的成效。在控制现金的持有规模方面，公司主要采取存货分析模式方法进行分析，并确定适当的现金持有量。公司现在对2015年现金持有量进行计算确定，其具体情况如下：

通过财务预算，公司测算到2015年公司全年经营性现金需求量（具体数据来源于情境二“现金预算表”中“经营性现金支出合计”），在计算时，四舍五入，取千万元的倍数；公司现金与有价证券每次转换成本是10 200元；有价证券年收益率为10.2%。

一、现金持有的动机

企业现金是指企业在生产过程中暂时停留在货币形态的资金，包括库存现金、银行存款、其他货币资金等。保持合理的现金水平是企业现金管理的重要内容。企业现金是变现能力最强的资产，可以用来满足生产经营开支的各种需要，也是还本付息和履行纳税义务的重要保证。在正常的市场环境下，一般流动性较强的资产，其收益性相对较低，这就意味着如果企业持有现金过多，将会降低企业的收益水平；如果现金太少，又有可能会出现现金短缺，影响企业日常生产经营活动。因此，企业在现金管理上，必须建立一套管理现金的方法，持有合理的现金数额，力求做到既保证企业正常生产经营活动的需要，又不使企业现金多余闲置。另外，企业应编制现金预算，以衡量企业在某段时间内的现金流入量与流出量，以便在保证企业经营活动所需现金的同时，尽量减少企业的现金数量，提高资金收益率。由此可见，现金的管理过程就是在现金流动性和收益性之间进行权衡的过程。

企业置存现金的动机主要是为了满足交易性需要、预防性需要和投机性需要。

(一)交易性动机

交易性动机是指企业持有现金以便满足生产经营活动中现金支付的需要,如购买原材料、支付工资、支付水电费、缴纳税款、偿付到期债务、支付现金股利等。一般来说,企业每天的现金收入与现金支出在时间上和数量上很难做到同步同量,因此,企业需要持有一定现金来调节,才能使企业生产经营活动持续进行下去。交易性动机的现金需要量主要取决于企业的产销业务量水平。

(二)预防性动机

预防性动机是指企业为应付意外的、紧急的情况而需要置存现金。由于市场行情的瞬息万变和其他各种不测因素的存在,使企业有必要维持比日常正常运转所需金额更多的现金。预防性现金额度的确定,要考虑企业愿承担风险的程度、企业预测现金收支可靠的程度和企业临时融资的能力。一般来说,希望尽可能减少风险的企业倾向于保留大量的现金余额,以应付其交易性需求和大部分预防性需求。

(三)投机性动机

投机性动机是指企业为抓住瞬息即逝的市场机会,投机获利而置存现金。例如,预估原材料等价格上升,置存现金低价购入,证券价格和汇率波动套利等。投机动机不是企业持有现金的主要动机,其持有量的大小往往与企业在金融市场的投资机会及企业对待风险的态度有关。

二、现金持有的成本

置存现金通常会发生 4 种成本,即管理成本、机会成本、转换成本、短缺成本。

(一)管理成本

管理成本是指企业因置存现金而发生的管理费用,如管理人员工资及必要的安全措施费,这部分费用在一定范围内与现金持有量的多少关系不大,具有固定成本的性质,属于决策无关成本。

(二)机会成本

机会成本是指企业因持有一定数量的现金而丧失的再投资收益。企业持有现金就意味失去了将现金投资到其他方面获得投资收益的机会,从而形成持有现金的机会成本,通常按有价证券的利息率计算。例如企业欲持有 10 万元现金,则只能放弃 1 万元的投资收益(假设有价证券的利息率为 10%)。可见,机会成本与现金持有量的多少密切相关,属于决策相关成本,即现金持有量越大,机会成本越高,反之就越小。

(三)转换成本

转换成本是指现金与有价证券的转换成本,即将有价证券转换为现金的交易成本,如委托买卖佣金、委托手续费、证券过户费、交割手续费等。

严格地讲,转换成本并不都是固定费用,有的具有变动成本的性质,如委托买卖佣金或手续费。这些费用通常是按照委托成交金额计算的。因此,在证券总额既定的条件下,无论变现次数怎样变动,所需支付的委托成交金额是相同的。因此,那些依据委托成交额计算的转换成本与证券变现次数关系不大,属于决策无关成本。这样,与证券变现次数密切相关的转换成本便只包括其中的固定性交易费用,如证券过户费。例如,公司年现金需求量为100万元,现金持有量为10万元,每次现金与有价证券转换成本为0.1万元,即现金的转换成本为1万元(100÷10×0.1)。固定性转换成本与现金持有量成反比例关系,即在现金需要量既定的前提下,现金持有量越少,进行证券变现的次数越多,相应的转换成本就越大;反之,现金持有量越多,证券变现的次数就越少,需要的转换成本也就越小。

(四)短缺成本

短缺成本是指在现金持有量不足而又无法及时通过有价证券变现加以补充而给企业造成的损失,如由于现金短缺而无法购进急需的原材料从而使企业的生产经营中断而给企业造成的损失,不能按时支付货款带来的信用损失,失去折扣优惠的成本,不能按期缴纳税款而被罚交的滞纳金等。现金的短缺成本随现金持有量的增加而下降,随现金持有量的减少而上升,即与现金持有量成负相关。

三、最佳现金持有量的确定

由于交易性动机、预防性动机和投机性动机的需要,企业必须持有一定量的现金。但是,由于现金是一种盈利性极差的资产,过多地持有会造成资源的浪费,因而,企业必须控制现金的持有规模,确定最佳现金持有量。最佳现金持有量就是指使有关成本之和最小的货币资金持有数额,它的确定主要有成本分析模式、存货分析模式、现金周转模式、随机模式等。这里主要介绍两种常用的模式:成本分析模式和存货分析模式。

(一)成本分析模式

成本分析模式是通过分析企业置存现金的各相关成本,测算各相关成本之和最小时的货币资金持有量的一种方法。在这种模式下,假设不存在现金和有价证券的转换,因此不考虑转换成本,与企业持有现金相关的成本有管理成本、机会成本和短缺成本,它们之和构成了企业持有现金的总成本。

持有现金总成本 = 管理成本 + 机会成本 + 短缺成本

图7-5中,管理成本、机会成本、短缺成本共同作用产生现金总成本,总成本线呈抛物线形,抛物线的最低点即为总成本的最低点,其所对应的现金持有量为最佳现金持有量。其中,管理成本具有固定成本的性质,属于决策无关成本,即最佳现金持有量,就是持有现金而产生的机会成本与短缺成本之和最小时的现金持有量。机会成本和短缺成本与现金持有量的变化关系:现金持有量越大,机会成本越高,短缺成本越低;现金持有量越小,机会成本越低,短缺成本越高。

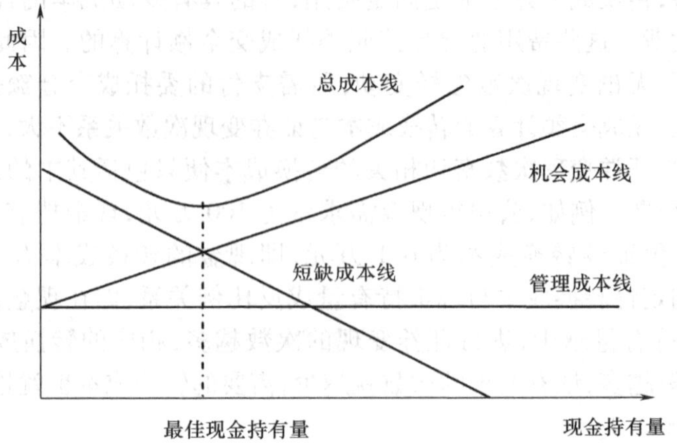

图 7-5　成本分析模式

【例 7-1】某企业有 4 种现金持有方案,各方案有关成本资料如表 7-1 所示,要求:计算该企业的最佳现金持有量。

表 7-1　现金持有方案　　单位:元

项目	甲	乙	丙	丁
现金持有量	30 000	40 000	50 000	60 000
机会成本率	6%	6%	6%	6%
短缺成本	3 000	2 000	500	0
管理成本	2 000	2 000	2 000	2 000

根据已知资料,编制该企业最佳现金持有量测算表,见表 7-2。

表 7-2　最佳现金持有量测算表　　单位:元

方案	机会成本	短缺成本	管理成本	总成本
甲	30 000×6% =1 800	3 000	2 000	6 800
乙	40 000×6% =2 400	2 000	2 000	6 400
丙	50 000×6% =3 000	500	2 000	5 500
丁	60 000×6% =3 600	0	2 000	5 600

由表 7-2 可知,丙方案的总成本最低,因此企业最佳现金持有量为 50 000 元。

成本分析模式适用范围广泛,尤其适用于现金收支波动较大的企业。但是,在该模式下,持有现金的短缺成本较难准确预测。

(二)存货分析模式

现金持有量的存货分析模式又称鲍莫模型,是由美国经济学家威廉·鲍莫

(William J. Baumol)在1952年首先提出的。其基本原理是将一个公司的现金余额看作一种存货库存,假设公司的现金支出在一定时间内其发生额是均衡的,现金的需要量可以预测,在这个期间内,短期有价证券可以随时转换成现金,当公司库存现金下降到某一预先指定的水平,公司就销售有价证券以兑取所需现金;当现金余额较大时,又去购买证券,以获得最大的投资收益,见图7-6。

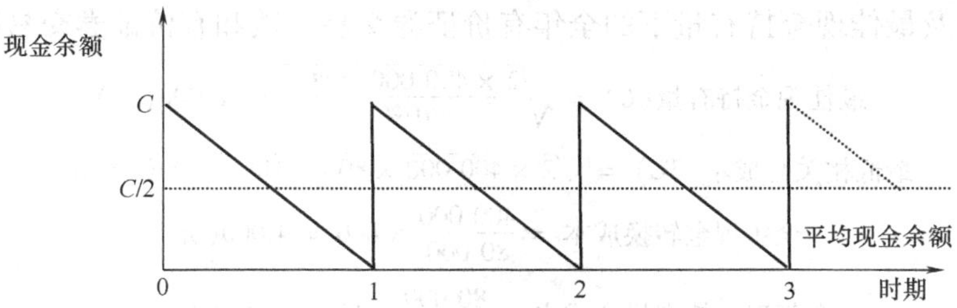

图7-6　存货分析模式下的现金流转假设

在存货模型中,只考虑机会成本和转换成本,不考虑管理成本和短缺成本。因管理成本相对稳定,同现金持有量的多少关系不大,因此在存货模型中将其视为决策无关成本而不予考虑。另外,由于现金可以随时和有价证券进行转换,因而也不考虑短缺成本。现金管理相关总成本即持有机会成本与转换成本之和最低时的现金持有量为最佳现金持有量。存货分析模式示意图如图7-7。

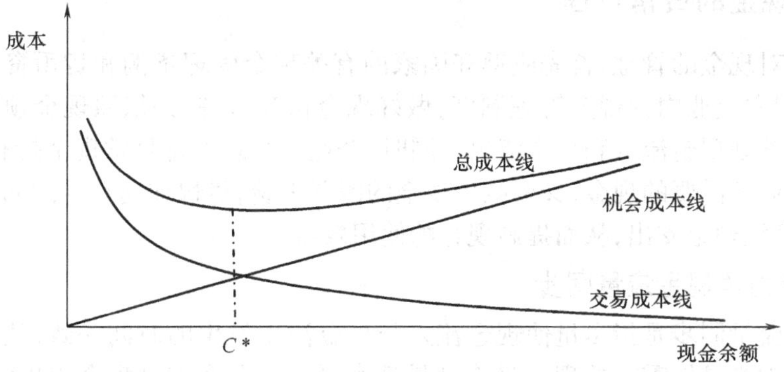

图7-7　存货分析模式

设 T 为一个周期内现金总需求量,b 为每次转换有价证券的固定成本,C 为最佳现金持有量(每次证券变现的数量),i 为有价证券利息率(机会成本),TC 为现金管理相关总成本(机会成本与转换成本之和),则有关计算公式如下:

$$TC = \frac{C}{2} \times i + \frac{T}{C} \times b$$

$$C = \sqrt{\frac{2Tb}{i}}$$

$$TC = \sqrt{2Tbi}$$

【例7-2】某企业现金收支平衡,预计全年(按360天计算)现金需要量为400 000元,现金与有价证券的转换成本为每次800元,有价证券利率为10%,试计算该企业最佳现金持有量、全年现金转换成本、最低相关总成本、全年现金持有的机会成本及最佳现金持有量下的全年有价证券交易次数和有价证券交易间隔期。

解:

$$最佳现金持有量(C) = \sqrt{\frac{2 \times 400\ 000 \times 800}{10\%}} = 80\ 000(元)$$

$$最低相关总成本(TC) = \sqrt{2 \times 400\ 000 \times 800 \times 10\%} = 8\ 000(元)$$

$$全年现金转换成本 = \frac{400\ 000}{80\ 000} \times 800 = 4\ 000(元)$$

$$全年现金持有机会成本 = \frac{80\ 000}{2} \times 10\% = 4\ 000(元)$$

$$全年有价证券交易次数 = \frac{400\ 000}{80\ 000} = 5(次)$$

$$有价证券交易间隔期 = \frac{360}{5} = 72(天)$$

存货分析模式可以精确地测算出最佳现金余额和变现次数,但是这种模式以货币支出均匀发生、现金机会成本和转换成本易于预测为前提条件,当企业现金收支波动较大时,这种模式的使用受到一定的限制。

四、现金的日常管理

企业对现金的管理,首先应遵守国家的有关现金管理条例和货币资金内部控制规范,建立企业内部现金管理制度,做好现金预算管理,并依照现金预算中的计划安排来筹划现金流入和现金流出。同时,企业应合理安排日常现金持有量,既要保持日常业务需要的现金,又要减少现金的闲置浪费,尽快加速账款的回收和现金的周转,延缓现金支出,从而提高现金的使用效益。

(一)力争现金流量同步

现金流量同步是指尽量使现金流入与现金流出发生的时间一致,从而使持有的用于日常交易性需求的现金量降到最低水平。企业在安排现金支出时,应考虑现金流入的时间,尽量使二者同步,这样不仅可以减少交易性现金余额,而且能减少有价证券转换为现金的次数,从而节约转换成本。

(二)加速收款

加速收款主要是尽可能缩短应收账款收回的时间。企业发生应收账款可以扩大销售规模,增加销售收入,但同时也增加了企业资金的占用。企业账款收回的时间一般包括客户给企业邮寄支票的时间、企业收到支票并将支票交付银行的时间和支票结算的时间,企业应尽可能采取措施来缩短这些时间,将现金及早收回。通常可采用的方法有集中银行法和锁箱系统法。

1. 集中银行法

集中银行法是指通过设立多个收款中心来代替通常在公司总部设立的单一收款中心,以加速账款回收的一种方法。其目的是缩短从顾客寄出账款到现金收入企业账户这一过程的时间。具体做法:①企业指定一个主要开户行(通常是总部所在地)为集中银行,并在收款额较集中的若干地区设立若干个收款中心;②客户收到账单后直接汇款到当地收款中心,中心收款后立即存入当地银行;③当地银行在进行票据交换后立即转给企业总部所在地银行。

集中银行法可以大大缩短客户邮寄票据所需要的时间和票据托收所需时间,也就缩短了现金从客户到企业的中间周转时间。但采用银行业务集中法须在多处设立收账中心,从而增加了相应的费用支出。为此,企业应在权衡利弊得失的基础上,合理确定收款中心的数量和设置地点。

2. 锁箱系统法

锁箱系统法是通过在各主要城市租用专门的邮政信箱,以缩短从收到顾客付款到存入当地银行的时间的一种现金管理办法。采用锁箱法的具体做法是:①在业务比较集中的地区租用当地加锁的专用邮政信箱并开立分行存款户;②通知顾客把付款邮寄到指定的邮政信箱;③授权公司邮政信箱所在地的开户行每天收取邮政信箱的汇款并存入公司账户,然后将扣除补偿余额以后的现金以及一切附带资料定期送往公司总部。这就免除了公司办理收账、货款存入银行的一切手续。但这种方法成本较高,被授权开启邮政信箱的当地银行除了补偿性余额外,还要收取劳务费。因此,是否采用邮政信箱法,需视提前回笼现金产生的收益与增加的成本的大小而定。

(三)控制支出

控制现金支出的主要任务是尽可能延缓现金的支出时间。控制现金支出的目标是在不损害企业信誉前提下,尽可能推迟现金的支出,主要措施有:

1. 适当推迟应付款的支付

为了最大限度地利用现金,企业在不影响信誉的情况下,应尽可能推迟应付款的支付期。一般采用的方法是在信用期的最后一天付款。

2. 合理利用现金“浮游量”

现金的“浮游量”是指企业账户上存款余额与银行账户上所示的存款余额之间的差额,也就是企业与银行之间的未达账项。有时,公司账簿上的现金余额已为零或负数,而银行账簿上该公司的现金还有余额。这是因为有些支票公司虽已开出,但顾客还没有到银行兑现,如果企业能够正确预测“浮游量”并加以利用,则企业可以节约大量资金。但是,企业一定要控制好使用的时间,否则会发生银行存款透支的现象。

3. 尽可能采用汇票付款

在使用支票付款时,只要持票人将支票放进银行,付款人就要无条件地付款。

但汇票不是"见票即付"的付款方式,在持票人将汇票放进银行后,银行要将汇票送交付款人承兑,并由付款人将一笔相当于汇票金额的资金存入银行,银行才会付款给持票人,这样就有可能合法地延期付款。

【任务实施】

根据已知资料,运用存货分析模式计算宏泰公司2015年现金最佳持有量,请完成下列任务,填写宏泰公司最佳现金持有量计算表7-3。

表7-3 宏泰公司最佳现金持有量计算表

2015年度　　单位:万元

项目	计算过程
最佳现金持有量	
转换次数	
机会成本	
转换成本	
总成本	

【拓展领域】

随机模式和现金周转模式

(一)随机模式

随机模式又称威廉·鲍曼(William Baumol)模型,是在现金需求难以预知的情况下进行的现金持有量确定的方法。其原理是:企业制定一个由上限和下限组成的区域。当现金持有量达到该区域上限时,可将部分现金转化为现金持有量;当现金持有量出现在该区域下限时,则应该出售有价证券,回收货币资金。

如图7-8所示,H为上限,L为下限,Q为目标控制线。现金余额升至H时,可购进$(H-Q)$金额的有价证券,使现金余额回落到Q线;现金余额降至L时,出售$(Q-L)$金额的有价证券,使现金余额回落到Q的最佳水平。

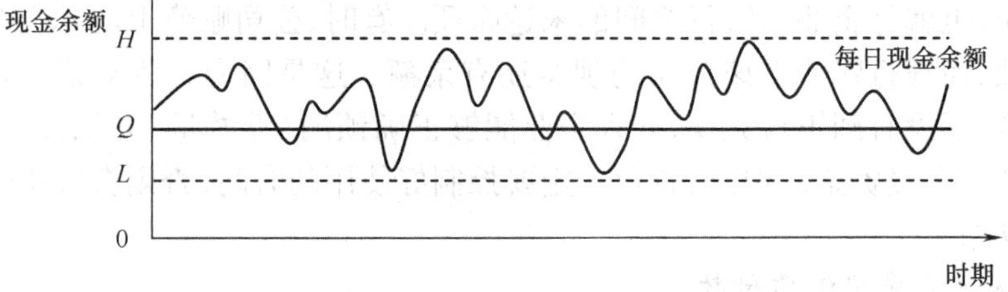

图7-8 随机模式

其计算公式：

$$Q = \sqrt[3]{\frac{3b\delta^2}{4i}} + L$$

$$H = 3Q - 2L$$

其中：Q—目标现金余额，H—现金持有量的上限，L—现金持有量的下限，b——转换有价证券的固定成本，δ——日现金净流量的标准差，i——持有现金的日机会成本（证券日利率）。

随机模式计算相对复杂，适用于计算机模拟，适用于企业未来现金流量呈不规则波动、无法准确预测的情况。

（二）现金周转模式

现金周转模式是以现金周转期来确定最佳现金持有量的模式。它是现金从投入生产经营到最终再转化为现金的一个全过程。现金周转期是指企业从购买材料支付现金到销售商品收回现金为止所需要的时间。现金周转期主要是由存货周转期、应收账款周转期、应付账款周转期决定的。现金周转期的计算方法如下：

其中，存货周转期指从原材料转化成产品直至出售所需要的时间；应收账款周转期指从产品销售到现金收回所需要的时间；应付账款周转期指从收到尚未付款的材料到现金支出所需要的时间。

现金周转模式计算的主要步骤有：

1. 确定现金周转期

现金周转期 = 存货周转期 + 应收账款周转期 − 应付账款周转期

2. 确定现金周转率

现金周转率 = 360/现金周转期

3. 确定最佳现金持有量

最佳现金持有量 = 年现金总需求量/现金周转率

如：甲企业预计2016年全年需要现金为900万元，预计应收账款周转期为30天，应付账款周转期为30天，存货周转期为90天。则：现金周转期 = 应收账款周转期 − 应付账款周转期 + 存货周转期 = 90 + 30 − 30 = 90天，最佳现金余额 = 900 ÷ 360 × 90 = 225（万元）

现金周转模式简单明了，易于计算。但是这种方法假设材料采购与产品销售产生的现金流量在数量上一致，企业的生产经营过程在一年中持续稳定地进行，即现金需求和现金供应不存在不确定的因素。如果以上假设条件不存在，则求得的最佳现金余额将发生偏差。

【技能训练】

一、选择题：

1. 下列各项成本中与现金的持有量成正比例关系的是（　　）

A. 管理成本　　　　B. 企业持有现金放弃的再投资收益

C. 固定性转换成本　　　　　　　　D. 短缺成本

2. 在现金持有量的成本分析模式和存货模式中均需要考虑的因素包括(　　)。

A. 管理成本　　B. 转换成本　　C. 短缺成本　　D. 机会成本

3. 某企业现金收支状况比较稳定,全年的现金需要量为250 000元,每次转换有价证券的固定成本为400元,有价证券的年利率为8%,则全年固定性转换成本是(　　)元。

A. 1 000　　B. 2 000　　C. 3 000　　D. 4 000

4. 下列各项中属于企业为满足交易性动机而持有现金的是(　　)。

A. 偿还到期债务　　　　　　　　B. 派发现金股利

C. 在银行维持补偿性余额　　　　D. 缴纳税款

5. 企业基于投机性动机的现金持有量往往与(　　)有关。

A. 企业对待风险的态度　　　　　B. 企业临时举债能力的强弱

C. 企业在金融市场的投资机会　　D. 企业销售水平

6. 现金支出管理的方法包括(　　)。

A. 合理利用"浮游量"　　　　　B. 推迟支付应付款

C. 采用汇票付款　　　　　　　　D. 改进工资支付方式

7. 公司持有现金主要是为了满足(　　)。

A. 交易性需要　　B. 预防性需要　　C. 投机性需要　　D. 收益性需要

8. 下列各项不属于现金的是(　　)。

A. 库存现金　　B. 银行汇票　　C. 商业汇票　　D. 银行本票

9. 假定某企业每月现金需要量为160 000元,现金和有价证券的转换成本为30元,有价证券的月利率为0.6%,则该企业现金最佳持有量为(　　)。

A. 80 000　　B. 40 000　　C. 20 000　　D. 160 000

10. 下列各项中,不属于现金短缺成本的是(　　)。

A. 企业持有现金所丧失的投资收益

B. 企业由于现金短缺不能及时购买原材料而导致生产中断

C. 企业由于现金短缺不能按时偿债而导致企业信誉下降

D. 企业由于现金短缺而丧失现金折扣优惠

二、判断题:

1. 现金持有量过多,它所提供的流动性边际效益便会随之上升,从而使企业的收益水平提高。(　　)

2. 在成本模式下需要考虑持有现金的机会成本。(　　)

3. 现金的短缺成本随现金持有量的增加而下降,随现金持有量的减少而上升。(　　)

4. 现金浮游量是指企业实际现金余额超过最佳现金持有量之差。(　　)

5. 企业现金管理的目的首先是使得现金获得最大的收益，其次是保证日常生产经营业务的现金需求。(　)

三、计算题：

1. 某公司预计全年需要现金6 000元，现金与有价证券的转换成本为每次100元，有价证券的利息率为30%，请计算，并将答案填写在括号内。

(1)最佳现金持有量为(　　　　)元；

(2)最低相关总成本为(　　　　)元；

(3)年度有价证券转换次数为(　　　　)次；

(4)转换成本为(　　　　)元；

(5)机会成本为(　　　　)元。

2. B公司现金收支状况比较稳定，预计全年(按360天计算)需要现金300 000元，现金与有价证券的转换成本为每次600元，有价证券的年利率为10%。

要求：

(1)计算最佳现金持有量；

(2)计算最佳现金持有量下的全年现金管理总成本、全年现金转换成本和全年现金持有机会成本；

(3)计算最佳现金持有量下的全年有价证券交易次数和有价证券交易间隔期。

任务二　应收账款管理

【任务目标】

知识目标：

- 了解应收账款的功能
- 理解应收账款的成本及日常管理
- 掌握应收账款信用政策的制定

能力目标：

- 能制定信用标准和信用条件，并进行决策
- 能制定应收账款的收账政策

【任务引入】

宏泰公司目前采用30天按发票金额付款的信用政策，2014年销售产品8万扇，单位售价0.2万元，变动成本率69%。如果信用政策不变，2015年公司的销售情况仍将维持原状。为了扩大市场份额，促进产品销售，经市场调研，公司准备改变现有的信用政策，拟将信用期放宽到60天，同时考虑资金回收，另外又增加一个备选方案。具体情况如表7－4所示。

表7－4　宏泰公司信用政策备选方案

2015年度

方案		信用条件	销售量（万扇）	坏账损失率（%）	享受现金折扣的顾客比率（%）	收账费用（万元）
原信用政策		$n/30$	8	2	0	30
新信用政策	方案甲	$n/60$	10	3	0	50
	方案乙	$1/30, n/60$	10	2.5	40	40

应收账款是企业因对外销售商品、产品、提供劳务等，应向购货单位或接受劳务单位收取的款项。随着经济的发展，市场竞争的日益加剧，商业信用的推行越来越广泛，企业的应收账款明显增多，应收账款已经成为企业流动资产的一个重要项目。

一、应收账款的功能

（一）促进销售

在市场竞争日益激烈的情况下，赊销是促进销售的一种重要方式。赊销方式

除了向客户提供产品外，同时还提供了商业信用，即在一个有限的时期内向顾客无偿提供资金，赊销对顾客的好处显而易见，所以顾客在一般情况下都会选择赊购。赊销具有比较明显的促销作用，适时灵活运用赊销方式，对开拓市场、增加销售具有重要的意义。

（二）减少库存

赊销可以促进销售，使存货转化为应收账款，减少企业存货，从而减少企业存货的管理费、仓储费和保险费等支出，减少存货变质等损失，有利于加速资金周转。因此，企业在存货较多或季节转换的情况下尽量采取赊销方式，增加销售，节约存货停留在企业的各项支出。

二、应收账款的成本

企业有了应收账款，就有了坏账损失的可能。不仅如此，应收账款的增加还会造成资金成本和管理费用的增加，即企业会因持有应收账款而给企业带来相关成本，包括管理成本、机会成本及坏账成本。

（一）管理成本

应收账款的管理成本是指对应收账款进行日常管理而耗费的开支，主要包括对客户的资信调查费用、收账费用等。对客户的资信调查费用与赊销额没有直接关系，属于决策无关成本。管理成本中主要考虑收账费用，赊销额越大，应收账款越多，收账费用越高。

（二）机会成本

应收账款的机会成本是指因资金投放在应收账款上而丧失可能投资于其他项目所获取的收益。这一成本的大小通常与企业维持赊销业务所需要的资金数量（即应收账款投资额）、资金成本率（一般可按有价证券利息率计算）有关。应收账款机会成本可通过以下公式计算得出：

$$\text{应收账款机会成本} = \text{维持赊销业务所需资金} \times \text{资金成本率}$$

$$\text{维持赊销业务所需资金} = \text{应收账款平均余额} \times \text{变动成本率}$$

$$\text{应收账款平均余额} = \frac{\text{年赊销额}}{360} \times \text{平均收账天数}$$

平均收账天数也就是应收账款周转天数。从公式可以看出，企业赊销额越大，应收账款的机会成本越高。

【例7－3】某企业目前采用的信用政策为"n/60"，预测明年年度赊销额为300万元，变动成本率为60%，资金成本率为10%，要求：计算应收账款的机会成本。

解：

$$\text{应收账款平均余额} = \frac{300}{360} \times 60 = 50(\text{万元})$$

$$\text{维持赊销业务所需资金} = 50 \times 60\% = 30(\text{万元})$$

$$\text{应收账款机会成本} = 30 \times 10\% = 3(\text{万元})$$

(三)坏账成本

应收账款的坏账成本主要是因应收账款无法收回而给企业带来的损失。一般来说,赊销期越长,发生坏账的可能性就越大;赊销数量越大,应收账款越多,坏账成本越高。坏账成本一般用下列公式测算:

$$应收账款的坏账成本 = 赊销额 \times 预计坏账损失率$$

三、信用政策的制定

应收账款的信用政策是指企业为对应收账款进行规划与控制而确立的基本原则性行为规范。制定合理的信用政策,是加强应收账款管理,提高应收账款投资效益的重要前提。信用政策包括信用标准、信用条件和收账政策,其中最重要的是信用标准的确定。

(一)信用标准

信用标准是指企业用来衡量客户是否有资格享受商业信用具备的条件。如果顾客达不到信用标准,便不能享受企业的商业信用。如果企业的信用标准较严,可使企业遭受坏账损失的可能减小,但会不利于扩大销售。反之,如果信用标准较宽,虽然有利于刺激销售增长,但会相应增加坏账损失和应收账款的机会成本。因而,企业在制定信用标准时,应根据具体情况加以权衡。

由于企业处在市场经济大环境中,面临的环境较为复杂,企业在制定信用标准时,应进行综合分析。

1. 同行业竞争对手的情况

面对竞争对手首先要知己知彼,制定有利于企业扩大市场份额、增加销售的标准,不能盲目地为了占领市场而忽视风险和成本,或为了降低风险和成本采取过于谨慎的信用标准都是不可取的。

2. 企业承担违约风险的能力

企业承担风险能力的强弱也会影响信用标准高低的选择。企业承担风险能力强,就可以以较低的信用标准赢取客户,扩大销售;反之,如果企业承担风险能力弱,则需要制定严格的信用标准,降低企业的坏账风险。

3. 对客户资信情况进行调查

客户的资信程度对企业制订信用标准具有很大的影响,因此必须对客户进行资信调查,在此基础上进行分析,判断客户的信用等级,并决定给予客户何种信用标准。衡量客户资信程度一般采用“5C”评估法。“5C”评估法,包括客户的品质(Character)、能力(Capacity)、资本(Capital)、抵押品(Collateral)、条件(Condition)。

品质:是指顾客的信誉,即履行偿债义务的诚意,这是评价客户信用品质的首要因素。众所周知,信用交易意味着付款承诺,债务人能否诚心履约尤为重要。为此,企业应对客户过去的往来记录进行分析,对客户承兑表现做到心中有数。

能力:是指顾客的偿债能力,即顾客流动资产的数量与质量以及与流动负债的比例。

资本:是指客户的财务实力和财务状况,表明客户可能偿付债务的背景,它是企业偿还债务的最终保障。当企业决定与客户建立长期合作关系时,对客户经济实力的了解尤其重要。

抵押品:是指客户提供的作为信用安全保证的资产,对不知底细的客户或信用状况有争议的客户,这尤为重要。

条件:是指社会经济环境的变化对客户经营状况和偿债能力可能产生的影响。尤其应了解客户以往在窘境时期的应变能力和付款表现。

(二)信用条件

一旦企业决定给予客户信用优惠时,就需要考虑具体的信用条件。信用条件是企业赊销商品时,给予客户延期付款的若干条件,主要包括信用期限、折扣期限和现金折扣等。其一般形式为“2/10,*n*/30”,其含义是:客户能够在发票开出后的10日内付款,可以享受2%的现金折扣;如果放弃折扣优惠,则全部款项必须在30日内付清。30天为信用期限,10天为折扣期限,2%为现金折扣率。

1. 信用期限

信用期限是企业允许顾客从购货到付款之间延迟的时间,或者说是企业给予顾客宽限的付款期间。信用期限的确定,主要是通过分析改变现行信用期限对收入和成本的影响。延长信用期限,会使销售额增加,产生有利影响;但与此同时应收账款的机会成本、管理成本和坏账损失增加,会产生不利影响。因此,企业是否给客户延长信用期限,应视延长信用期限增加的边际收入是否大于增加的边际成本而定。

【例7-4】某公司预测的年度赊销收入净额为3 000万元,其信用条件是:*n*/30,变动成本率为60%,有价证券的利息率(机会成本率)为20%。假设企业收账政策不变,固定成本总额不变。该企业设有两个信用条件的备选方案:甲方案维持*n*/30的信用条件,坏账损失率2%,收账费用为30万元;乙方案将信用条件放宽到*n*/60,赊销收入将增加到3 300万元,坏账损失率4%,收账费用为37万元。信用决策过程见表7-5。

表7-5　备选方案比较表

项目	甲方案(*n*/30)	乙方案(*n*/60)
年赊销净额	3 000	3 300
变动成本	1 800	1 980
信用成本前收益	1 200	1 320
应收账款平均余额 应收账款机会成本	$\frac{3\ 000}{360}\times 30=250$ $250\times 60\%\times 20\%=30$	$\frac{3\ 300}{360}\times 60=550$ $550\times 60\%\times 20\%=66$

续表

项目	甲方案(n/30)	乙方案(n/60)
坏账损失	3 000 ×2% =60	3 300 ×4% =132
收账费用	30	37
信用成本小计	120	235
信用成本后收益	1 080	1 085

以上计算表明,乙方案增加的收益较多,故应采用乙方案。

2. 现金折扣和折扣期限

为了促使客户早日付款,加速资金周转,企业在规定信用期限的同时,往往附有现金折扣条件,即客户如能在规定的折扣期限内付款,则能享受相应的折扣优惠,折扣的表示往往由折扣率与折扣期限两者构成。如上文,(2/10,n/30)表示赊销期限为30天,若客户在10天内付款,则可享受2%的折扣。企业采用多大幅度的现金折扣,要与信用期限结合起来考虑。不论是信用期限还是现金折扣,都能给企业带来收益,但也会增加成本。企业应视提供现金折扣后所得到的收益和发生的成本而定。

【例7－5】沿用例7－4中采用的乙方案,企业为了加速应收账款的收回,决定提供现金折扣,将信用条件改为“2/10,1/20,n/60”(方案丙),估计约有60%的客户会利用2%的折扣;15%的客户将利用1%的折扣。坏账损失率降为1%,收账费用降为20万元。要求:判断企业应选择甲方案还是选择丙方案?

解:丙方案:

$$\text{应收账款平均收账天数} = 60\% \times 10 + 15\% \times 20 + (1 - 60\% - 15\%) \times 60 = 24(\text{天})$$

$$\text{应收账款平均余额} = \frac{3\,300}{360} \times 24 = 220(\text{万元})$$

$$\text{维持赊销业务所需要的资金} = 220 \times 60\% = 132(\text{万元})$$

$$\text{应收账款机会成本} = 132 \times 20\% = 26.40(\text{万元})$$

$$\text{坏账损失} = 3\,300 \times 1\% = 33(\text{万元})$$

$$\text{现金折扣} = 3\,300 \times (2\% \times 60\% + 1\% \times 15\%) = 44.55(\text{万元})$$

根据以上资料编制表7－6。

表7－6　信用条件比较表　　单位:万元

项目＼方案	方案乙	方案丙
	n/60	2/10,1/20,n/60
年赊销额 减:变动成本	3 300 1 980	3 300 1 980
信用成本前收益	1 320	1 320

续表

项目＼方案	方案乙	方案丙
	n/60	2/10,1/20,n/60
减:信用成本		
应收账款机会成本	66	26.40
坏账损失	132	33
收账费用	37	20
现金折扣成本	-	44.55
小计	235	123.95
信用成本后收益	1 085	1 196.05

计算结果表明,实行现金折扣以后,企业的收益增加 111.05(1 196.05 - 1 085)万元,因此,企业最终选择丙方案为最佳方案。

(三)收账政策

收账政策是指信用条件被违反时,企业采取的收账策略与措施。收账必须有合理的收账程序和追债方法。企业在制定收账政策时,要注意把握宽严程度,对过期较短的顾客,不予过多打扰,以免将来失去这一客户;对过期稍长的顾客,可措辞委婉地写信催款;对过期较长的顾客,可频繁地写信催款并电话催询;对过期很长的顾客,可在催款时措辞严厉,必要时提请有关部门仲裁或提请诉讼,等等。

催收账款要发生费用,某些催款方式的费用还会很高(如诉讼费)。一般说来,收款费用越大,收账措施越有力,可收回的账款就越多,坏账损失就越少。但达到某一限度后,收款费用的增加,对减少坏账损失及应收账款的机会成本都没有显著的效果。因此,制定收账政策就是要在增加收账费用,减少坏账损失和应收账款的机会成本之间进行权衡。

四、应收账款的日常管理

(一)应收账款追踪分析

应收账款一旦形成,企业就必须考虑如何按时足额收回欠款而不是消极地等待对方付款,应该经常对所持有的应收账款进行动态跟踪分析。在实务中,企业应将那些挂账金额大、信用品质差的客户的欠款作为关注的重点,以防患于未然。

(二)坏账准备制度

不管企业采用怎样严格的信用政策,只要存在着商业信用行为,坏账损失的发生总是不可避免的。因此,按照现行会计准则和会计制度的规定,企业根据谨慎性原则的要求,应当在期末或年终对应收账款进行检查,合理地预计可能发生的损失，建立弥补坏账损失的准备金制度，以促进企业健康发展。

（三）账龄分析

一般来讲，逾期时间越长，越容易形成坏账。所以财务部门应定期分析应收账款账龄，向业务部门提供应收账款账龄数据及比率，催促业务部门收回逾期的账款。财务部门和业务部门都应把逾期的应收账款作为工作的重点，分析每一笔逾期账款产生的原因，采取相应的收账方法。

（四）应收账款收现保证率分析

企业应收账款的回收是企业现金的主要来源之一。在一定时期内，企业为了保证正常的现金流转，必须通过应收账款回收来补充现金需要。这样，就需要确定一个应收账款的最低标准，即应收账款收现保证率。应收账款收现保证率是指一定时期内必须收现的应收账款占全部应收账款的百分比。例如，某公司预计明年的应收账款为400万元，现金支付需要总额为100万元，其他稳定的现金来源为80万元，则应收账款最少应收回20万元才能维持日常资金周转需要，即应收账款的收现保证率为5%。

【任务实施】

根据已知资料，帮助宏泰公司分析拟定的信用政策方案，并加以选择。请完成下列任务，填写表7-7。

表7-7　宏泰公司信用条件分析评价表

2015年度　　　　单位：万元

方案 项目	原信用政策	新信用政策	
	原方案 $n/30$	方案甲（$n/60$）	方案乙 （$1/30, n/60$）
年赊销额 变动成本			
信用成本前收益			
信用成本： 应收账款机会成本 坏账损失 收账费用 现金折扣成本 小计			
信用成本后收益			
方案评价			

【拓展领域】

应收账款保理

随着市场经济的发展以及商业信用的普遍推广和运用，保理业务日益成为一项集贸易融资、商业资信调查、应收账款管理及信用风险担保于一体的新兴综合性金融服务。应收账款保理是企业将赊销形成的未到期应收账款在满足一定条件的情况下，转让给商业银行，以获得银行的流动资金支持，加快资金周转。

在现实运作中，保理业务有不同的操作方式，因而有多种类型。按照风险承担方式，保理可以分为如下几种：

（一）有追索权的保理和无追索权的保理

如果按照保理商是否有追索权来划分，保理可以分为有追索权的保理和无追索权的保理。如果保理商对毫无争议的已核准的应收账款提供坏账担保，则称为无追索权保理，此时保理商必须为每个买方客户确定赊销额，以区分已核准与未核准应收账款，此类保理业务较常见。另一类是有追索权保理，此时保理商不负责审核买方资信，不确定赊销额度，也不提供坏账担保，仅提供贸易融资、账户管理及债款回收等服务。如果出现坏账，无论其原因如何，保理商都有权向供货商追索预付款。

（二）明保理和暗保理

按保理商是否将保理业务通知买方来划分，保理可以分为明保理和暗保理。明保理是指债券一经转让，供货商立即将保理商参与保理的情况通知给购货商，并通知购货商对此应付账款直接付给保理商。暗保理即供货商为了避免让对方知道自己因流动资金不足而转让应收账款，并不将保理商的参与通知给买方，货款到期时仍由供货商出面催款，再向保理商偿还预付款。

（三）折扣保理和到期保理

如果保理商提供预付款融资，则为融资保理，又称为折扣保理。因为供货商将发票交给保理商时，只要在信用销售额度内的已核准应收账款，保理商立即支付不超过发票金额80%的现款，余额待收妥后结清，如果保理商不提供预付账款融资，而是在赊销到期时才支付，则为到期保理，届时不管货款是否收到，保理商都必须支付货款。

【技能训练】

一、选择题：

1. 某企业年赊销额500万元（一年按360天计算），应收账款周转率为10次，变动成本率60%，资金成本率8%，则企业的应收账款机会成本为（　　）万元。

A. 2.4　　B. 30　　C. 3.6　　D. 4.2

2. 下列关于信用政策的说法中,正确的有(　　)。

A. 如果企业执行的信用标准过于严格,可能会限制公司的销售机会

B. 如果企业执行的信用标准过于宽松,可能会增加随后还款的风险并增加坏账费用

C. 公司的信用条件决定了其应收账款的的水平

D. 企业现金折扣的确定,要与信用期间结合起来考虑

3. (　　)反映了客户的经济实力与财务状况的优劣,是客户偿付债务的最终保证。

A. 信用品质　　B. 偿付能力　　C. 资本　　D. 抵押品

4. 某公司2015年应收账款总额为800万元,当年必要现金支付总额为500万元,应收账款收现以外的其他稳定可靠的现金流入总额为300万元,则该公司2015年应收账款收现保证率为(　　)。

A. 70%　　B. 20%　　C. 25%　　D. 50%

5. 某企业销售商品,年赊销额为500万元,信用条件为(2/10,1/20,*n*/40),预计将会有60%客户享受2%的现金折扣,30%的客户享受1%的现金折扣,其余的客户均在信用期付款,则企业应收账款平均收账天数为(　　)。

A. 14　　B. 15　　C. 16　　D. 无法计算

6. 应收账款的功能包括(　　)。

A. 促进销售　　B. 减少存货　　C. 增加现金　　D. 减少借款

7. 应收账款的信用条件包括(　　)。

A. 信用期限　　B. 折扣期限　　C. 现金折扣　　D. 收账政策

8. 不适当的延长信用期限给企业带来的后果包括(　　)。

A. 应收账款机会成本增加　　B. 坏账损失减少

C. 坏账损失增加　　D. 收账费用增加

9. 对信用标准进行定量分析,能够解决的问题是(　　)。

A. 扩大销售收入　　B. 具体确定客户的信用等级

C. 确定坏账损失率　　D. 降低销售成本

10. 下列各项中属于应收账款管理成本的是(　　)。

A. 资金因投资应收账款丧失的其他收入

B. 应收账款无法收回带来的损失

C. 客户资信调查费用

D. 应收账款收账费用

二、判断题:

1. 应收账款的功能是指其在生产经营中的作用,主要包括两个方面,一是增加销售,二是减少存货。(　　)

2. 企业应该积极采取各种措施进行收账,才能减少企业损失。(　　)

3. 偿付能力是决定是否给予客户信用的首要因素。(　　)

4. 企业通过信用调查和严格信用审批制度,可以解决账款遭到拖欠甚至拒付的问题。(　　)

5. 信用条件是客户获得企业商业信用所应具备的最低条件,通常以预期的坏账损失率表示。(　　)

6. 现金折扣是企业对顾客在商品价格上所作的扣减,企业提供现金折扣可以减少收账费用和坏账损失。(　　)

三、计算题:

1. A 公司是一个商业企业。由于目前的收账政策过于严格,不利于扩大销售,且收账费用较高,该公司正在研究修改现行的收账政策。现有甲和乙两个放宽收账政策的备选方案,有关数据如表 7-8 所示:

表 7-8

项目	现行收账政策	甲方案	乙方案
年销售额(万元/年)	2 400	2 600	2 700
收账费用(万元/年)	40	20	10
所有账户的平均收账期	2 个月	3 个月	4 个月
所有账户的坏账损失率	2%	2.5%	3%

已知 A 公司的变动成本率为 80%,资金成本率为 10%。坏账损失率是指预计年度坏账损失和销售额的百分比。假设不考虑所得税的影响。

要求:通过计算分析回答应否改变现行的收账政策?如果要改变,应选择甲方案还是乙方案?

2. 某公司的年赊销收入为 720 万元,平均收账期为 60 天,坏账损失为赊销额的 10%,年收账费用为 5 万元。该公司认为通过增加收账人员等措施,可以使平均收账期降为 50 天,坏账损失降为赊销额的 7%。假设公司的资本成本率为 6%,变动成本率为 50%。要求:计算为使上述变更经济上合理,新增收账费用的上限(每年按 360 天计算)。

任务三　存货管理

【任务目标】

知识目标：

- 了解企业存货的功能
- 理解持有存货的成本及日常管理
- 掌握存货经济批量的确定

能力目标：

- 能确定企业存货经济采购批量
- 会控制存货储存期
- 能确定再订货点

【任务引入】

宏泰公司目前物料采购环节，物料管理都比较薄弱，操作不规范，信息不共享，经常会造成物料的供应不足或重复采购。为了改变现状，2015年，公司准备进行一系列的改革：

第一，公司准备在内部设立一个控制部门，以该部门为中心，对其他各部门形成控制，财务部门提供资料，同时与各营运部门形成互动，改变原来各部门之间缺乏沟通的情况。

第二，明确各部门职责，减少订货出错率，提高物料管理的效率，减少资金积压。

第三，优化进货流程，从材料申购到物料入库等全过程通过电脑联网完成，有效保证物料的供应。

公司采购部准备采购2015年第一批材料，现需要确定第一批材料的订货数量，经与相关部门沟通，取得以下相关资料：

1. 根据材料采购预算，公司本年度材料需求量为21 000 m^3，单价0.4万元/m^3。

2. 每次采购的订货成本为1 000元，单位储存成本为42元。

3. 交货时间为10天，日消耗为60 m^3。

4. 材料供应商为了扩大销售，提供的商业折扣是一次购买3 000 m^3，给予0.2%的折扣。

公司有两个方案可供选择，要么享受商业折扣，要么不享受商业折扣。

企业的存货在企业流动资产中占有很大的比重，占用了企业很大一部分流动资金，是企业财务成本管理的重要对象。存货的管理和利用情况如何，直接关系到企业的资金占用水平以及资产的运作效率。

一、存货的功能

第一,防止停工待料。企业保持一定数量的原材料是保证企业维持正常生产的必要条件。连续生产的企业,其供、产、销在数量上和时间上,难以保持绝对平衡,如果没有一定的存货,一旦某个环节出现问题,就会影响到企业的正常生产和销售。持有一定的保险库存,就有了应付意外情况的物资保证,可以避免停工待料,保证生产过程连续进行。

第二,维持均衡生产。对于任何企业而言,根据季节性高峰需求来设计生产能力是不科学的,会导致淡季时生产能力的严重闲置。较好的办法是在全年实现平衡的生产,这样,淡季生产出来的产品有一部分储备下来,满足旺季的消费需求。

第三,降低进货成本。很多企业为了扩大销售规模,对大量采购的客户会给予较优厚的商业折扣待遇,企业可以利用集中进货获取商业折扣,降低成本。不过采购大量的存货会产生存货资金的占用和存货费用的增加,企业需要权衡商业折扣与增加的存货费用之间的关系。

第四,适应市场变化。存货储备能增强企业生产和销售的机动性和适应市场变化的能力。企业有了足够的库存,能及时有效地供应市场,满足顾客需要,减少因库存不足丧失客户的风险。

二、持有存货的成本

(一)取得成本

存货取得成本是指为取得某种存货而支出的成本。取得成本又可分为购置成本和订货成本。

1. 购置成本

购置成本是由货物的买价和运杂费所构成的成本。购置成本总额是由采购单价与数量的乘积来确定的,一般情况下,购置成本是随着采购数量的增加而增加,且它们之间成正比例关系。

2. 订货成本

订货成本是指为订购货物而发生的费用,如办公费、邮资、电话费、差旅费等。订货成本中有少部分与订货次数无关,如常设机构的基本开支等,属于固定成本;另一部分与订货次数有关,如合同签订的相关费用、差旅费、邮费等,属于变动成本。因此,企业为降低订货成本,就需要加大批量,减少订货次数。

取得成本的公式表示如下:

$$TC_a = F_1 + \frac{D}{Q} \cdot K + DU$$

其中：TC_a为取得成本，F_1为固定订货成本，D为年需要量，Q为每次进货量，K为每次的变动订货成本，U为进货单价。

（二）储存成本

储存成本是指企业为保持存货而发生的成本，包括仓储费、保险费、存货破损、变质损失、占用资金应支付的利息等。储存成本也分为固定储存成本和变动储存成本。固定储存成本与存货数量的多少无关，如折旧费、仓库人员工资等；变动储存成本与存货数量有直接关系，如存货的破损、存货的保险费、存货占用资金利息等。储存成本的公式表示如下：

$$TC_c = F_2 + K_c \cdot \frac{Q}{2}$$

其中：TC_C为储存成本，F_2为固定储存成本，K_c为单位变动储存成本，Q为每次进货量，$\frac{Q}{2}$为平均存货量。

（三）缺货成本

缺货成本是指企业由于存货供应中断，而给生产和销售带来的损失。如由于材料供应中断造成的停工待料损失，由于产品库存不足丧失销售机会的损失，产品缺货造成拖欠发货的损失等。缺货成本用TC_s表示。

如果以TC表示与存货相关的成本，则存货成本的计算公式为：

$$TC = F_1 + \frac{D}{Q} \times K + D \times U + F_2 + K_c \times \frac{Q}{2} + TC_s$$

总之，存货成本的各项构成项目是相互影响的，存货管理的最优化就是使存货的总成本最小。

三、存货订货批量的确定

存货的增加可以增强企业组织生产、销售活动的机动性，但过多的存货占用较大的资金使企业承担利息支出，影响企业的资金周转速度；与此同时，过多的存货会增加与存货有关的各项开支，如采购成本、仓储成本、管理成本等，从而会导致企业经营成本上升、利润下降。权衡存货的成本与收益，实现两者之间的最佳组合，以最低的成本提供企业经营所需的存货，是企业存货管理的目标。为此，企业应该制定相关的存货管理政策，进行科学的管理和控制，使存货维持在最佳水平上。

（一）经济订货批量基本模型

经济订货批量，是指使一定时期内的存货订货成本与储存成本之和最低的订货批量。经济订货批量也可以简称为经济批量。经济订货批量模型是目前大多数企业最常采用的货物订购方式。

在一定时间内，企业采购总额不变的前提下，如果每次订货批量越大，平均存货量就越大，相应地，储存成本也越大。然而，订货批量越大，每一计划期需要的订货次数就越少，相应地，订货成本也就越低。反之，订货批量减小，储存成本降低，但订货成本增加。即订货成本与订货批量成反方向变动关系，而储存成本与订货批量成正方向变动关系。最佳的订货批量就是要寻找使这两个成本之和最小时的订货点，即经济订货批量。

经济订货批量模型的分析研究有若干基本假设，主要包括：

(1)企业一定时期的进货总量可以较为准确地予以预测；

(2)存货的耗用或者销售比较均衡；

(3)存货的价格稳定，且不存在数量折扣，进货日期完全由企业自行决定，并且每当存货量降为零时，下一批存货马上就到；

(4)仓储条件及所需现金不受限制；

(5)不允许出现缺货情形；

(6)所需存货市场供应充足，不会因买不到所需存货而影响其他方面。

经济批量模型下的存货流转过程见图 7－9，当企业存货经过一段时间后，存储量下降到零，此时开始订货并随即到货，库存量由零上升为最高库存量 Q，然后开始下一个存储周期，形成多周期存储模型。

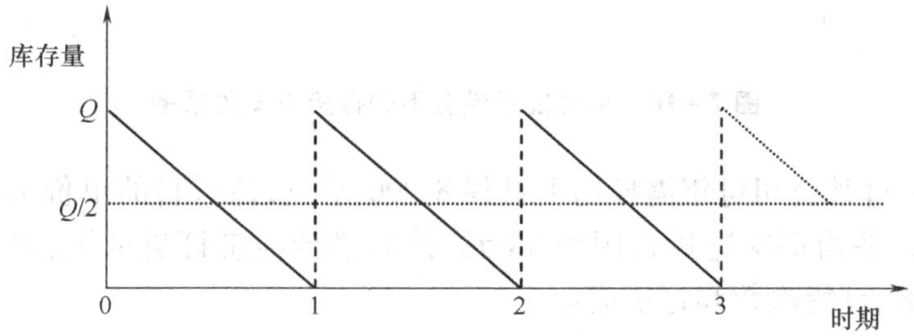

图 7－9　经济批量模型下的存货流转过程

假设：Q 为进货批量，D 为某种存货全年进货总量，K 为平均每次进货费用，K_C 为单位存货年储存成本，P 为进货单价，TC 为相关总成本，N 为进货次数，W 为经济进货批量平均占用资金。

$$\text{变动性储存成本} = \text{平均储存量} \times \text{单位存货年储存成本} = \frac{Q}{2} \times K_C$$

$$\text{变动性进货费用} = \text{进货次数} \times \text{平均每次进货费用} = N \times K$$

$$= \frac{\text{存货全年进货总量}}{\text{每次进货批量}} \times \text{每次进货费用} = \frac{D}{Q} \times K$$

$$\text{相关总成本}(TC) = \text{变动性储存成本} + \text{变动性进货费用} = \frac{Q}{2} \times K_C + \frac{D}{Q} \times K$$

由于存货全年进货总量 D、平均每次进货费用 K 和单位存货年储存成本 K_C 不变，决定相关总成本 TC 的是存货的进货批量 Q，要使得总成本 TC 最小，可以求 TC 对 Q 的导数，推导出经济批量 Q^*。

$$经济进货批量(Q^*) = \sqrt{\frac{2DK}{K_C}}$$

则：

$$经济进货批量的相关总成本(TC) = \sqrt{2DKK_C}$$

$$经济进货批量平均占用资金(W) = \frac{Q^*}{2} \times P = P\sqrt{\frac{DK}{2K_C}}$$

$$年度最佳进货次数(N) = \frac{D}{Q^*} = \sqrt{\frac{DK_C}{2K}}$$

存货成本与订货批量的关系如图 7－10 所示。

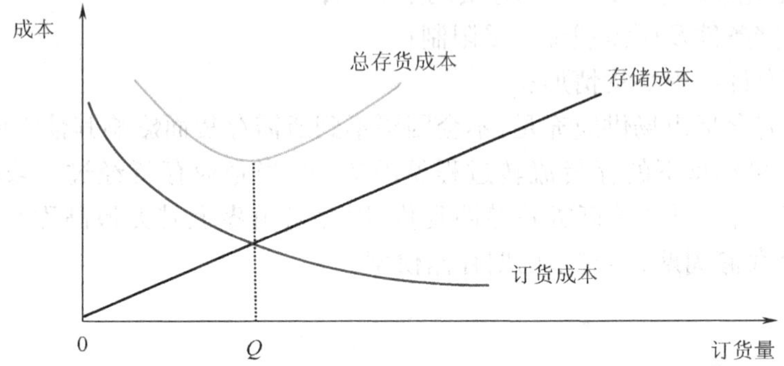

图 7－10　经济批量模型下的存货成本关系图

【例 7－6】某公司每年需耗用甲材料 8 000 千克，该材料的单价 15 元，单位储存成本 5 元，平均每次进货费用为 50 元，计算最佳经济订货批量、相关最小总成本、储存成本、订货次数和订货成本。

解：

$$最佳经济订货批量 = \sqrt{2 \times 8\ 000 \times 50/5} = 400(千克)$$

$$相关最小总成本 = \sqrt{2 \times 8\ 000 \times 50 \times 5} = 2\ 000(元)$$

$$储存成本 = 400 \times 5/2 = 1\ 000(元)$$

$$订货次数 = 8\ 000/400 = 20(次)$$

$$订货成本 = 20 \times 50 = 1\ 000(元)$$

（二）基本模型的扩展

经济订货批量模型是建立在多个假设的前提下的，在实际工作中，这些假设很难全部满足。为了使模型更接近实际情况，具有较高的可用性，需要将基本模型进行改进。

1. 商业折扣模型

当存货供应商为了扩大销售量，采用数量折扣等优惠条件进行销售时，除了订货成本、储存成本是相关成本外，采购成本也成为决策相关成本。

在经济订货批量基本模型的其他各种假设条件均具备的前提下，存在数量折扣时的存货相关总成本可按下式计算：

相关总成本 = 存货进价 + 变动性储存成本 + 变动性进货费用

$$TC = P \times D + \frac{Q}{2} \times K_C + \frac{D}{Q} \times K$$

实行商业折扣的经济订货批量具体确定步骤如下：

(1)按照基本经济订货批量模式确定经济订货批量。

(2)计算按经济订货批量进货时的存货相关总成本。

(3)计算按给予数量折扣的订货批量进货时的存货相关总成本。如果给予数量折扣的订货批量是一个范围,如订货数量在1 000～1 999 千克之间可享受2%的价格优惠,此时按给予数量折扣的最低订货批量,即按 1 000 千克计算存货相关总成本。因为在给予数量折扣的订货批量范围内,无论进货量是多少,存货进价成本总额都是相同的,而相关总成本的变动规律是:订货批量越小,相关总成本就越低。

(4)比较不同订货批量的存货相关总成本,最低存货相关成本对应的订货批量,就是实行数量折扣的最佳经济订货批量。

【例 7－7】某企业甲材料的年需要量为 4 000 千克,每千克标准价格为 20 元。销售企业规定:客户每批购买量不足 1 000 千克的,按照标准价格计算;每批购买量 1 000 千克以上,价格优惠 2%;每批购买量 2 000 千克以上的,价格优惠 3%。已知每批进货费用 60 元,单位材料的年储存成本 3 元。问应以多少批量订货?

解:(1)按经济订货批量基本模式确定的经济订货批量:

$$最佳经济订货批量 = \sqrt{\frac{2 \times 4\,000 \times 60}{3}} = 400(千克)$$

按经济订货批量(Q=400 千克)进货时的存货相关总成本

$$相关最小总成本 = 4\,000 \times 20 + \frac{4\,000}{400} + 3 \times \frac{400}{2} = 81\,200(元)$$

(2)按给予数量折扣的订货批量(Q=1 000 千克)

$$相关最小总成本 = 4\,000 \times 20 \times (1 - 2\%) + \frac{4\,000}{1\,000} + 3 \times \frac{1\,000}{2} = 80\,140(元)$$

(3)按给予数量折扣的订货批量(Q=2 000 千克)

$$相关最小总成本 = 4\,000 \times 20 \times (1 - 3\%) + \frac{4\,000}{2\,000} + 3 \times \frac{2\,000}{2} = 80\,720(元)$$

通过计算结果发现,每次订货为 1 000 千克时的存货相关总成本最低,所以购买甲材料最佳经济订货批量为 1 000 千克。

2. 再订货点的确定

再订货点就是在提前订货的情况下,为确保存货用完时订货刚好到达,企业再次发出订货单时应保持的存货库存量,它的数量等于每天平均需用量和订货提前期的乘积。

再订货点 = 每天平均正常使用量 × 订货提前期

订货提前期是指从发出订货单到存货运抵企业验收入库所用的时间,它对经济订货量并无影响。

【例 7 - 7】企业订货日至到货期的时间为 5 天，每日存货需用量为 20 千克，计算再订货点。

解：　　　　再订货点 = 5 × 20 = 100(千克)

本例中，企业在尚存 100 千克存货时，就应当再次订货，等到下批订货到达时，原有库存刚好用完。

3. 保险储备量

在交货期内，如果对存货的需求量很大，或交货时间由于某种原因被延误，企业可能发生缺货。为了防止缺货或供货中断造成的直接或间接损失以备应急之需而多储备的存货。设置保险储备时，再订货点也会相应提高。

再订货点 = 每天平均正常使用量 × 订货提前期 + 保险储备

【例 7 - 8】假设企业平均日需求量为 10 件，平均每次交货时间为 10 天。为防止需求变化引起缺货损失，设保险储备为 100 件，计算再订货点。

解：　　　　再订货点 = 10 × 10 + 100 = 200（件）

四、存货的日常管理

存货管理不仅需要各种模型帮助确定适当的库存水平，还需要建立相应的库存控制系统。传统的库存控制系统有定量控制系统和定时控制系统两种。定量控制系统是指当存货下降到一定存货水平时即发出订货单，订货数量是固定的和事先决定的。定时控制系统是每隔一固定时期，无论现有存货水平多少，即发出订货申请。这两种系统都较简单和易于理解，但不够精确。伴随着业务流程重组的兴起以及计算机行业的发展，库存管理系统也得到了很大的发展。从 MRP（物料资源规划）发展到 MRP - Ⅱ（制造资源规划），再到 ERP（企业资源规划），以及后来的柔性制造和供应链管理，甚至是外包（outsourcing）等管理方法的快速发展，都大大促进了企业库存管理方法的发展。这些新的生产方式把信息技术革命进步融为一体，提高了企业的整体运作效率。以下将对两个典型的库存控制系统进行介绍。

（一）ABC 控制系统

ABC 控制法是意大利经济学家巴雷特在 19 世纪首创的，存货 ABC 控制法就是该方法的具体应用。一般来说，企业的库存物资种类繁多，每个品种的价格不同，且库存数量也不等。有的物资品种不多但价值很大，而有的物资品种很多但价值不高。由于企业的资源有限，因此在进行存货控制时，要求企业将注意力集中在比较重要的库存物资上，依据库存物资的重要程度分别管理，这就是 ABC 分类管理的思想。

ABC 控制法就是把企业种类繁多的存货，依据其重要程度、价值大小或者资金占用等标准分为三大类：A 类高价值库存，品种数量约占整个库存的 10% 至 15%，但价值约占全部库存的 50% 至 70%；B 类中等价值库存，品种数量约占全部库存的 20% 至 25%，价值约占全部库存的 15% 至 20%；C 类低价值库存，品种数量多，约占整个库存的 60% 至 70%，价值约占全部库存的 10% 至 35%。A 类库存应作为管理的重点，实行重点控制、严格管理；而对 B 类和 C 类库存的重视程度则可依次降低，采取一般管理。具体见表 7－9。

表 7－9　存货 ABC 分类管理品种数量标准参考表

存货类别	特点	金额比重	品种数量比重	管理方法
A	金额巨大，品种数量较少	70%	10%	分品种重点管理
B	金额一般，品种数量较多	20%	25%	分类别一般控制
C	品种数量繁多，金额很小	10%	65%	按总额灵活掌握

（二）适时制库存控制系统（JIT）

准时生产方式（just in time，简称 JIT），也称适时性管理，产生于 1973 年爆发的全球石油危机。这场危机对于当时靠进口原材料发展经济的日本冲击很大，生产制造类企业为了生存，在原材料成本难以降低的情况下，只能从物流过程寻找利润源，减少采购、库存、运输等方面所产生的费用。准时生产方式这一思路最初由日本丰田公司提出并应用。

适时制库存控制系统是指制造企业事先和供应商以及客户协调好：当制造企业在生产过程中需要原料或零件时，供应商就会将原料或零件送来；而每当产品生产出来就被客户运走。这样，制造企业的库存持有水平就可以大大下降。目前，已有越来越多的企业利用适时制库存控制系统，减少甚至消除对库存的需求——即实行零库存管理，比如沃尔玛、丰田、海尔等。适时制库存控制系统消除了大量的存货，节约了在储备存货上所占用的资金及相应的储存成本，提高了生产效率及效益。

【任务实施】

根据已知资料，帮助宏泰公司分析采购决策方案。请完成下列任务，填写表 7－10。

表 7－10　宏泰公司采购决策方案表

2015 年度

方案		计算过程
方案一：不享受商业折扣（经济批量模型）	经济订货批量	
	相关总成本	
	订货次数	
	订货成本	
	储存成本	
	再订货点	

续表

方案		计算过程
方案二： 享受商业折扣 （商业折扣模型）	订货批量	
	相关总成本	
	订货次数	
	订货成本	
	储存成本	
	再订货点	
结论		

【拓展领域】

陆续到货模型

在实务中，存货订购后，一般不是一次性到达入库或一次性领用出库的。事实上，一个订货批量的到达经常是陆续到达入库并陆续领用出库的。特别是，产成品和在产品的转移，几乎都是陆续供应和陆续耗用的。

（一）基本原理

设每批订货数为 Q，每日送货量为 P，每日耗用量为 d，则：

$$最高库存 = (P - d) \times Q/P$$

$$年平均库存 = (Q/2)(P - d)/P = Q/2 \times (1 - d/P)$$

其中：每日库存净增量 $P-d$，送完该批货所需日数则为 Q/P。

（二）与批量有关的总成本

$$订货变动成本 = 年订货次数 \times 每次订货成本 = D/Q \times K$$

$$存储变动成本 = 年平均库存量 \times 单位存货的年储存成本 = Q/2 \times (1 - d/P) \times K_C$$

（三）基本公式

存货陆续供应和使用的经济进货量公式为：

$$Q = \sqrt{\frac{2KD}{K_C(1 - d/P)}}$$

存货陆续供应和使用的经济进货量总成本公式为：

$$TC = \sqrt{2KDK_C(1 - d/P)}$$

【技能训练】

一、选择题：

1. 某企业每年耗用某种原材料 36 000 千克，该材料的单位成本为 20 元，单位材料年持有成本为 2 元，一次订货成本 150 元，则下列说法正确的是（　　）。

A. 该企业的经济订货批量为 2 533.59 千克

B. 该企业的经济订货批量为 2 323.79 千克

C. 与经济订货量相关总成本为 4 647.58 元

D. 与经济订货量相关总成本为 3 595.36 元

2. 在存货管理中,与持有存货有关的成本包括(　　)。

A. 取得成本　　B. 储存成本　　C. 缺货成本　　D. 短缺成本

3. 存货的短缺成本包括(　　)。

A. 替代材料紧急采购的额外开支　　B. 材料供应中断造成的停工损失

C. 延误发货造成的信誉损失　　D. 丧失销售机会的损失

4. 下列关于存货管理的 ABC 分析法描述正确的是(　　)。

A. A 类存货金额巨大,但品种数量较少

B. C 类存货金额巨大,但品种数量较少

C. 对 A 类存货应重点控制

D. 对 C 类存货应重点控制

5.(　　)是指企业订购下一批存货时存货的库存储备量。

A. 正常耗用量　　B. 再订货点　　C. 最大耗用量　　D. 保险储备

6. 建立存货合理保险储备的目的是(　　)

A. 降低存货的储存成本

B. 延长存货订货间隔时间

C. 保证存货的超量耗用

D. 在存货进货延误时保证供应

7. 在确定经济订货批量时,下列各项中表述正确的是(　　)

A. 储存成本的高低与经济订货批量负相关

B. 储存成本的高低与经济订货批量正相关

C. 订货成本的高低与经济订货批量负相关

D. 订货成本的高低与经济订货批量正相关

8. 在存货的管理中,以下与建立保险储备量有关的因素是(　　)

A. 缺货成本　　B. 平均库存量　　C. 交货期　　D. 存货需求量

9. 下列各项中,与再订货点有关的因素是(　　)

A. 经济订货量　　B. 日耗用量　　C. 交货日数　　D. 保险储备量

10. 下列(　　)属于存货的储存变动成本。

A. 存货占用资金的应计利息　　B. 紧急额外购入成本

C. 存货的破损变质损失　　D. 存货的保险费用

二、判断题:

1. 存货管理的目标,就是要尽力降低存货成本。(　　)

2. 在存货管理中,与持有存货有关的成本,包括取得成本和储存成本。(　　)

3. 经济订货批量越大,进货周期就越长。(　　)

4. 存货进价又称进货成本,是指存货本身的价值,等于采购单价与采购数量的乘积。(　　)

三、计算题:

1. 某公司预计全年需要现金6 000元,现金与有价证券的转换成本为每次100元,有价证券的利息率为30%,请计算,并将答案填写在括号内。

(1)最佳现金持有量为(　　　　)元;

(2)最低相关总成本为(　　　　)元;

(3)年度有价证券转换次数为(　　　　)次;

(4)转换成本为(　　　　)元;

(4)机会成本为(　　　　)元。

2. C公司是一家冰箱生产企业,全年需要压缩机360 000台,均衡耗用。全年生产时间为360天,每次的订货费用为160元,每台压缩机持有费率为80元,每台压缩机的进价为900元。根据经验,压缩机从发出订单到进入可使用状态一般需要5天,保险储备量为2 000台。

要求:

(1)计算经济订货批量;

(2)计算全年最佳定货次数;

(3)计算最低存货成本;

(4)计算再订货点。

情境六　利润分配决策

☆苹果公司创立于1976年，到1980年该公司研制生产的家用电脑已经销售13万多台，销售收入达到1.17亿美元。1980年苹果公司首次公开发行股票上市，上市以后，公司得到快速成长。从1980年至1986年，苹果公司的净利润年增长率达到53%。1987年苹果公司仍然取得了骄人的成绩，销售收入实现了42%的增长率。但是，人们对苹果公司能否持续增长表示怀疑。为了增强投资者的信心，苹果公司在1987年4月23日宣布首次分配季度股利，每股支付现金股利0.12美元，同时按1:2的比例进行股票分割（即每1股分拆为2股）。股票市场对苹果公司首次分配股利反应非常强烈，在4个交易日里，股价上涨了约8%。但是，1990年以后，苹果公司的业绩开始逐年下滑。尽管经营业绩发生了较大变化，但苹果公司从1987年首次分配股利开始，一直坚持每年支付大约每股0.45美元的现金股利，直到1996年，由于经营困难，不得不停止发放股利。

☆公司必须做出最重要的股利决策包括何时首次发放股利和一旦发放股利何时停发股利。股利的分配是公司以往业绩的体现，同时股利的分配又会影响未来的业绩。

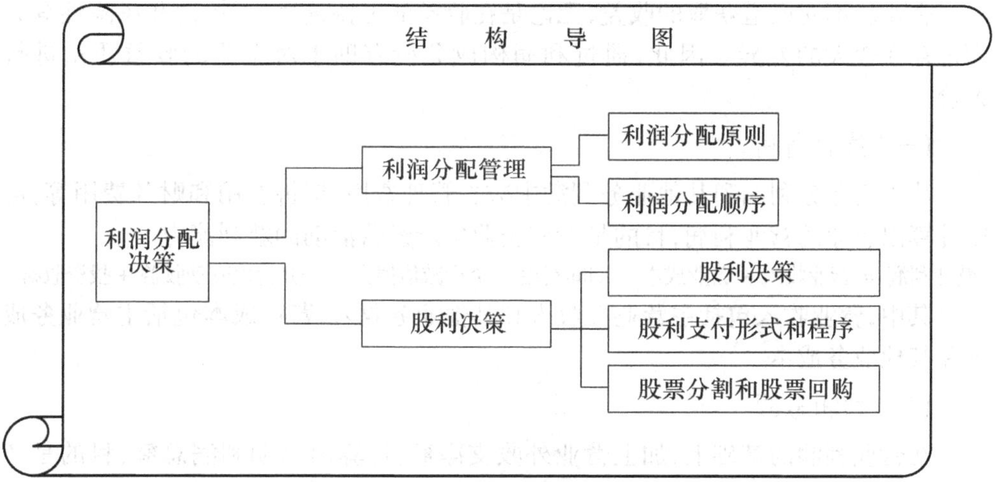

利润是企业一定期间内的经营成果，等于收入扣除成本费用后的余额，它综合反映了企业从事生产经营活动的绩效。

一、利润的意义

利润是衡量企业盈利能力的基础性指标，利润的实现对企业意义重大，突出表现在以下几个方面：

第一，利润是实现企业理财目标的本质要求。利润作为现金流量的最主要部分，是实现企业价值的基础，只有在获利前提下，才能基于价值管理考虑利润与风险均衡问题。

第二，利润体现了资本增值的本质。企业是个获利性的经济组织，这就决定了企业对资本增值的无限的追求。只有获利才能最大限度地满足资本供给者的需求。利润无法实现或达不到预定的要求，企业再筹资能力就会急剧下降，甚至债权人上门索债，股东失去信心，企业的生存就会受到威胁。

第三，利润是衡量企业管理绩效的重要标准。利润是企业进行经营活动的最终成果。一般来说，营业活动产生的利润在全部利润中占绝对的比重，则企业的经营活动属于正常；如果营业利润不能在全部利润中占绝对比重，则企业的经营活动可能存在问题。

第四，利润是企业对社会做出贡献的基础。企业只有获取必要的利润，才能对股东和债权人提供必要的回报，同时在此基础上履行其一定的社会责任。一方面，企业获取利润，表明它向社会提供社会需要的产品和服务，并具有较强的资源配置能力；另一方面，企业实现利润缴纳所得税，税款最终用于国家建设。

二、利润的形成

企业从不同渠道获取的收益，无论是在收益的可持续性、可控性和风险性等方面都存在较大的差异。因此，通过利润构成分析有助于对企业的收益质量进行评价。

(一)营业利润

从主营业务利润和其他业务利润中减去管理费用、销售费用和财务费用等，可以计算出企业的营业利润，目的是考核企业生产经营活动的获利能力。

营业利润 = 营业收入 - 营业成本 - 期间费用 - 资产减值损失 + 公允价值变动收益 + 投资收益

其中，营业收入包括主营业务收入和其他业务收入，营业成本包括主营业务成本和其他业务成本。

(二)利润总额

在营业利润的基础上，加上营业外收支净额，计算出当期利润总额，目的是考核企业的综合获利能力。

利润总额 = 营业利润 + 营业外收支净额

其中,营业外收支净额 = 营业外收入 - 营业外支出

(三)净利润

在利润总额的基础上,减去所得税,计算出当期净利润额,目的是考核企业最终获利能力。

净利润 = 利润总额 - 所得税

【技能训练】

一、计算题:

A 公司 2007 年亏损 20 万元,2008 年盈利 1 万元,2009 年盈利 2 万元,2010 年盈利 3 万元,2011 年盈利 5 万元,2012 年盈利 8 万元,2013 年盈利 10 万元。假设无纳税调整事项,所得税税率为 25%。问:

(1)2012 年是否应交纳所得税? 能否进行利润分配?

(2)2013 年是否应交纳所得税? 交纳多少?

任务一　利润分配管理

【任务目标】

知识目标：

- 了解利润分配的原则
- 理解利润的形成过程
- 掌握利润分配顺序

能力目标：

- 会计算利润总额、净利润
- 能运用利润分配程序来制定其分配方案

【任务引入】

宏泰公司2015年年终利润的有关资料如表8-1所示。

表8-1　宏泰公司利润相关项目表

上年未分配利润(万元)	1 033.36
上年盈余公积(万元)	1 200
本年度利润总额(万元)	2 200
股本(万元)	7 000
每股市价(元)	3.50
每股面值(元)	1.00

本公司按照规定的比率25%缴纳所得税款，按10%的比例提取法定盈余公积，财务部门需要计算出2015年可供分配的利润，并为下一步拟定利润分配的方案提供相关资料。

一、利润分配的原则

企业年度决算后实现的利润总额，要在国家、企业所有者和企业之间进行分配。利润分配的过程与结果关系着国家、企业、职工及所有者各方面的利益，是影响企业能否长期、稳定发展的重要问题，同时也是一项政策性较强的工作，必须严格按照国家的法规和制度执行。企业形成的利润，首先要缴纳税款，这是企业必须履行的义务。财务管理中的利润分配，主要指企业的净利润分配，利润分配的实质就是确定分配给投资者和企业留存利润的比例。利润分配作为一项重要的财务活动，应遵循以下原则：

(一)依法分配原则

为规范企业的利润分配行为,国家制定和颁布了若干法规,这些法规规定了企业利润分配的基本要求、一般程序和重大比例。其目的是为了保障企业利润分配的有序进行,维护企业和所有者、债权人以及职工的合法权益,促使企业增加积累,增强风险防范能力。企业的利润分配必须依法进行,这是正确处理企业各项财务关系的关键。

(二)资本保全原则

资本保全是责任有限的现代企业制度的基础性原则之一,企业在分配中不能侵蚀资本。利润的分配是对经营中资本增值额的分配,不是对资本金的返还。按照这一原则,一般情况下,企业如果存在尚未弥补的亏损,应首先弥补亏损,再进行其他分配。

(三)分配与积累并重原则

企业的利润分配,要正确处理长期利益和近期利益这两者的关系,坚持分配与积累并重。企业除按规定提取法定盈余公积金以外,可适当留存一部分利润作为积累,这部分未分配利润仍归企业所有者所有。这部分积累的净利润不仅可以为企业扩大生产筹措资金,增强企业发展能力和抵抗风险的能力,同时,还可以供未来年度进行分配,起到以丰补歉、平抑利润分配数额波动、稳定投资报酬率的作用。

(四)多方利益兼顾原则

利益机制是制约机制的核心,而利润分配的合理与否是利益机制最终能否持续发挥作用的关键。利润分配涉及投资者、经营者、职工等多方面的利益,企业必须兼顾,合理安排分配比例,并尽可能地保持稳定的利润分配,使利润分配真正成为促进企业发展的有效手段。

(五)体现投资与收益对等原则

企业进行收益分配应当体现"谁投资谁受益"、收益大小与投资比例相对等的原则。即同股同利、同股同权,实现收益分配上的公开、公平和公正,保护投资者利益。投资与收益对等原则是正确处理投资者利益关系的关键。

二、利润分配的一般程序

利润分配的一般程序是指企业实现企业经营所得后,如何按照先后顺序进行利润分配的问题。按照我国公司法的有关规定,企业的利润总额按照国家规定作相应调整后,其一要缴纳所得税;其二要弥补以前年度亏损。《财务通则》规定:"企业发生年度亏损,可以用下一年度的利润弥补;下一年度不足弥补的,可以在5年内用所得税前利润延续弥补,延续五年未弥补完的亏损,用交纳所得税后的利润弥补。"

利润分配实际上是对企业当年可供分配的利润所进行的分配。企业可供分配的利润为企业本年实现的净利润加上年初未分配利润(或减年初未弥补亏损)和其他转入后的余额。即：

企业可供分配利润 = 当年实现的净利润 + 年初未分配利润(或减年初未弥补亏损) + 其他转入

可供分配的利润,按下列顺序分配：

(一)提取法定盈余公积金

根据公司法规定,公司制企业应当按照净利润(减弥补以前年度亏损)的 10% 提取法定盈余公积金。非公司制企业法定盈余公积的提取比例可超过净利润的 10%。法定盈余公积累计额已达到注册资本的 50% 时可以不再提取。法定盈余公积金的计提目的是为了增强企业资本的实力,盈余公积金实质上是一种准资本金,可用来转增资本金,也可以用来弥补亏损,但转增资本金后的盈余公积金不得低于企业注册资本金的 25%。

在计算提取法定盈余公积的基数时,不应包括企业年初未分配利润。

如果年初未分配利润为正数,即历年累积盈利：

提取的盈余公积 = 本年净利润 × 盈余公积提取比例

如果年初未分配利润为负数,即历年累积亏损

提取的盈余公积 =(本年净利润 - 年初未弥补亏损) × 盈余公积提取比例

(二)提取任意盈余公积金

法定盈余公积金和任意盈余公积金共同构成了企业的公积金。任意盈余公积金的提取比例由股东大会讨论确定,提取比例视情况而定,一方面要考虑企业未来投资所需资金的大小,另一方面任意盈余公积金的提取也是对可供普通股分配利润额的一种调节,在一定程度上制约了向投资者分配利润的规模。

(三)向投资者分配利润

企业当年实现的净利润弥补完亏损、扣除法定盈余公积和任意盈余公积后的余额加上以前年度未分配利润,就构成了企业本年度可供分配利润。企业应选择适当的股利政策,本着"同股同利、同股同权"的原则,向股东分配利润。

注意,如果有优先股,在提取任意盈余公积金前应支付优先股股利。

上述程序有严格的限制,在前一项内容分配完后才可以进行下一项分配。对于一般企业而言,如果企业当年无利润,不得向投资者分配利润,但法律、行政法规另有规定的除外。如股份有限公司当年无利润时,不得向股东分配股利,但当在用盈余公积金弥补亏损后,经股东会特别决议,可以按照股票面值 6% 的比率用盈余公积金分配股利。在分配股利后,企业法定盈余公积金不得低于注册资金的 25%。

【任务实施】

根据已知资料,计算宏泰公司 2015 年可供分配的利润,并简单阐述 2015 年宏泰公司利润分配的顺序,请完成下列任务,填写表 8 - 2。

表 8－2　宏泰公司可供分配利润表

2015 年度　　　　单位：万元

项目	计算过程
本年利润总额	
减：所得税	
本年净利润	
减：法定盈余公积	
本年未分配利润	
加：上年未分配利润	
本年可供分配利润	

【拓展领域】

利润预测

利润预测是指企业在营业收入预测的基础上，通过对销售量、商品或服务成本、营业费用以及其他对利润发生影响的因素进行分析与研究，进而对企业在未来某一时期内可以实现的利润预期数进行预计和测算。通过利润预测可以确定企业的目标利润，目标利润是企业在计划期经过努力能够达到的利润水平，是企业计划期生产经营活动综合经济效益的集中表现。测算计划期可能实现的目标利润数额是利润预测的核心步骤，其中常用的测算方法有比例计算法、量本利分析法、因素分析法。

1. 比例计算法

比例计算法是根据利润同有关财务指标的比例关系来测算计划期目标利润数额的方法。常用的比例关系有销售利润率、成本利润率等。

(1) 销售利润率法。销售利润率是指利润与主营业务净收入的比值，其中主营业务净收入是扣除销售折扣与折让后的收入。其计算公式为：

主营业务目标利润 = 计划期预计主营业务净收入 × 上年销售利润率

该方法适用于历年已有生产的产品利润的预测，即可比产品利润的预测。

(2) 成本利润率法。成本利润率是指利润与成本的比值。这种方法可对不可比产品的主营业务目标利润进行测算，其中不可比产品就是指企业的新产品。其计算公式：

不可比产品的主营业务目标利润 = 计划期不可比产品生产成本总额 ×
不可比产品应销比例 × 不可比产品预计成本利润率

其中：不可比产品应销比例是该批不可比产品销售量占生产量的比例。

2. 量本利分析法

量本利分析法是根据商品销售数量、成本与利润之间的依存关系，利用预计的销售量、销售价格和成本费用资料，测算计划期目标销售利润数额的方法。但在使

用过程中,我们必须明确成本费用按与产品产量的关系可分为变动成本与固定成本。其计算公式:

主营业务目标利润 = 预计销售数量 ×(预计单位销售价格 - 预计单位变动成本 - 单位销售税金)- 固定成本总额

适用范围:适合于可比产品与不可比产品的目标利润的预测。

3. 因素分析法

因素分析法是以上期的主营业务利润为基础,根据计划期间影响主营业务目标利润的各项因素,来测算计划期目标利润额的方法。其计算公式:

主营业务目标利润 = 上期产品销售利润 + 计划期各种因素变动而增加或减少的利润

目标利润一经确定,就要保持相对稳定,修正目标利润的情况并不经常发生,只有执行过程中出现了新问题,遇到了出乎预料的新情况,如国家经济政策的调整、市场环境的变化、重大灾害的影响等,并且这些新问题、新情况对目标利润的影响程度较大,使目标利润变得不甚合理,才对目标利润进行修正,以保持目标利润的先进性和合理性。目标利润的修正事关企业全局,必须严格按照程序进行修正。目标利润修正的程序与预算的编制基本相同。总之,若不是遇到突出问题和特殊情况,企业管理者尽量不要对目标利润进行修正。

【技能训练】

一、选择题:

1. 甲公司2016年初所有者权益构成情况如下:实收资本2 000万元,资本公积500万元,盈余公积300万元,未分配利润600万元。2016年度实现利润总额1 000万元,企业所得税税率为25%,按净利润的10%提取法定盈余公积,假定不存在纳税调整事项及其他因素,则甲公司2016年末可供分配利润为(　　)万元。

A. 1 225　　B. 1 285　　C. 1 350　　D. 1 600

2. 利润分配应遵循的原则中,(　　)是正确处理投资者利益关系的关键。

A. 依法分配原则　　B. 兼顾各方面利益原则

C. 分配与积累并重原则　　D. 投资与收益对等原则

3. 下列净利润分配事项中,根据相关法律法规和制度,应当最后进行的是(　　)。

A. 向股东分配股利　　B. 提取任意公积金

C. 提取法定公积金　　D. 弥补以前年度亏损

4. 影响可供分配利润项目的因素有(　　)。

A. 年初未分配利润　　B. 提取任意盈余公积

C. 年初未弥补亏损　　D. 当年实现的净利润

二、判断题:

1. 股份有限公司利润分配的顺序是:提取法定公积金、提取法定公益金、提取

任意公积金、弥补以前年度亏损、向投资者分配利润或股利。(　　)

2. 法定公积金按照本年实现净利润的10%提取,法定公积金达到注册资本的50%时,可不再提取。(　　)

三、计算题:

某公司本年度利润总额100万元,5年内未弥补的亏损为15万元,超过5年弥补期限的亏损额为10万元,没有其他纳税调整事项,所得税税率为25%,分别按10%的比例计提法定盈余公积和任意盈余公积,求该公司当年应缴纳的所得税额,应计提的法定盈余公积、任意盈余公积、可供投资者分配的利润。

任务二 股利政策

【任务目标】

知识目标:

- 了解股利支付形式和程序
- 理解股票的分割和回购
- 掌握股利政策的类型

能力目标:

- 能制定股利分配方案
- 能区别股票分割与股票回购

【任务引入】

宏泰公司正在制定2015年股利分配方案。

相关信息:之前,公司一直采用固定股利支付率的方式发放股利,近几年,公司产品销售势头良好,公司准备加大投资力度,扩大生产规模。2015年年底,经公司董事会提案,股东会决议,为了公司的长远发展,公司决定2015年采用剩余股利政策发放股利。在2016年公司将投资一个新项目,预计需要资金1 000万元,公司筹资时优先采用内部筹资,其次是长期借款,必要时发行普通股。公司2015年年末资产负债率为25%,此时的资金结构为企业最佳资金结构。

股利是股息和红利的总称,是公司向股东分配的公司盈余。股息是股东定期按一定的比率从上市公司分取的盈利,红利则是在上市公司分派股息之后按持股比例向股东分配的剩余利润。显然,股息率是固定的,而红利率是不固定的。

公司发行的股票有普通股与优先股之分,因而,股利也就有普通股股利和优先股股利之分。一般地,关于优先股股利的支付方法在公司章程里早就有规定,公司管理当局只需按章程规定办法支付即可。因此,这里所讨论的股利仅指普通股股利。

制定和实施股利政策是股份有限公司财务管理的一项重要内容,它不仅仅会影响股东的财富,而且关系着公司在资本市场的形象,进而会影响公司投资、筹资以及股票的价格等,制定合理的股利政策对公司以及股东来说非常重要。

一、股利政策

股利政策是指为指导企业股利分配活动而制定的一系列制度和策略,内容涉及公司是否发放股利、发放多少股利以及何时发放股利等方面。

(一)影响股利政策的因素

1. 法律因素

为了保护有关各方的权益不受侵犯,各国法律都对企业股利分配做出了一定的限制,主要有:

(1)资本保全的限制:

资本保全的限制,要求企业发放的股利或投资分红不得来源于原始投资(股本和资本公积),而只能来源于企业当期利润或留存收益。这样是为了保全公司的股东权益资本,以维护债权人的利益。

(2)企业积累的限制:

企业积累的限制,是指公司必须按净利润的一定比例提取法定公积金,只有当提取的法定公积金达到注册资本的50%时,才可以不再计提。这也是为了增强企业抵御风险的能力,维护投资者的利益。

(3)企业利润的限制:

净利润的限制,是指只有在企业以前年度的亏损全部弥补完之后,若还有剩余利润,才能用于分配股利,否则不能分配股利。

(4)偿债能力的限制:

偿债能力是指企业按时足额偿付各种到期债务的能力。基于对债权人的利益保护,企业在分配股利时,还必须考虑到企业的现金是否充足。如果一个公司已经无力偿付负债或股利支付会导致公司失去偿债能力,则不能支付股利。

2. 公司自身因素

公司在制定股利政策时应考虑到自身投资需要和筹资能力等方面,主要包括:

(1)资产的流动性:

资产流动性是制约现金股利发放的重要因素之一,由于股利代表现金流出,利润和现金是两个不同的概念,实现利润并不一定能带来现金流量的增加。公司在分配现金股利时,必须要考虑到现金流量以及资产的流动性,如果企业的资产流动性较差,即使收益可观,也不宜分配过多的现金股利。

(2)举债能力:

举债能力是企业筹资能力的一个重要方面,不同的企业在资本市场上的举债能力会有一定的差异。具有较强举债能力的公司,因为能够及时地筹措到所需的现金,有可能采取高股利政策;而举债能力弱的公司则不得不多滞留盈余,因而往往采取低股利政策。

(3)投资机会:

在企业有良好的投资机会时,企业就应当考虑较少发放现金股利,增加留存利润用于再投资,这样可以加速企业的发展,增加企业未来的收益,这种股利政策往往也易于为股东所接受。当企业缺乏良好的投资机会时,保留大量的盈余会造成资金的闲置,可适当增大分红数额。

(4)资金成本:

资金成本是企业选择筹资方式的基本依据。留用利润是企业内部筹资的一种重要方式,与发行新股相比,保留盈余不需花费筹资费用,资本成本较低。从这个角度考虑,如果公司有扩大资金的需要,应当采取低股利政策。

(5)盈余的稳定性:

企业的股利政策应具有一定的稳定性,而稳定的股利政策要根据企业收益的稳定性程度而定。盈余相对稳定的企业有可能支付较高的股利,而盈余不稳定的企业一般采用低股利政策。盈余相对稳定的公司面临的经营风险和财务风险较小,筹资能力较强,具有较高的股利支付能力;相反,盈余不稳定的公司对保持较高股利支付率没有信心。

3. 股东因素

股利政策必须经过股东大会决议通过才能实施,股东在控制权、税负、收益等方面的意愿会直接影响公司股利政策。一般来说,影响股利政策的股东因素主要有以下几方面:

(1)稳定收入考虑:

企业股东的收益包括两部分,即股利收入和资本利得。一些依靠股利维持生活的股东,往往要求公司支付稳定的股利,反对保留较多的盈余。

(2)控制权稀释考虑:

有的大股东持股比例较高,对公司拥有一定的控制权,如果公司的股利支付率高,意味着将来发行新股的可能性加大,而发行新股会稀释大股东对公司的控制权。因此,他们宁愿少分现金股利,愿意较多地保留盈余,也不愿看到自己的控制权被稀释。

(3)规避所得税考虑:

在我国,股东从公司分得的股息和红利应按 20% 的税率交纳个人所得税,而对股票交易所得目前还没有开征个人所得税,因此,高收入阶层的股东为了避税往往反对公司发放过多的现金股利,而低收入阶层的股东因个人税负较轻,可能会趋向于公司多分红利。

(4)规避风险考虑:

有些股东是"一鸟在手论"的支持者,他们认为增加留存收益引起股价上涨而获得资本利得是有风险的,还是取得现实的股利比较稳妥,可以规避风险,因此,这些股东也倾向于多分配股利。

4. 其他因素

除了上述几个方面外,股利政策的制定还受到其他一定因素的影响,如企业长期借款合同中保护性条款对企业现金支付的限制性规定;通货膨胀等宏观环境的影响,等等。

（二）股利政策类型

影响股利分配的因素很多，不同的股利政策也对公司的股票价格产生不同的影响，公司对此应引起足够重视，确定适宜的股利政策。股利政策的核心是确定分配与留存的比例，即股利支付比率问题。目前，公司常采用的股利分配政策有以下几种类型：

1. 剩余股利政策

剩余股利政策是指在公司具有良好投资机会时，在企业确定的最佳资本结构下，税后净利润首先要满足投资的需求，然后若有剩余才用于分配股利。

这是一种投资优先的股利政策。采用剩余股利政策的先决条件是企业必须有良好的投资机会，并且该投资机会的预计报酬率要高于股东要求的必要报酬率，这样才能为股东所接受。

采用剩余股利政策时，应按如下步骤进行操作：

（1）根据选定的最佳投资方案，确定投资所需的资金数额；

（2）设定目标资本结构，即确定权益资本与债务资本的比率，目标资本结构下的综合资本成本应是最低水平；

（3）按照企业的目标资本结构，确定投资需要增加的股东权益资本的数额；

（4）最大限度地利用保留盈余来满足投资方案所需的权益资本数额；

（5）满足投资需要后的剩余部分用于向股东分配股利。

【例 8－1】某公司发行在外的普通股股数为 120 万股，该公司 2015 年的税后利润为 3 600 万元，共发放现金股利 1 200 万元，该公司 2016 年实现税后利润为 4 000万元，预计该公司在 2017 年有良好的投资机会，需要追加投资 5 000 万元。该公司的资本结构为：资产权益率 60%，目前的资金结构为企业最佳资金结构。请问：如果该公司采用剩余股利政策，则 2016 年将发放的现金股利是多少？如果追加投资需要 1 亿元，则 2016 年将发放的现金股利为多少？

该公司 2015 年股利支付率 = 1 200/3 600 = 33.33%，保留盈余比率 = 1 − 33.33% = 66.67%

当追加筹资额为 5 000 万元时：

$$2017\text{ 年追加筹资时需要的权益性资金} = 5\ 000 \times 60\% = 3\ 000(\text{万元}),$$

$$2016\text{ 年可发放现金股利} = 4\ 000 - 3\ 000 = 1\ 000(\text{万元})$$

当追加筹资额为 1 亿元时：

$$2017\text{ 年追加筹资时需要的权益性资金} = 10\ 000 \times 60\% = 6\ 000(\text{万元}),$$

2016 年所有净利润必须全部留在企业，另外还需外部权益性筹资 2 000 万元。故 2016 年不能发放现金股利。

在这种政策下，留存收益优先保证投资的需要，有助于保持最佳的资本结构，降低资金成本，实现公司价值的长期最大化。但由于公司各期的利润和投资机会具有不确定性，每年股利发放额会随着投资机会和盈利水平的波动而波动，不利于投资者安排收入与支出，也不利于公司树立良好的形象，容易引起股价的大起大落。该政策一般适用于公司初创阶段。

2. 固定股利或稳定增长股利政策

固定股利或稳定增长股利政策是指公司的股利发放在一定时期内保持稳定，并稳中有增的一种股利分配政策。这一股利政策要求把握住以下两点：

(1)将每年发放的股利固定在一定水平上并保持长期不变；

(2)当公司确信未来的利润将显著增长，而且这种增长趋势是不可逆转时，才提高股利发放额。

【例 8－2】沿用例 8－1 资料，如果公司每年分配的现金股利以 5% 的速度稳定增长，则 2016 年将发放的现金股利为多少？

2016 年发放的现金股利为：$1\ 200 \times (1+5\%) = 1\ 260$(万元)

该股利政策的目的是为了避免由于企业经营波动而削减股利的情况：一方面，稳定的股利向市场传递着公司正常发展的信息，有利于树立公司的良好形象，增强投资者对公司的信心，稳定股票的价格；另一方面，稳定的股利额有助于投资者安排股利收入和支出，有利于吸引那些打算进行长期投资并对股利有很高依赖性的股东。但由于要保持一定股利支付，会对企业形成很大的财务压力，尤其在净利润下降或现金紧张时，为了保持固定股利的支付，容易导致资金短缺，财务状况恶化。该政策通常适用于经营比较稳定或正处于成长期的企业，很难被长期采用。

3. 固定股利支付率政策

固定股利支付率政策是指企业将当期可供分配的利润数额按固定的比率计算确定向股东支付股利的政策。

【例 8－3】沿用例 8－1 资料，如果公司股利分配采取固定股利支付政策，则 2016 年将发放的现金股利为多少？

2016 年发放的现金股利为：$4\ 000 \times 33.33\% = 1\ 332$(万元)

这是一种变动的股利政策，企业每年都从净利润中按固定的股利支付率发放股利。这一股利政策使企业的股利支付与企业的盈利状况密切相关，盈利状况好，则每股股利额就增加，盈利状况不好，则每股股利额就下降，股利随经营业绩“水涨船高”。但是，这种政策下各年的股利变动较大，极易造成公司不稳定的感觉，对于稳定股票价格是不利的。因此，这种股利政策一般适用于盈利状况较为稳定的企业。

4. 低正常股利加额外股利政策

低正常股利加额外股利政策，是指公司每年都支付稳定但相对较低的股利额，当公司盈余较多、资金较为充裕时再向股东发放额外股利。

【例 8－4】沿用例 8－1 资料，如果该公司采用低正常股利加额外股利政策，低正常股利为每股 1 元，额外股利以 2015 年税后利润为基数，按照税后净利润每增长 1 元，股利增长 0.5 元的原则发放，则该公司 2016 年应发放的股利为多少？

2016年应发放的现金股利 = 120 × 1 + (4 000 − 3 600) × 0.5 = 320(万元)

这种股利政策每期都支付稳定的较低正常股利额:一方面,该政策赋予公司较大的灵活性,使公司在股利发放上留有余地,并具有较大的财务弹性;另一方面,该政策使那些依靠股利度日的股东每年可以得到比较稳定的股利收入,从而吸引住这部分股东,使灵活性与稳定性较好地相结合,因而被许多企业所采用。

总之,不同的股利政策有不同的适用条件,其中起主要作用的还是公司的收益能力。公司在分配股利时可借鉴上述理论及决策思想,制定出符合公司实际情况的股利政策。

二、股利支付形式和程序

企业决定发放股利后,还要确定股利发放的形式,发放时,必须遵循法定程序进行。

(一)股利支付形式

股利支付方式很多,常见的有以下几种:

1. 现金股利

现金股利,是指用现金资产支付股利的形式,这是支付股利的最主要形式,由于现金股利的多少可直接影响股票的市场价格,公司必须依据实际情况对其全面权衡,并制定合理的现金股利政策。现金股利发放的多少主要取决于公司的股利政策和经营业绩。

现金具有极强的流动性,且现金股利还向市场传递一种积极的信息,因此,现金股利的派发有利于支撑和刺激企业的股价,增强投资者的投资信心。但现金股利对企业资产的流动性形成较大的财务压力,只有在企业有足够的留存收益且有足够的现金时,才能发放现金股利。

2. 股票股利

股票股利是企业将应分配给股东的股利以股票的形式发放。股票股利对企业的影响是双重的。可以用于发放股票股利的,除了当年的可供分配利润外,还有公司的盈余公积金。发放股票股利会给企业带来以下几点影响:

(1)发放股票股利可使股东分享公司的盈利而无须分配现金,使公司留存了大量的现金,便于进行再投资,有利于公司的长期发展。

(2)由于这种方式通常按现有普通股股东的持股比例增发普通股,所以它既不影响公司的资产和负债,也不增加股东权益的总额。但是股票股利增加了流通在外的普通股的数量,每股普通股的权益将被稀释,从而可能会影响公司股票的市价。一方面,发放股票股利往往会向社会传递公司将会继续发展的信心,从而提高投资者对公司的信息,在一定程度上稳定股票价格。但另一方面,发放股票股利也会被认为是公司资金周转不灵的征兆,从而降低投资者对公司的信心,加剧股价的下跌。

(3)对于股东来说,虽然分得股票股利没有得到现金,但是,如果发放股票股利之后,企业依然维持原有的固定股利水平,则股东在以后可以得到更多的股利收入,或者股票数量增加之后,股价并没有成比例下降,而是走出了填权行情,这样股东的财富会随之增长。

【例8-5】某公司发放股票股利前,所有者权益的情况如下:

表8-3 发放股票股利前股东权益项目表

项目	金额(单位:万元)
普通股(面值1元,已发行20万股)	20
资本公积	40
未分配利润	200
股东权益合计	260

假定该公司宣布发放10%的股票股利,并规定现有股东每持10股可得1股新发股票。若该股票当时市价20元,发放股票股利后股东权益各项目变化,见表8-4。

表8-4 发放股票股利后股东权益项目表

项目	金额(单位:万元)
普通股(面值1元,已发行22万股)	$20+20\times10\%\times1=22$
资本公积	$40+20\times10\%\times(20-1)=78$
未分配利润	$200-20\times10\%\times20=160$
股东权益合计	260

从上面两张表可以看出,分配前股东权益为260万元,分配后股东权益为260万元。即发放股票股利不会对公司股东权益总额产生影响,但会发生资金在各股东权益项目间的再分配。

3. 财产股利

财产股利,是指以现金以外的资产作为股利发放给股东的股利支付形式。具体有:

(1)实物股利,即发给股东实物资产或实物产品。通常情况下,企业在现金支付能力不足时,所采取的补救措施就是发给股东实物资产甚至企业所生产的产品,股东收到公司发放的实物股利,收到的信号即公司经营状况不佳,因而,实物股利形式在实际中不经常采用。

(2)证券股利,是公司用所持有的其他公司发行的债券、股票等证券资产来向股东支付股利的一种特殊股利支付形式。由于证券的流动性即安全性比较好,仅次于货币资金，投资者愿意接受。对企业来说，把证券作为股利发给股东，既发放了股利，又保留了对其他公司的控制权，可谓一举两得。

4. 负债股利

负债股利是指以应付票据和应付债券等负债形式向股东发放的股利。以这种形式发放股利，对股东来说，他们又成为了公司的债权人。对公司来说，资产总额不变，负债增加，资产净值减少。负债股利适用于那些有盈利但现金不足的企业，但实际上企业只有在万不得已的情况下才采用这种方式。

（二）股利支付程序

股份公司股利分配一般是先由董事会提出分配预案，然后提交股东大会决议通过才能进行分配。股东大会决议通过分配预案之后，要向股东宣布发放股利的方案，并确定股权登记日、除息日和股利发放日。

1. 股利宣告日

股利宣告日就是股东大会决议通过并由董事会宣布发放股利的日期。股利宣告日公告的内容主要涉及：股利分配额、股利的支付方式、股权登记日、股权的除权日和股利发放日等。在宣布日，股份公司应登记有关股利负债（应付股利）。

2. 股权登记日

股权登记日是有权领取本期股利的股东资格登记截止日期。由于工作和实施方面的原因，自公司宣布发放股利至公司实际将股利发出会有一定的时间间隔。因为股票是经常流动的，公司股东会随股票交易而不断易人，企业规定股权登记日是为了确定股东能否领取股利的日期界限，凡在股权登记日之前（含登记日当天）列于公司股东名单上的股东，都将获得此次发放的股利，而在这一天之后才列于公司股东名单上的股东，将得不到此次发放的股利，股利仍归原股东所有。

3. 除息日

除息日指领取股利的权利与股票相互分离的日期。在除息日之前购买的股票才能领取本次股利，而在除息日当天或是以后购买的股票，则不能领取本次股利。由于失去了“付息”的权利，除息日的股票价格会下跌。股权登记日后的第一个交易日就是除息日。

4. 股利发放日

股利发放日是上市公司按公布的股利分配方案向股权登记日在册的股东实际支付股票股利和现金股利的日期。

【例8－6】某公司于2016年4月6日举行的股东大会决议通过股利分配方案，并于当日由董事会宣布2015年的股利分配方案为：每股分派现金股利1.80元，股权登记日为2016年4月13日，除息日为2016年4月14日，股利发放日为2016年4月25日。

三、股票分割和股票回购

(一)股票分割

股票分割指将一股面值较高的股票交换成数股面值较低股票的行为。例如,将原来的一股股票交换成两股股票。股票分割不能算是某种股利分配的方式。股票分割时,发行在外的股数增加,使得每股面值降低,每股盈余下降,但公司的价值不变,股东权益总额、权益各项目的金额及其相互间的比例也不会改变。

企业进行股票分割主要是出于以下动机:

1. *股票分割有利于提高企业股票的市场流通性*

股票分割会在短时间内使公司股票每股市价降低,买卖该股票所必需的资金量减少,易于增加该股票在投资者之间的换手,并且可以使更多的资金实力有限的潜在股东变成持股的股东。因此,股票分割可以促进股票的流通和交易。

2. *股票分割的信息效应有利于股价的提高*

股票分割可以向投资者传递公司发展前景良好的信息,有助于提高投资者对公司的信心,因而往往会刺激股价的上扬。

3. *股票分割有利于新股的发行*

股价的高低往往是影响新股发行顺利与否的关键性因素,公司股票价格太高,会对许多潜在的投资者造成心理压力,从而不敢轻易对公司的股票进行投资。在新股发行之前,利用股票分割降低股票价格,有利于提高企业股票的可转让性,促进股票市场交易的活跃,更广泛地吸引各层次投资者的注意力。

4. *股票分割有利于抑制恶意收购*

股票分割带来股票流通性的提高和股东数量的增加,会在一定程度上加大对公司股票恶意收购的难度。

【例 8-7】某公司原发行面额 2 元的普通股 200 000 股,所有者权益的情况如表 8-5 所示。

表 8-5 股票分割前股东权益项目表

项目	金额(单位:万元)
普通股(面值 2 元,已发行 20 万股)	40
资本公积	80
未分配利润	400
股东权益合计	520

若按 1 股换成 2 股的比例进行股票分割,分割后的股东权益项目见表 8-6。

表8－6　股票分割后股东权益项目表

项目	金额(单位:万元)
普通股(面值1元,已发行40万股)	40
资本公积	80
未分配利润	400
股东权益合计	520

上两表列示了该公司股票分割之后资产负债表中所有者权益各项目的情况,从上两表的数字可知除了股份数由20万股变为40万股外,资产负债表其他各项目的金额没有发生改变。

(二)股票回购

股份回购是指公司按一定的程序购回发行或流通在外的本公司股份的行为。公司在股票回购完成后可以将所回购的股票注销。但在绝大多数情况下,公司将回购的股票作为“库存股”保留,以达到减资或调整股本结构的目的。股份回购与分拆、分立同属于资本收缩范畴,它是国外成熟证券市场一种常见的资本运作方式和公司理财行为。

1. *股票回购的动机*

(1)提高每股收益:

由于每股收益指标是以流通在外的股票总数作为分母计算的基础,在企业净利润不变的情况下,分母减少则可以提高每股收益的数值。有些企业为了自身形象和股东渴望高回报等原因,采取股票回购的方式来减少实际流通的股份总数,从而达到提高每股收益指标的目的。

(2)股票回购可以满足企业兼并或收购的需要:

许多股份有限公司的大股东为了保证其所持有的公司控制权不被改变,往往采取直接或间接的方式回购股票,从而巩固既有的控制权,股票回购因此在国外经常是作为一种重要的反收购措施而被运用。回购可以提高本企业的股价,减少在外流通的股份,这样可以防止流通在外的股票落入收购企业的手中。

2. *股票回购的方法*

(1)按照股票回购的地点不同,可分为场内公开收购和场外协议收购两种:

场内公开收购是指上市公司把自己等同于任何潜在的投资者,委托在证券交易所有正式交易席位的证券公司,代自己按照公司股票当前市场价格回购。在国外较为成熟的股票市场上,这一种方式较为流行。

场外协议收购是指股票发行公司与某一类(如国家股)或某几类(如法人股、B股)投资者直接见面,通过在店头市场协商来回购股票的一种方式。协商的内容包括价格和数量的确定,以及执行时间等。很显然,这一种方式的缺陷在于透明度比较低,有违于股市“三公”原则。

(2)按照筹资方式不同,可分为举债回购、现金回购和混合回购:

举债回购是指企业通过向银行等金融机构借款的办法来回购本公司股票。其目的无非是防御其他公司的敌意兼并与收购。

现金回购是指企业利用剩余资金来回购本公司的股票。这种方法可以分配企业的超额现金,起到替代现金股利的目的。

混合回购是指企业既动用剩余资金,又向银行等金融机构借贷来回购本公司股票。

(3)按照回购价格的确定方式不同,可分为固定价格要约回购和荷兰式拍卖回购:

固定价格要约回购是指企业在特定时间发出的以某一高出股票当前市场价格的价格水平,回购既定数量股票的要约。为了在短时间内回购数量相对较多的股票,公司可以宣布固定价格回购要约。它的优点是赋予所有股东向公司出售其所持股票的均等机会,而且通常情况下公司享有在回购数量不足时取消回购计划或延长要约有效期的权力。固定价格要约回购通常被认为是更积极的信号,其原因可能是要约价格存在高出市场当前价格的溢价。但是,溢价的存在也使得固定价格回购要约的执行成本较高。

荷兰式拍卖回购首次出现于1981年Todd造船公司的股票回购中。此种方式的股票回购在回购价格确定方面给予公司更大的灵活性。在该方法下,企业首先向市场发布企业进行股票回购计划,包括回购时间安排、回购股票数量、最高和最低收购价格等内容。接到股东报价后,企业按由低到高的顺序排列并决定最终股票的回购价格。与固定价格购买方式相比,该方法在股票价格方面有更大灵活性,在一定程度上避免了固定价格购买的超额认购风险。

【任务实施】

根据已知资料,帮助宏泰公司分析2015年股利分配情况,请完成下列任务,填写表8-7。

表8-7 宏泰公司股利分配方案计算表

2015年度

分配政策类型	计算过程
剩余股利政策	

【拓展领域】

股利政策的基本理论

(一)股利政策无关论

股利政策无关论是由米勒(Miller)和莫迪格莱尼(Modigliani)首次提出的[(以下简称MM,所以股利政策无关论又称MM理论)]。MM认为在完善的资本市场条件下,企业的股利政策不会对公司的股票价格产生任何影响。投资者并不关心公司股利的分配情况,公司的股票价格完全由公司投资方案和获利能力所决定。

MM理论以下面4个基本假设为前提:①资本市场具有强式效率性(市价反映所有已公开或未公开的信息),对于将来的投资机会,投资者与管理者拥有相同的信息(即对称信息);②不存在股票的发行和交易费用(没有股票筹资费用);③不存在个人或公司所得税,对投资者来说,无论收到股利或是资本利得都是无差别的;④公司的投资决策与股利决策是彼此独立的。

MM的股利政策无关论是以多种假设为前提的,在现实生活中,这些假设并不存在。首先,即使非常完善、成熟的资本市场,如纽约证券市场,也不具备强式效率性,因此MM理论的完善市场理论假设实际上是不存在的;其次,在资本市场上,不可能没有筹资费用,也不可能没有个人或公司所得税的存在;再者,公司的投资决策有时是与股利政策相关的,投资决策由于对资金的需求,可能会影响到公司的股利政策。因此,关于股利政策无关的结论在现实条件下并不一定有效。

(二)股利政策相关论

股利政策相关论认为公司的股利分配对公司的股票价格会产生影响,进而会影响公司的市场价值。在现实经营中,不存在无关理论提出的假设条件,公司的股利分配是在各种制约因素下进行的,公司不可能摆脱这些因素的影响。其代表理论有:

1."在手之鸟"理论

这一理论的代表人物是M. Gordon和D. Durand等。这一理论认为,股票的投资收益包括股利收入和资本利得两个部分,在股利收入与资本利得之间,投资者更倾向于前者。因为股利是现实的有把握的收益,而股票价格的上升与下跌具有较大的不确定性,与股利收入相比风险更大,投资者更喜欢现金股利。因此,该理论认为公司应维持较高的股利支付率政策。这一理论用西方一句谚语来形容就是"双鸟在林,不如一鸟在手",所以,该理论也被称为"一鸟在手论"。

2. 差别税收理论

差别税收理论是由Litzenberger和Ramaswamy提出的。差别税收理论认为由于股利收入的所得税税率高于资本利得的所得税率,则资本利得对股东更有利。即使股利与资本利得按相同的税率征收,由于这两者支付的时间不同,股利收入纳税时间是在收取股利的同时,而资本利得纳税只是在股票出手时才发生。相对于股利收入而言,资本利得在纳税时间的选择上更具有弹性。考虑到货币的时间价值和风险价值,将来支付的货币的价值要比现在支付的相同货币的价值小,这种税收延期的特点给资本利得提供了一个优惠。

3. 代理理论

1976 年,詹森和麦考林(Jensen & Meckling,1976)最先将信息不对称和代理成本概念引入金融学,开创了用代理成本理论研究股利政策的先河。代理理论认为,股利政策有助于减缓管理者与股东之间的代理冲突。在这个理论中,现金股利被认为可以减少股东和管理者之间冲突的代理成本,公司利用它可以解决代理问题。当公司股权分散时,广泛持股的企业管理者可以将资源配置到自己可以获益但不适宜股东利益最大化的活动中去,所以企业留有过多的现金会导致过度投资。现金股利在解决管理者和股东之间利益问题上的作用是:①通过现金股利的发放减少留在管理者手中的现金,约束过度投资;②吸引机构投资者等大股东,由于这些股东能对管理者进行有效的监管,由此提升了公司的价值。

【技能训练】

一、选择题:

1. 下列在确定公司利润分配政策时应考虑的因素中,不属于股东因素的是(　　)。

A. 规避风险　　B. 稳定股利收入

C. 防止公司控制权旁落　　D. 公司未来的投资机会

2. 剩余股利政策的优点是(　　)。

A. 有利于树立良好的形象　　B. 有利于投资者安排收入和支出

C. 有利于企业价值的长期最大化　　D. 体现投资风险与收益的对等

3. 某公司 2015 年度净利润为 4 000 万元,预计 2016 年投资所需的资金为 2 000万元,假设目标资金结构是负债资金占 60%,企业按照 15% 的比例计提盈余公积金,公司采用剩余股利政策发放股利,则 2015 年度企业可向投资者支付的股利为(　　)万元。

A. 2 600　　B. 3 200　　C. 2 800　　D. 2 200

4. (　　)适用于经营比较稳定或正处于成长期、信誉一般的公司。

A. 剩余股利政策　　B. 固定股利政策

C. 固定股利支付率政策　　D. 低正常股利加额外股利政策

5. (　　)既可以在一定程度上维持股利的稳定性,又有利于企业的资本结构达到目标资本结构,使灵活性与稳定性较好的结合。

A. 剩余股利政策　　B. 固定股利政策

C. 固定股利支付率政策　　D. 低正常股利加额外股利政策

6. (　　)是领取股利的权利与股票相互分离的日期。

A. 股利宣告日　　B. 股权登记日　　C. 除息日　　D. 股利支付日

7. 股票股利与股票分割影响的区别在于(　　)。

A. 股东的持股比例是否变化

B. 所有者权益总额是否变化

C. 所有者权益结构是否变化

D. 股东所持股票的市场价值总额是否变化

8. 某公司现有发行在外的普通股200万股,每股面值1元,资本公积300万元,未分配利润800万元,股票市价10元,若按10%的比例发放股票股利并按市价折算,公司报表中资本公积的数额将会增加(　　)万元。

A. 180　　B. 280　　C. 480　　D. 300

9. 在确定利润分配政策时须考虑股东因素,其中主张限制股利的是(　　)。

A. 稳定收入考虑　　B. 避税考虑

C. 控制权考虑　　D. 规避风险考虑

10. 固定股利支付率政策的优点包括(　　)。

A. 使股利与企业盈余紧密结合　　B. 体现投资风险与收益的对等

C. 有利于稳定股票价格　　D. 缺乏财务弹性

二、判断题:

1. 资本积累约束要求企业发放的股利或投资分红不得来源于原始投资(或股本),而只能来源于企业当期利润或留存收益。(　　)

2. 处于成长期的公司多采取多分少留的政策,而陷入经营收缩的公司多采取少分多留的政策。(　　)

3. 只要企业有足够的现金就可以支付现金股利。(　　)

4. 出于稳定收入考虑,股东最不赞成固定股利支付率政策。(　　)

5. 在公司的高速发展阶段,企业往往需要大量的资金,此时适于采用剩余股利政策。(　　)

三、计算题:

1. 某公司2014年度的税后利润为1 000万元,该年分配股利500万元,2016年拟投资1 000万元引进一条生产线以扩大生产能力,该公司目标资本结构为自有资金占80%,借入资金占20%。该公司2015年度的税后利润为1 200万元。

要求:

(1)如果该公司执行的是固定股利政策,并保持资金结构不变,则2016年度该公司为引进生产线需要从外部筹集多少自有资金?

(2)如果该公司执行的是固定股利支付率政策,并保持资金结构不变,则2016年度该公司为引进生产线需要从外部筹集多少自有资金?

(3)如果该公司执行的是剩余股利政策,则2015年度公司可以发放多少现金股利?

2. 某公司年终利润分配前的有关资料如表8-8所示:

表 8－8

项目	金额(单位:万元)	项目	金额(单位:万元)
上年未分配利润	1 000	盈余公积	400(含公益金)
本年税后利润	2 000	所有者权益合计	4 000
股本(500 万股,每股 1 元)	500	每股市价	40
资本公积	100		

该公司决定:本年按规定比例 15% 提取盈余公积(含公益金),发放股票股利 10%(即股东每持 10 股可得 1 股),并且按发放股票股利后的股数派发现金股利每股 0.1 元。

要求:假设股票每股市价与每股账面价值成正比例关系,计算利润分配后的未分配利润、盈余公积、资本公积、流通股数。

情境七　财务分析与评价

☆蓝田股份自1996年上市以来,在5年间股本扩张了360%,创造了中国股市的神话。然而,2001年10月26日,刘姝威的一篇600字短文戳破了蓝田的神话。刘姝威发表在《金融内参》上的《应立即停止对蓝田股份发放贷款》称,公司资产拼命扩大,与之相对应的是流动资产却逐年下降;公司短期偿债能力行业最低;在产品占存货比率高,等等。之所以对蓝田做出这种结论,刘姝威说自己并没有过于复杂的分析,只用了最基本的分析方法和最基本的20个比率指标,比如流动比率、速动比率等。

☆这一案例告诉我们,进行财务分析可以使会计报表使用者做出正确的决策。

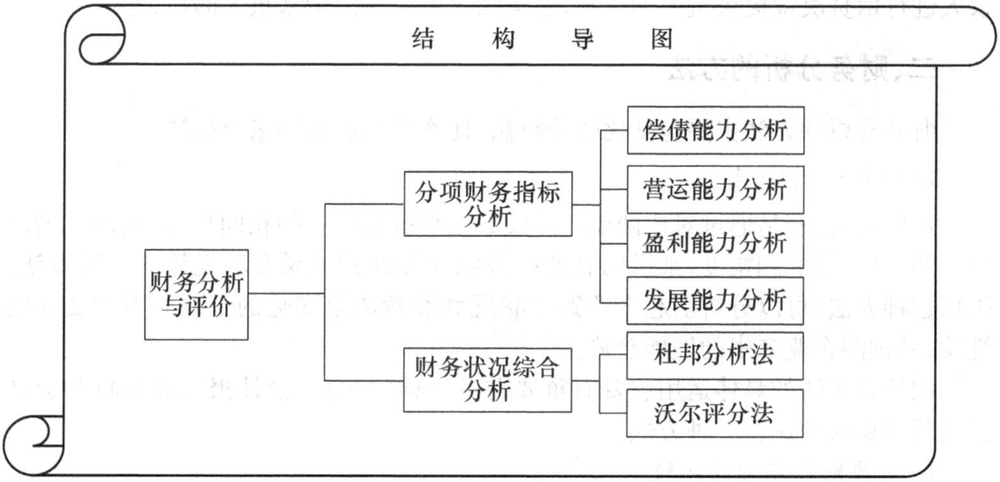

财务报表分析是以企业财务报表和其他有关信息资料为依据和起点，采用合适的财务指标体系和一系列的分析方法，系统分析和评价企业财务状况、经营成果以及未来发展趋势的过程。

一、财务分析的意义

财务分析在企业财务管理中起着重要的作用。财务分析既是财务预测的前提，也是过去经营活动的总结，具有承上启下的作用。无论是企业的投资者、经营者或债权人，都十分关心财务分析的结果，其意义具体体现在以下几个方面：

第一，它是评价财务状况、衡量经营业绩的重要方法。通过财务分析，计算相关指标，可以了解企业偿债能力、营运能力、盈利能力和现金流量状况，揭示企业在财务状况方面可能存在的问题，合理评价经营者的经营业绩，奖优罚劣，促进经营管理者的管理水平更好提高。

第二，它是挖掘潜力、改进工作、实现理财目标的重要手段。企业理财的根本目标是实现企业价值最大化。通过财务分析，企业内部管理人员可以了解经营情况及方向、挖掘潜力、找出薄弱环节，进而采取对应措施，改善其经营管理模式，使企业经济效益提高，促进企业经营活动按照企业价值最大化目标运行。

第三，它是作出投资或信用决策的重要依据。投资者通过财务分析，可了解企业获利能力、偿债能力，预测其生产经营的前景，从而为投资者进行投资决策和债权人进行信贷决策提供重要的依据，避免因决策错误而带来重大的损失。

二、财务分析的方法

财务分析的方法主要包括比较分析法、比率分析法和因素分析法。

(一)比较分析法

比较分析法，是通过对比两期或连续数期财务报告中的相同指标，确定其增减变动的方向、数额和幅度，来说明企业财务状况和经营成果变动趋势的一种方法。采用这种方法，可以分析引起企业财务状况和经营成果变化的主要原因和变动的性质，并预测企业未来的发展趋势。

比较分析法的具体运用主要有重要财务指标的比较、会计报表的比较和会计报表项目构成的比较三种方式。

1. 重要财务指标的比较

这种方法是指将不同时期财务报告中的相同指标或比率进行纵向比较，直接观察其增减变动情况及变动幅度，考察其发展趋势，预测其发展前景。不同时期财务指标的比较主要有以下两种方法：

(1)定基动态比率。它是以某一时期的数额为固定的基期数额而计算出来的动态比率。其计算公式为：

$$定基动态比率 = \frac{分析期数额}{固定基期数额} \times 100\%$$

(2)环比动态比率。它是以每一分析期的前期数额为基期数额而计算出来的动态比率。其计算公式为:

$$环比动态比率 = \frac{分析期数额}{前期数额} \times 100\%$$

2. 会计报表的比较

会计报表的比较是将连续数期的会计报表的金额并列起来,比较其相同指标的增减变动金额和幅度,据以判断企业财务状况和经营成果发展变化的一种方法。会计报表的比较具体包括资产负债表比较、利润表比较、现金流量表比较等。比较时,既要计算出表中有关项目增减变动的相对额,又要计算出其增减变动的百分比。

3. 会计报表项目构成的比较

会计报表项目构成的比较是在会计报表比较的基础上发展而来的。它是以会计报表中的某个总体指标作为100%,再计算出其各组成项目占该总体指标的百分比,从而来比较各个项目百分比的增减变动,以此来判断有关财务活动的变化趋势。这种方法比前述两种方法更能准确地分析企业财务活动的发展趋势。它既可以用于同一企业不同时期财务状况的纵向比较,又可用于不同企业之间的横向比较。同时,这种方法还能消除不同时期(不同企业)之间业务规模差异的影响,有利于分析企业的耗费水平和盈利水平。

但在采用比较分析法时,必须注意以下问题:

(1)用于进行对比的各个时期的指标,在计算口径上必须一致;

(2)剔除偶发性项目的影响,使作为分析的数据能反映正常的经营状况;

(3)应用例外原则,对某项有显著变动的指标作重点分析,研究其产生原因,以便采取对策,趋利避害。

(二)比率分析法

比率分析法是把两个相互联系的项目加以对比,计算出比率,以确定经济活动变动情况的分析方法。根据分析的目的和要求的不同,比率分析主要有以下三种:

1. 构成比率

构成比率又称结构比率,是某个经济指标的各个组成部分与总体的比率,反映部分与总体的关系。其计算公式为:

$$构成比率 = \frac{某个组成部分数额}{总体数额} \times 100\%$$

利用构成比率,可以考察总体中某个部分的形成和安排是否合理,以便协调各项财务活动。

2. 效率比率

它是某项经济活动中所费与所得的比率,反映投入与产出的关系。利用效率比率指标,可以进行得失比较,考察经营成果,评价经济效益。比如,将利润项目与销售成本、销售收入、资本金等项目加以对比,可以计算出成本利润率、销售利润率和资本金利润率指标,从不同角度观察比较企业获利能力的高低及其增减变化情况。

3. 相关比率

它是根据经济活动客观存在的相互依存、相互联系的关系,以某个项目和与其有关但又不同的项目加以对比所得的比率,反映有关经济活动的相互关系。如流动比率,可以判断企业的短期偿债能力。

比率分析法的优点是计算简便,计算结果容易判断,而且可以使某些指标在不同规模的企业之间进行比较,甚至也能在一定程度上超越行业间的差别进行比较。但采用这一方法时应该注意:

(1)对比项目的相关性。计算比率的子项和母项必须具有相关性,把不相关的项目进行对比是没有意义的。

(2)对比口径的一致性。计算比率的子项和母项必须在计算时间、范围等方面保持口径一致。

(3)衡量标准的科学性。运用比率分析,需要选用一定的标准与之对比,以便对企业的财务状况作出评价。

(三)因素分析法

因素分析法是用来确定几个相互联系的因素对分析对象——综合财务指标或经济指标的影响程度的一种分析方法。采用这种方法的出发点在于,当有若干因素对分析对象发生影响作用时,假定其他各个因素都无变化,顺序确定每一个因素单独变化所产生的影响。因素分析法包括两种方法:连环替代法和差额分析法。

1. 连环替代法

连环替代法,是将分析指标分解为各个可以计量的因素,并根据各个因素之间的依存关系,依次利用各因素的比较值(通常即实际值)与基准值(通常即标准值或计划值)连续替代,据以测定各因素偏离基准值所造成的影响的一种方法。

【例9-1】某公司2015年4月某种材料运费的实际数是118 800元,而其计划数是110 000元。实际比计划增加8 800元。由于材料运费是由运输数量、运输里程和运价率三个因素的乘积构成的,因此,就可以把材料运费这一总指标分解为三个因素,然后逐个来分析它们对材料运费总额的影响程度。现假定这三个因素的数值如表9-1所示。

表9-1 材料运费表

项目	单位	计划数	实际数
运输数量	吨	1 000	1 100
运输里程	公里	100	90
运价率	元/公里	1.1	1.2
材料运费总额	元	110 000	118 800

根据表9－1中资料，材料运费总额实际数较计划数增加8 800元，这是分析对象。运用连环替代法，可以计算各因素变动对材料运费总额的影响程度如下：

实际指标：1 100×90×1.2＝118 800（元）

计划指标：1 000×100×1.1＝110 000（元）　①

实际数－计划数＝118 800－110 000＝8 800（元）

第一次替代：1 100×100×1.1＝121 000（元）　②

第二次替代：1 100×90×1.1＝108 900（元）　③

第三次替代：1 100×90×1.2＝118 800（元）　④

②－①＝121 000－110 000＝11 000（元）　（运输数量增加的影响）

③－②＝108 900－121 000＝－12 100（元）　（运输里程节约的影响）

④－③＝118 800－108 900＝9 900（元）　（运价率提高的影响）

11 000－12 100＋9 900＝8 800（元）　（全部因素的影响）

2. *差额分析法*

差额分析法是连环替代法的一种简化形式，它是利用各个因素的比较值与基准值之间的差额，来计算各因素对分析指标的影响的一种方法。

【例9－2】沿用例9－1的资料，可采用差额分析法计算确定各因素变动对材料运费的影响。

（1）由于运输数量增加对材料运费的影响为：

$$(1\ 100-1\ 000)\times 100\times 1.1=11\ 000(\text{元})$$

（2）由于运输里程节约对材料运费的影响为：

$$(90-100)\times 1\ 100\times 1.1=-12\ 100(\text{元})$$

（3）由于运价率提高对材料运费的影响为：

$$(1.2-1.1)\times 1\ 100\times 90=9\ 900(\text{元})$$

因素分析法既可以分析各因素对某一经济指标的影响，又可以单独分析某个因素对某一经济指标的影响，在财务分析中经常采用，但因素分析法在使用时应注意以下几点：

第一，因素分解的关联性，即确定构成经济指标的各个因素与经济指标之间必须客观上存在因果关系。

第二，因素替代的顺序性，即因素的排列顺序要遵循一定的原则，确定正确的替代顺序。

第三，顺序替代的连环性，即因素替换和指标对比要连环地进行，使各因素的影响数与经济指标的差异数相符。

第四，计算结果的假定性，由于因素分析法计算的各因素变动的影响数，会因替代计算顺序的不同而有差别，因而计算结果不免带有假定性。

【技能训练】

一、选择题:

1. 采用比较分析法时,应注意的问题不包括(　　)。

A. 指标的计算口径必须一致　　B. 衡量标准的科学性

C. 剔除偶发性项目的影响　　D. 运用例外原则

2. 下列指标中,属于效率比率的是(　　)。

A. 流动比率　　B. 净资产收益率

C. 资产负债率　　D. 流动资产占全部资产的比重

3. 下列各项中,不属于财务分析中因素分析法特征的是(　　)。

A. 因素分解的关联性　　B. 顺序替代的连环性

C. 分析结果的准确性　　D. 因素替代的顺序性

二、判断题:

在财务分析中,企业经营者应对企业财务状况进行全面的综合分析,并关注企业财务风险和经营风险。(　　)

任务一　分项财务指标分析

【任务目标】

知识目标：

- 理解分项财务指标分析的内容
- 掌握各项财务指标的计算

能力目标：

- 会计算各项财务指标
- 能运用各项财务指标来衡量企业的财务情况
- 能预测企业未来发展趋势

【任务引入】

2015年年末，宏泰公司编制财务报表，通过对相关财务指标的计算来分析企业的财务状况和经营成果，找出企业目前存在的问题，并对企业未来的发展趋势进行预测。宏泰公司2013～2015年资产负债表和利润表的数据如表9－2和表9－3所示。

表9－2　宏泰公司2013～2015年资产负债表（简表）　　单位：万元

资产项目	2015年	2014年	2013年	负债及所有者权益	2015年	2014年	2013年
货币资金	600	480	350	短期借款	50	0	100
应收账款余额	3 500	2 750	1 800	应付账款	1173.64	1 148.64	1 299.14
减：坏账准备	134	110	80	长期借款	1 800	1 000	1 200
应收账款净额	3 366	2 640	1 720	负债合计	3 023.64	2 148.64	2 599.14
存货	1 580	1 236	750	股本	7 000	7 000	7 000
流动资产合计	5 546	4 356	2 820	盈余公积	1 198.36	1 033.36	905.86
固定资产	16 026	14 026	14 026	未分配利润	1 950	1 200	741
减：累计折旧	8 400	7 000	5 600				
固定资产净值	7 626	7 026	8 426	所有者权益合计	10 148.36	9233.36	8 646.86
资产合计	13 172	11 382	11 246	负债及所有者权益合计	13 172	11 382	11 246

表 9-3　宏泰公司 2013～2015 年利润表(简表)　　单位:万元

项目	2015 年	2014 年	2013 年
一、营业收入	20 400	16 000	13 200
减:营业成本	15 264	11 734	10 144
营业税金及附加	1 020	800	660
销售费用	1 216	1 040	600
管理费用	646	646	306
财务费用	100	80	93
加:投资收益	46	0	13
二、营业利润	2 200	1 700	1 410
加:营业外收入	0	0	0
减:营业外支出	0	0	10
三:利润总额	2 200	1 700	1 400
减:所得税	550	425	350
四、净利润	1 650	1 275	1 050

说明:

1. 2015 年 12 月 31 日公司股票股价为 3.50 元,2014 年 12 月 31 日的股价为 3.40 元。

2. 利息费用全部费用化。

分项财务指标分析主要包括:偿债能力分析、营运能力分析、盈利能力分析、发展能力分析。

一、偿债能力分析

偿债能力是指企业偿还到期债务(包括本息)的能力。企业有无支付现金的能力和偿还债务能力,是企业能否健康生存和发展的关键。企业偿债能力分析是企业财务分析的重要组成部分。偿债能力指标包括短期偿债能力指标和长期偿债能力指标。

(一)短期偿债能力分析

短期偿债能力是指企业流动资产对流动负债及时足额偿还的保证程度,是衡量企业当期的财务能力,特别是流动资产变现能力的重要标志。企业债权人、投资者、原材料供应单位等利益相关者通常都非常关注企业的短期偿债能力。企业短期偿债能力的衡量指标主要有以下几个:

1. 流动比率

在短期偿债能力指标中,流动比率是最主要的分析指标,它表明每一元流动负债有多少流动资产作为偿还保证,它反映企业运用可在短期内转变为现金的流动资产偿还流动负债的能力。其计算公式为:

$$流动比率 = \frac{流动资产}{流动负债} \times 100\%$$

不同企业有不同的流动比率标准,主要视企业对待风险和收益的态度予以确定。该指标过高会降低资金的盈利水平,而太低会提升企业的短期偿债风险。国际上通常认为,流动比率的下限为100%,而流动比率等于200%时较为适合。

运用流动比率时,必须注意以下几个问题:

(1)虽然流动比率越高企业偿还短期债务的流动资产保证程度越强,但这不等于说企业已有足够的现金或存款用来偿债。因为流动资产除了货币资金以外,还有存货、应收账款等项目,有可能流动比率高,但真正用来偿债的现金和存款却严重短缺的现象,所以企业应在分析流动比率的基础上,进一步对现金流量进行考察。

(2)从短期债权人的角度,自然希望流动比率越高越好。但从企业经营的角度看,过高的流动比率通常意味着企业闲置资金的持有量过多,必然造成企业机会成本的增加和获利能力的降低。因此,企业应尽可能将流动比率维持在不是货币资金闲置的水平。

(3)流动比率是否合理,不同的企业以及同一企业不同时期的评价标准是不同的,因此,不应用统一的标准来评价各企业流动比率合理与否。一般来说,企业计算出来的流动比率,主要是和同行业平均流动比率、本企业历史流动比率进行比较,才能反映这个比率的高低。

(4)在分析流动比率时应剔出一些虚假因素的影响。流动比率这个指标是可以粉饰的,如企业年终故意将借款还清,年初时再借入,这样就可以人为地提高流动比率。

2. 速动比率

速动比率又称酸性试验比率,是企业速动资产与流动负债的比率,反映企业能及时直接偿还债务的能力。所谓速动资产,是指流动资产减去变现能力较差且不稳定的存货、预付账款、一年内到期的非流动资产和其他流动资产等之后的余额。由于不考虑存货等变现能力相对较差且不稳定的流动资产,因此,速动比率较之流动比率更能精确体现企业短期偿债的能力。其计算公式为:

$$速动比率 = \frac{速动资产}{流动负债} \times 100\%$$

其中:速动资产 = 货币资金 + 交易性金融资产 + 应收账款 + 应收票据

= 流动资产 - 存货 - 预付账款 - 一年内到期的非流动资产 - 其他流动资产

一般情况下,速动比率越高,说明企业偿还流动负债的能力越强。国际上通常认为,速动比率等于100%时较为适当。如果速动比率小于100%,必然使企业面临很大的偿债风险。如果速动比率大于100%,尽管企业偿还的安全性很高,但会因企业现金及应收账款占用过多而大大增加企业的机会成本。实际工作中,应考虑到企业的行业性质。例如商品零售行业,由于采用大量现金销售,几乎没有应收账款,速动比率大大低于1,也是合理的。相反,有些企业虽然速动比率大于1,但速动资产中大部份是应收账款,并不代表企业的偿债能力强,因为应收账款能否收回具有很大的不确定性。所以,在评价速动比率时,还应分析应收账款的质量。

3. 现金比率

现金比率,也被称为现金资产比率,它表示每一元流动负债有多少现金及现金等价物作为偿还的保证。与流动比率不同的是,现金比率剔出了所有变现能力不确定的流动资产,反映的是公司即刻变现的能力,该指标是三个短期偿债能力指标中最保守的指标。其计算公式为:

$$现金比率 = \frac{货币资金 + 交易性金融资产}{流动负债} \times 100\%$$

现金比率是速动资产扣除应收账款后的余额,最能真实地反映公司实际的短期偿债能力。现金比率一般认为20%以上为好。但这一比率过高,就意味着企业流动负债未能得到合理运用,而现金类资产获利能力低,这类资产金额太高会导致企业机会成本增加。

(二)长期偿债能力分析

长期偿债能力是指企业偿还长期负债的能力。企业的长期偿债能力与企业的盈利能力、资本结构有着密切的关系。企业长期偿债能力的衡量指标主要有以下几个:

1. 资产负债率

资产负债率指企业负债总额对资产总额的比率,它表明在企业资产总额中,债权人提供资金所占的比重,以及企业资产对债权人权益的保障程度。该指标是衡量公司财务风险和长期偿债能力的主要指标,也是体现公司是如何运用财务杠杆来给公司创造效益。其计算公式为:

$$资产负债率 = \frac{负债总额}{资产总额} \times 100\%$$

资产负债率体现了一个公司的资本结构,即公司资本的来源构成情况,保持良好的资本结构能增强企业的偿债能力。一般情况下,资产负债率越小,说明企业长期偿债能力越强。但是,也并非说该指标一定越小越好。从债权人来说,该指标越小越好,这样企业偿债更有保证。从企业所有者来说,一方面,可以利用借款扩大生产经营规模,同时可以利用财务杠杆的作用给股东带来收益;另一方面,借款会带来到期偿债风险,因此企业的经营决策者应当将偿债能力与获利能力结合起来分析,予以平衡考虑,只有在全部资本收益率高于借款利息率时,负债比例越高越好。一般认为,资产负债率的适宜水平是40%~60%。对于经营风险比较高的企业，为减少财务风险应选择比较低的资产负债率；对于经营风险低的企业，为增加股东收益应选择比较高的资产负债率。

2. 产权比率

产权比率是指企业负债总额与所有者权益总额的比率，是企业财务结构稳健与否的重要标志。它反映企业所有者权益对债权人的保障程度。其计算公式为：

$$产权比率 = \frac{负债总额}{所有者权益总额} \times 100\%$$

产权比率可反映股东所持股权是否过多，或者尚不够充分等情况，从另一个侧面表明企业借款经营的程度。一般情况下，产权比率越小，说明企业长期偿债能力越强，债权人权益的保障程度越高，承担的风险越小。一般认为这一比率为1:1，即100%以下时，企业具备偿债能力，但在分析时还应该结合企业的具体情况而定。当企业的资产收益率大于负债成本率时，负债经营有利于提高资金收益率，获得额外的利润，这时的产权比率可适当高些。产权比率高，是高风险、高报酬的财务结构；产权比率低，是低风险、低报酬的财务结构。

3. 权益乘数

权益乘数又称股本乘数，是指资产总额相当于股东权益的倍数，代表公司所有可供运用的总资产是所有者权益的几倍。其计算公式为：

$$权益乘数 = \frac{资产总额}{所有者权益总额} = \frac{1}{1 - 资产负债率}$$

权益乘数越大表明所有者投入企业的资本占全部资产的比重越小，企业负债的程度越高，这种情况下，一般会导致企业财务杠杆率较高，财务风险较大；反之，该比率越小，财务风险越小。企业应当对企业的资本结构进行认真分析，只有当企业的资产报酬率大于借入资本成本率时，借入资金才会产生正面的财务杠杆效应，使企业价值随债务增加而增加。否则，负债经营只会使企业无力承担债务利息，而使企业陷入财务危机。

4. 利息保障倍数

利息保障倍数是指企业息税前利润与利息费用之比，又称已获利息倍数，该指标用以衡量偿付借款利息的能力，反映公司负债经营的财务风险程度。其计算公式为：

$$利息保障倍数 = \frac{息税前利润}{全部利息费用}$$

$$= \frac{净利润 + 利润表中的利息费用 + 所得税费用}{全部利息费用}$$

其中：分子中的“利润表中的利息费用”是指本期的全部费用化利息；分母中的“全部利息费用”是指本期的全部应付利息，不仅包括费用化利息，还包括资本化利息。

利息保障倍数反映了获利能力对偿还到期债务的保证程度，它既是企业举债经营的前提依据，也是衡量企业长期偿债能力大小的重要标志。该比率越高，长期偿债能力越强。如果利息保障倍数过低，企业将面临亏损、偿债的安全性与稳定性下降的风险。从长期看，利息保障倍数至少要大于1(国际公认标准为3)。

【任务实施：一】

根据已知资料，评价宏泰公司偿债能力，请完成下列任务，填写表9-4。

表9-4　宏泰公司偿债能力指标分析表

<table>
<tr><th colspan="2">指标</th><th>2015 年</th><th>2014 年</th><th>增减变动</th><th>偿债能力评价</th></tr>
<tr><td rowspan="3">短期偿债能力</td><td>流动比率</td><td></td><td></td><td></td><td rowspan="7"></td></tr>
<tr><td>速动比率</td><td></td><td></td><td></td></tr>
<tr><td>现金比率</td><td></td><td></td><td></td></tr>
<tr><td rowspan="4">长期偿债能力</td><td>资产负债率</td><td></td><td></td><td></td></tr>
<tr><td>产权比率</td><td></td><td></td><td></td></tr>
<tr><td>权益乘数</td><td></td><td></td><td></td></tr>
<tr><td>利息保障倍数</td><td></td><td></td><td></td></tr>
</table>

二、营运能力分析

营运能力反映企业经营管理和利用资金的能力。通常来说，企业生产经营资产的周转速度越快，资产的利用效率就越高；反之，运营能力就越差。具体来说，营运能力分析主要包括流动资产营运能力、固定资产营运能力和总资产营运能力。

(一)流动资产营运能力

反映流动资产营运能力的指标主要有应收账款周转率、存货周转率和流动资产周转率。

1. *应收账款周转率*

应收账款周转率是企业在一定时期内销售收入净额与应收账款平均余额的比率，它是反映应收账款周转速度的指标。应收账款周转率的分析可以通过应收账款周转次数和应收账款周转天数反映。其计算公式为：

$$应收账款周转率(周转次数) = \frac{销售收入净额}{应收账款平均余额}$$

其中：

$$年销售收入净额 = 当期销售收入 - 当期销售退回 - 当期销售折让 - 当期销售折扣$$

$$应收账款平均余额 = \frac{应收账款期初数 + 应收账款期末数}{2}$$

说明：应收账款余额应为扣除坏账准备前的金额。

$$应收账款周转期(周转天数) = \frac{360}{应收账款周转率}$$

应收账款周转率反映了企业应收账款变现速度的快慢及管理效率的高低。一般来说，应收账款周转率越高，平均收账期越短，说明应收账款的收回越快，资产流动性强，短期偿债能力强，可以减少坏账损失等。否则，企业的运营资金会过多地停滞在应收账款上，影响正常的资金周转。

2. 存货周转率

在流动资产中，存货所占比重较大，存货的流动性将直接影响企业的流动比率。存货周转率是企业一定时间内销售成本与存货平均余额的比率，是反映企业存货周转速度和销货能力的一个指标，也是衡量企业生产经营各环节中存货运营效率的一个综合性指标。存货周转率的分析同样可以通过存货周转次数和存货周转天数反映。其计算公式为：

$$存活周转率（周转次数）=\frac{销售成本}{存货平均余额}$$

其中：

$$存货平均余额=\frac{存货期初数+存货期末数}{2}$$

$$存货周转期（周转天数）=\frac{360}{存货周转率}$$

存货周转率反映存货管理水平，一般来讲，存货周转率越高，存货占用水平越低，流动性越强，存货转化为现金或应收账款的速度就越快，这样会增强企业的短期偿债能力及盈利能力。

3. 流动资产周转率

流动资产周转率是指企业一定时期内销售收入净额与流动资产平均余额的比率，是反映企业流动资产周转速度的指标。其计算公式为：

$$流动资产周转率（周转次数）=\frac{销售收入净额}{流动资产平均余额}$$

其中：

$$流动资产平均余额=\frac{流动资产期初数+流动资产期末数}{2}$$

$$流动资产周转期（周转天数）=\frac{360}{流动资产周转率}$$

流动资产周转率反映流动资产的周转速度，在一定时期内，流动资产周转次数越多，表明以相同的流动资产完成的周转额越多，会相对节约流动资产，相当于扩大资产的投入，增强企业的盈利能力；而延缓周转速度，需补充流动资产参加周转，形成资产的浪费，从而降低企业的盈利能力。

需要说明的是，流动资产周转率要结合存货、应收账款一起进行分析，并和反映盈利能力的指标结合在一起使用，可全面评价企业流动资产的盈利能力。

（二）固定资产营运能力

反映企业固定资产营运能力的指标主要有固定资产周转率和固定资产周转期，固定资产周转率又称为固定资产利用率，是指企业一定时期内销售收入净额与固定资产平均净值的比率。它是反映企业固定资产周转情况，从而衡量固定资产利用效率的一项指标。其计算公式为：

$$固定资产周转率(周转次数) = \frac{销售收入净额}{固定资产平均值}$$

其中：$$固定资产平均净值 = \frac{固定资产净值期初数 + 固定资产净值期末数}{2}$$

$$固定资产净值 = 固定资产原价 - 累计折旧$$

$$总资产周转期(周转天数) = \frac{360}{总资产周转率}$$

一般情况下，固定资产周转率越高，表明企业固定资产利用越充分，同时也表明企业固定资产投资得当，固定资产结构合理，能够充分发挥效率；反之，如果固定资产周转率不高，则表明固定资产使用效率不高，提供的生产成果不多，企业固定资产的运营能力不强。

(三)总资产营运能力

反映总资产营运能力的指标主要是总资产周转率和总资产周转天数。总资产周转率是企业一定时期内销售收入净额与资产平均总额的比值，可以用来反映企业全部资产的利用效率。其计算公式为：

$$总资产周转率(周转次数) = \frac{销售收入净额}{总资产平均余额}$$

其中：$$总资产平均余额 = \frac{总资产期初数 + 总资产期末数}{2}$$

$$总资产周转期(周转天数) = \frac{360}{总资产周转率}$$

总资产周转率是综合评价企业全部资产的经营质量和利用效率的重要指标。总资产周转率越大或总资产周转天数越少，说明总资产周转越快，营运能力也就越强，企业的销售能力越强。反之，如果该指标较低，则说明企业利用全部资产进行经营的效率较差，最终会影响企业的获利能力。企业可以通过薄利多销的办法，加速资产的周转，带来利润绝对额的增加。

【任务实施：二】

根据已知资料，评价宏泰公司营运能力，请完成下列任务，填写表9－5。

表9－5　宏泰公司营运能力指标分析表

指标		2015年	2014年	增减变动	营运能力评价
流动资产营运能力	应收账款周转率				
	应收账款周转天数				
	存货周转率				
	存货周转天数				
	流动资产周转率				
	流动资产周转天数				

续表

指标		2015 年	2014 年	增减变动	营运能力评价
固定资产营运能力	固定资产周转率				
	固定资产周转天数				
总资产营运能力	总资产周转率				
	总资产周转天数				

三、盈利能力分析

盈利能力就是企业获取利润、实现资金增值的能力。利润是投资者取得投资收益、债权人收取本息的资金来源，是衡量企业长久发展能力的重要指标。反映企业盈利能力的指标主要有销售毛利率、销售净利率、总资产净利率、净资产收益率。此外，上市公司经常使用的获利能力指标还有每股收益、市盈率和每股净资产等。

（一）销售毛利率

销售毛利率表示每一元销售收入扣除销售成本后，有多少剩余可以用于各项期间费用和形成盈利。其计算公式为：

$$销售毛利率 = \frac{销售毛利}{销售收入} \times 100\%$$

其中：

$$销售毛利 = 销售收入 - 销售成本$$

销售毛利率是企业销售净利率的最初基础，没有足够大的销售毛利率便不能形成盈利。该比率越大，企业的盈利能力越强。

（二）销售净利率

销售净利率反映每一元销售收入带来的净利润。表示销售收入的净收益水平。其计算公式为：

$$销售净利率 = \frac{净利润}{销售收入} \times 100\%$$

销售净利率用于反映产品最终的盈利能力。该比率越大，表明企业产品的盈利能力越强。企业在增加销售收入的同时，必须要相应获取更多的净利润才能使销售净利率保持不变或有所提高。销售净利率可以分解成为销售毛利率、销售税金率、销售成本率、销售期间费用率等指标进行分析。

（三）总资产净利率

总资产净利率把企业一定期间的净利润与企业的资产相比较，表明企业资产的综合利用效果。其计算公式为：

$$总资产净利率 = \frac{净利润}{总资产平均余额} \times 100\%$$

$$总资产平均余额 = \frac{总资产期初数 + 总资产期末数}{2}$$

总资产净利率是一个综合指标。总资产净利率越高，表明企业资产的利用效果越好。影响总资产净利率的驱动因素是销售净利率和总资产周转次数。

(四)净资产收益率

净资产收益率又称权益净利率或权益报酬率，它表明所有者每一元钱的投资能够获得多少净收益。该指标是企业盈利能力指标的核心，也是杜邦财务分析体系的核心。其计算公式为：

$$净资产收益率 = \frac{净利润}{净资产平均余额} \times 100\%$$

其中：$$净资产平均余额 = \frac{所有者权益期初数 + 所有者权益期末数}{2}$$

净资产收益率是评价企业自有资产及累计获取报酬水平的最具综合性与代表性的指标，是反映企业资本运营的综合指标。一般来说，净资产收益率越高，股东和债权人的利益保障程度越高，企业综合盈利能力越强。如果企业的净资产收益率在一段时期内持续增长，说明权益资本盈利能力以及企业综合盈利能力稳步上升。

(五)每股收益

每股收益，即EPS，又称每股税后利润或每股盈余，是指本年净收益与普通股股份总数的比值。它反映普通股的获利水平，是普通股股东每持有一股所能享有的企业净利润或需承担的企业净亏损。每股收益通常被用来反映企业的经营成果，衡量普通股的获利水平及投资风险，是投资者等信息使用者据以评价企业盈利能力，预测企业成长潜力，进而做出相关经济决策的重要的财务指标之一。其计算公式为：

$$每股收益 = \frac{净利润}{期末普通股股数}$$

每股收益，是测定股票投资价值和综合反映公司获利能力的重要指标，该比率越高，表明企业所创造的利润就越多。企业只有普通股时，净利润就是税后利润，股份数是指发行在外的普通股股数。如果企业还有优先股，应先从税后利润中扣除分派给优先股股东的股息。

(六)市盈率

市盈率也称“本益比”、“股价收益比率”或“市价盈利比率”，是股票市价与每股收益的比值。市盈率是衡量股价高低和企业盈利能力的一个重要指标。其计算公式为：

$$市盈率 = \frac{当前每股市场价格}{每股收益}$$

市盈率是股票市场上反映股票投资价值的重要指标,该比率的高低反映了市场上投资者对股票投资收益和投资风险的预期。一方面,市盈率越高,意味着投资者对股票的收益预期越看好,投资价值越大;反之,投资者对该股票评价越低。另一方面,市盈率越高,也说明获得一定的预期利润投资者需要支付更高的价格,因此投资于该股票的风险也越大;市盈率越低,说明投资于该股票的风险越小。

由于不同行业处于不同的生命周期,其发展前景有较大的差异,对于新兴产业(处于快速成长期)的预期一般较好,市盈率一般较高;而对部分传统行业(处于成熟稳定期)的预期一般较稳定,市盈率会维持相对较低的水平,波动幅度也不会很大;对一些夕阳产业(处于衰落期)的预期一般较差,市盈率会维持在更低的水平。

(七)每股净资产

每股净资产又称每股账面价值,是指股东权益与普通股股数的比率。这一指标反映每股股票所拥有的资产现值。其计算公式为:

$$每股净资产 = \frac{股东权益}{普通股股数}$$

每股净资产越高,股东拥有的资产现值越多;每股净资产越少,股东拥有的资产现值越少。通常每股净资产越高越好。每股净资产反映了每股股票代表的公司净资产价值,为支撑股票市场价格的重要基础。如在公司性质相同、股票市价相近的条件下,某一公司股票的每股净资产越高,表明公司每股股票代表的财富越雄厚,通常创造利润的能力和抵御外来因素影响的能力越强,投资者所承担的投资风险越小。

【任务实施:三】

根据已知资料,评价宏泰公司盈利能力,请完成下列任务,填写表9-6。

表9-6 宏泰公司盈利能力指标分析表

指标		2015年	2014年	增减变动	盈利能力评价
盈利能力	销售毛利率				
	销售净利率				
	总资产净利率				
	净资产收益率				
	每股收益				
	市盈率				
	每股净资产				

四、发展能力分析

发展能力分析是企业的各项财务指标与往年相比的纵向分析。通过发展能力分析,能够大致判断企业的变化趋势,从而为预测企业未来发展情况提供依据。分析发展能力主要考察的指标有:销售收入增长率、总资产增长率、营业利润增长率、资本保值增值率和资本积累率。

(一)销售收入增长率

销售收入增长率是指企业本期营业收入增长额与上期营业收入总额的比率。它是衡量企业经营业务发展趋势和市场占有能力的重要指标。其计算公式为:

$$销售收入增长率 = \frac{本期销售收入增长额}{上期销售收入总额} \times 100\%$$

其中: 本期销售收入增长额 = 本期销售收入 - 上期销售收入

销售收入增长率大于零,表明企业本期销售收入有所增长。该指标值越高,说明企业产品销路畅通,市场占有率越大,市场前景越好。

销售收入不断增长,是企业生存的基础和发展的条件。一个成长性的企业,这个指标的数值通常较大。处于成熟期的企业,这个指标通常较低;处于衰退阶段的企业,这个指标甚至可能为负数。

(二)总资产增长率

总资产增长率是企业本期总资产增长额同期初资产总额的比率,反映企业本期资产规模的增长情况。其计算公式为:

$$总资产增长率 = \frac{本期总资产增长额}{总资产期初数} \times 100\%$$

其中: 本期总资产增长额 = 总资产期末数 - 总资产期初数

资产是产生利润的来源,是偿还债务的保障。总资产增长率是从企业资产总量扩张方面衡量企业的发展能力,表明企业规模增长水平对企业发展后劲的影响。该指标越高,表明企业生产经营规模扩张越迅速,企业通过规模效应获取的收益越大。在分析该指标时,一方面要结合公司资产增长的来源来考虑,另一方面还需要考虑企业收入和利润的增长水平。

(三)营业利润增长率

营业利润增长率是指企业本期营业利润增长额与上期营业利润总额的比率,反映企业营业利润的增减变动情况。其计算公式为:

$$营业利润增长率 = \frac{本期营业利润增长额}{上期营业利润总额} \times 100\%$$

其中: 本期营业利润增长额 = 本期营业利润 - 上期营业利润

企业的价值主要取决于其收益和增长能力,企业的利润增长是企业增长能力的重要方面。营业利润增长率是从收益增长的角度来反映企业的发展能力。该指标越高,说明企业的收益越多,企业盈利能力越强,发展后劲越强。

(四)资本保值增值率

资本保值增值率是指企业本期期末所有者权益同期初所有者权益的比率。该指标表示企业当期资本在企业自身的努力下的实际增减变动情况,反映了企业资本的运营效益与安全状况,是评价企业经济效益状况的辅助指标。其计算公式为:

$$\text{资产保值增值率} = \frac{\text{所有者权益期末数}}{\text{所有者权益期初数}} \times 100\%$$

这一指标是根据资本保全原则设计的,反映企业资本的保全和增值情况。它充分体现了对所有者权益的保护,能够及时、有效地发现所有者权益减少的现象。该指标越高,说明企业资本保全状况越好,所有者权益增长越快,债权人的权益越有保障,企业发展后劲越强。

资本保值增值率若为100%,说明企业不盈不亏,保本经营,资本保值;若大于100%,说明企业产生经济效益,资本在原有基础上实现了增值。

(五)资本积累率

资本积累率即所有者权益增长率,指的是企业本期所有者权益增长额同期初所有者权益的比率。资本积累率表示企业本期资本积累能力,是评价企业发展潜力重要指标。

$$\text{资本积累率} = \frac{\text{本期所有者权益增长额}}{\text{所有者权益期初数}} \times 100\%$$

其中:本年所有者权益增长额 = 所有者权益期末数 - 所有者权益期初数

资本积累率反映企业所有者权益变动的情况,该指标在一定程度上反映了企业可持续发展潜力和股东财富的增长情况。指标越大,表明企业的资本积累越多,股东财富增长速度越快,企业应对风险、持续发展的能力越强。在分析该指标时,要同时考虑公司所有者权益内部各项目的变动情况。

【任务实施:四】

根据已知资料,评价宏泰公司发展能力,请完成下列任务,填写表9-7。

表9-7 宏泰公司发展能力指标分析表

指标		2015年	2014年	增减变动	发展能力评价
发展能力	销售收入增长率				
	总资产增长率				
	营业利润增长率				
	资本保值增值率				
	资本积累率				

【拓展领域】

现金流量分析

在20世纪70年代以前的很长时间内,以营运资金为基础的财务状况变动表一直被会计信息的使用者所重视。但到了20世纪70年代中期,随着西方主要发达国家经济出现滞胀,许多公司经历了严重的现金紧缺问题,背上了沉重的债务负担,甚至因此而破产。在这种情况下,无论是企业内部的管理者还是外部的所有者、债权人,都开始关注与决策相关的现金流量信息。于是现金流量表及现金流量分析就应运而生。

现金流量分析一般包括现金流量的结构分析、流动性分析、获取现金能力分析、财务弹性分析及收益质量分析。这里主要从获取现金能力及收益质量方面介绍现金流量比率。

(一)获取现金能力的分析

获取现金的能力,可通过经营活动现金流量净额与投入资源之比来反映。投入资源可以是销售收入、资产总额、营运资金、净资产或普通股股数等。

1. 销售现金比率

销售现金比率是指企业经营活动现金流量净额与企业销售额的比值。计算公式如下:

销售现金比率 = 经营活动现金流量净额 ÷ 销售收入

该比率反映每一元销售收入得到的现金流量净额,其数值越大越好。

2. 每股营业现金净流量

每股营业现金净流量是通过企业经营活动现金流量净额与普通股股数之比来反映的。计算公式如下:

每股营业现金净流量 = 经营活动现金流量净额 ÷ 普通股股数

该指标反映企业最大的分派股利能力,超过此限度,可能就要借款分红。

3. 全部资产现金回收率

全部资产现金回收率是通过企业经营活动现金流量净额与企业平均总资产之比来反映的,它说明企业全部资产产生现金的能力。计算公式如下:

全部资产现金回收率 = 经营活动现金流量净额 ÷ 企业平均总资产 × 100%

全部资产现金回收率说明企业资产产生现金的能力,其值越大越好。

对上述指标求倒数,则可以分析全部资产用经营活动现金回收所需要的期间长短。因此,这个指标体现了企业资产回收的效率。回收期越短,说明资产获现能力越强。

(二)收益质量分析

收益质量是指会计收益与公司业绩之间的相关性。如果会计收益能如实反映公司业绩,则其收益质量高;反之,则收益质量不高。收益质量分析,主要包括净收益营运指数分析与现金营运指数分析。

1. 净收益营运指数

净收益营运指数是指经营净收益与净利润之比，计算公式如下：

净收益营运指数 = 经营净收益 ÷ 净利润

其中：　　经营净收益 = 净利润 - 非经营净收益

净收益营运指数越小，非经营收益所占比重越大，收益质量越差，因为非经营收益不反映公司的核心能力及正常的收益能力，可持续性较低。

2. 现金营运指数

现金营运指数反映企业经营活动现金流量净额与企业经营所得现金的比值，其计算公式为：

现金营运指数 = 经营活动现金流量净额 ÷ 经营所得现金

其中：　　经营所得现金 = 经营净收益 + 非付现费用

理想的现金营运指数应为1，小于1的现金营运指数反映了公司部分收益没有取得现金。现金营运指数越小，收益质量越差。

【技能训练】

一、选择题：

1. 流动比率为1.2，则赊购材料一批，将会导致(　　)。

A. 流动比率提高　　B. 流动比率降低

C. 流动比率不变　　D. 速动比率降低

2. 在其他因素不变的情况下，下列各项中会使现金比率上升的有(　　)。

A. 货币资金增加　　B. 交易性金融资产减少

C. 赊销商品，导致应收账款增加　　D. 赊购商品，导致应付账款增加

3. 某企业上年营业收入为3.6亿元，流动资产总额为4 000万元，固定资产总额为8 000万元。假定没有其他资产，则该企业上年的总资产周转率为(　　)次。

A. 3.0　　B. 3.4　　C. 2.9　　D. 3.2

4. 某企业2016年10月某种原材料费用的实际数是4 620元，而其计划数是4 000元。实际比计划增加620元。由于原材料费用是由产品产量、单位产品材料消耗量和材料单价三个因素的乘积组成，计划产量是100件，实际产量是110件，单位产品计划材料消耗量是8千克，实际消耗量是7千克，材料计划单价为5元/千克，实际单价为6元/千克，企业用差额分析法按照产品产量、单位产品材料消耗量和材料单价的顺序进行分析，则下列说法正确的是(　　)。

A. 产量增加导致材料费用增加560元

B. 单位产品材料消耗量差异使得材料费用增加550元

C. 单价提高使得材料费用增加770元

D. 单价提高使得材料费用增加550元

5. 在下列财务分析主体中，必须对企业运营能力、偿债能力、获利能力及发展能力的全部信息予以详尽了解和掌握的是（　　）。

A. 企业所有者　　B. 企业债权人

C. 企业经营决策者　　D. 税务机关

6. 在下列关于资产负债率、权益乘数和产权比率（负债/所有者权益）之间关系的表达式中，正确的是（　　）。

A. 资产负债率 + 权益乘数 = 产权比率

B. 资产负债率 - 权益乘数 = 产权比率

C. 资产负债率 × 权益乘数 = 产权比率

D. 资产负债率 ÷ 权益乘数 = 产权比率

7. A 公司 2016 年净利润 4 000 万元，发放现金股利 280 万元，发放负债股利 600 万元，2016 年年初股东权益合计为 1 亿元，2016 年没有增发新股也没有回购股票。则 2016 年的资本保值增值率为（　　）。

A. 37.2%　　B. 137.2%　　C. 131.2%　　D. 31.2%

8. 某公司年末会计报表中部分数据为：年初存货为 260 万元，年末流动负债 300 万元，本年销售成本 720 万元，且流动资产 = 速动资产 + 存货，年末流动比率为 2.4，年末速动比率为 1.2，则本年度存货周转次数为（　　）。

A. 1.65 次　　B. 2 次　　C. 2.32 次　　D. 1.45 次

9. 某企业目前的资产负债率为 80%，资产总额为 5 000 万元，管理当局认为财务风险较大，打算使年底时资产对负债的保障程度提高一倍，预计年底的资产总额为 1.2 亿元，则年底的负债总额为（　　）万元。

A. 6 000　　B. 4 800　　C. 5 000　　D. 8 000

10. 下列有关盈利能力分析和发展能力分析的有关说法中，正确的有（　　）。

A. 企业可以通过提高销售净利率，加速资产周转来提高总资产净利率

B. 一般来说，净资产收益率越高，股东和债权人的利益保障程度越高

C. 销售收入增长率大于 1，说明企业本年销售收入有所增长

D. 资本积累率越高，表明企业的资本积累越多，应对风险、持续发展的能力越强

11. 利益主体不同，看待资产负债率的立场也不同。下列说法中，正确的有（　　）。

A. 从债权人的立场看，债务比率越低越好

B. 从股东的立场看，在全部资本利润率高于借款利息率时，负债比率越大越好

C. 从经营者的角度看，只有当负债增加的收益能够覆盖其增加的风险时，经营者才能考虑借入负债

D. 从经营者的角度看，为了降低风险，债务比率越低越好

12. 某企业2016年年末的产权比率为40%，则下列说法中正确的有(　　)。

A. 资产负债率为28.57%　　B. 权益乘数为1.4

C. 资产负债率为20%　　D. 权益乘数为2.5

二、判断题：

1. 财务分析信息的需求者主要包括企业所有者、企业债权人、企业经营决策者和政府等。不同主体对财务信息的要求相同。(　　)

2. 权益乘数的高低取决于企业的资本结构；资产负债率越高，权益乘数越高，财务风险越大。(　　)

3. 利息保障倍数的重点是衡量企业支付利息的能力，由于应付利息属于流动负债，所以，利息保障倍数属于反映企业短期偿债能力的指标。(　　)

4. 市盈率是股票市场上反映股票投资价值的重要指标，该比率的高低反映了市场上投资者对股票投资收益和投资风险的预期。(　　)

三、计算题：

1. 从某公司2016年的财务报表可以获得以下信息：2016年资产总额期初值、期末值分别为2 400万元、2 560万元，负债总额期初值、期末值分别为980万元、1 280万元；2016年度实现销售收入1亿元，净利润为600万元。

要求：分别计算销售净利率、资产周转率、权益乘数。

2. 某企业流动负债200万元，流动资产400万元，其中：应收票据50万元，存货90万元，其他流动资产2万元，预付账款7万元，应收账款200万元。(坏账损失率5‰)

要求：计算企业的流动比率和速动比率。

3. 某股份公司本年度净利润为8万元，股东权益总额为30万元，其中普通股股本25万元，每股面值10元，无优先股，年末每股市价为32元，本年度分配股利5.75万元。

要求计算：①每股收益；②每股股利；③市盈率；④股利支付率；⑤留存收益比率；⑥每股净资产。

4. 某公司年初存货30 000元，年初应收账款25 400元，年末流动比率为2，速动比率为1.5，存货周转率4次，流动资产合计54 000元。

要求：(1)计算本年销售成本；

(2)若本年销售净收入为312 200元，除应收账款外其他速动资产忽略不计，应收账款周转次数是多少？

任务二　财务状况综合分析

【任务目标】

知识目标：

- 了解财务分析的综合分析方法
- 理解沃尔分析法
- 掌握杜邦分析体系

能力目标：

- 能运用沃尔评分法进行综合财务分析
- 能运用杜邦分析体系进行综合财务分析

【任务引入】

利用分项财务指标分析，虽然可以了解企业各方面的财务状况，但不能反映企业各方面的财务状况之间的联系。在财务分析时，应将企业的财务状况看作一个系统，内部各因素都是相互依存、相互作用的，财务分析者必须对整个系统进行综合分析，只有这样，才能比较全面了解企业的财务状况。

宏泰公司目前采用的是传统方法进行财务综合分析，即杜邦分析法，同时在分析时结合因素分析法进行。

分项财务分析将每个财务指标分割开来，没有系统综合进行整体性分析，得出的分析结果也只是企业某个侧面的财务情况。但企业是一个整体，仅单独分析任何一项财务指标，都难以全面评价企业的财务状况和经营成果，要想对企业财务状况和经营成果有一个全面、合理的评价，就必须进行相互关联的分析，采用适当的标准进行综合性的评价。所谓财务综合分析，就是将营运能力、偿债能力、获利能力和发展能力等指标纳入一个有机的整体之中，全面地对企业财务状况、经营成果进行揭示和披露，从而对企业经济效益的优劣作出准确的判断和评价。

财务综合分析方法很多，其中应用比较广泛的有杜邦分析法和沃尔分析法。

一、杜邦分析法

杜邦分析法也称杜邦分析体系，它是选用了能够反映企业盈利能力和股东回报水平的综合指标，即净资产收益率作为核心指标，以该指标为出发点，通过层层分解，将各种有着相互作用的、反映企业经营效率和财务状况的财务指标有机联系在一起，对企业过去的财务成果进行分析，并为企业提高未来的财务成果提供科学的预测。这种分析方法首先由美国杜邦公司的经理创立并首先在杜邦公司成功运用。

杜邦财务体系各主要指标之间的关系如下：

净资产收益率 = 总资产净利率 × 权益乘数

其中： 总资产净利率 = 销售净利率 × 总资产周转率

即： 净资产收益率 = 销售净利率 × 总资产周转率 × 权益乘数

运用杜邦分析法需要抓住以下几点：

第一，净资产收益率是综合性最强的一个财务分析指标，是杜邦分析体系的起点。净资产收益率反映了企业所有者投入资本的获利能力，说明了企业筹资、投资、资产营运等各项财务及其管理活动的效率，而不断提高净资产收益率是使所有者权益最大化的基本保证。所以，这一财务分析指标是企业所有者、经营者都十分关心的。该指标的高低取决于总资产净利率与权益乘数。

第二，总资产净利率是影响净资产收益率的最重要的指标，具有很强的综合性，而总资产净利率又取决于销售净利率和总资产周转率的高低。销售净利率是净利润与销售收入之比，它是反映企业盈利能力的重要指标，扩大销售收入，降低成本费用是提高企业销售净利率的根本途径。总资产周转率是销售收入与资产平均总额之比，是反映企业运用资产以产生销售收入能力的指标。对总资产周转率的分析，除了对资产构成部分从总占有量上是否合理进行分析外，还应分析各项资产的周转速度。

第三，权益乘数主要受资产负债率的影响。资产负债率越高，权益乘数就越高，说明企业的负债程度比较高，给企业带来了较多的杠杆利益，同时，也带来了较大的风险。企业既要充分有效地利用全部资产，提高资产利用效率，又要妥善安排资金结构。

在具体运用杜邦分析体系进行分析时，可以采用因素分析法，首先确定销售净利率、总资产周转率和权益乘数的基准值，然后顺次代入这三个指标的实际值，分别计算分析这三个指标的变动对净资产收益率的影响方面和程度，还可以使用因素分析法进一步分解各个指标并分析其变动的深层次原因，找出解决的方法。

【例 9 - 3】A 公司为一家上市公司，已公布的公司 2016 年财务报告显示，该公司 2016 年净资产收益率为 4.8%，较 2015 年大幅降低，引起了市场各方的广泛关注，为此，某财务分析师详细搜集了 A 公司 2015 年和 2016 年的有关财务指标，如表 9 - 8 所示：

表 9 - 8 A 公司 2015 和 2016 年相关财务指标表

项目	2015 年	2016 年
销售净利率	12%	8%
总资产周转率(次数)	0.6	0.3
权益乘数	1.8	2

要求：

(1)计算 A 公司 2015 年净资产收益率；

(2)计算 A 公司 2016 年、2015 年净资产收益率的差异；

(3)利用因素分析法依次测算销售净利率、总资产周转率和权益乘数的变动对 A 公司 2016 年净资产收益率下降的影响。

解：

$$(1)2015\text{年净资产收益率} = 12\% \times 0.6 \times 1.8 = 12.96\%$$

$$(2)2016\text{年净资产收益率} = 8\% \times 0.3 \times 2 = 4.8\%$$

$$\text{与2015年净资产收益率的差} = 4.8\% - 12.96\% = -8.16\%$$

$$(3)\text{销售净利率变动的影响} = (8\% - 12\%) \times 0.6 \times 1.8 = -4.32\%$$

$$\text{总资产周转率变动的影响} = 8\% \times (0.3 - 0.6) \times 1.8 = -4.32\%$$

$$\text{权益乘数变动的影响} = 8\% \times 0.3 \times (2 - 1.8) = 0.48\%$$

需要说明的是，尽管杜邦分析体系能够全面系统地综合评价企业的财务状况，但随着管理者对财务信息质量要求的不断提高，也逐渐显现出一些不足之处，如：采用净利润指标不够科学，忽视了对现金流量的分析等，所以，杜邦分析体系仍然在不断完善之中。

二、沃尔评分法

企业财务综合分析的先驱者之一是亚历山大·沃尔。他在 20 世纪初出版的《信用晴雨表研究》和《财务报表比率分析》中提出了信用能力指数的概念，他把若干个财务比率用线性关系结合起来，以此来评价企业的信用水平，被称为沃尔评分法。他选择了 7 种财务比率，分别给定了其在总评价中所占的比重，总和为 100 分；然后，确定标准比率，并与实际比率相比较，评出每项指标的得分，求出总评分。

当今社会与沃尔所处的时代相比，已有很大的变化。现代的沃尔评分法对企业财务内容的评价把盈利能力排在首位，其次是偿债能力，再次是成长能力。

沃尔比重评分法的基本步骤如下：

(1)选择评价指标并分配指标权重：

盈利能力的指标：总资产报酬率、销售净利率、净资产收益率；

偿债能力的指标：自有资本比率、流动比率、应收账款周转率、存货周转率；

发展能力的指标：销售增长率、净利增长率、总资产增长率。

按重要程度确定各项比率指标的评分值，评分值之和为 100。

三类指标的评分值约为 5∶3∶2。盈利能力指标中三个具体指标的比例约为 2∶2∶1，偿债能力指标和发展能力指标中各项具体指标的重要性大体相当。

(2)根据各项财务比率的重要程度，确定其标准评分值。

(3)确定各项评价指标的标准值，将实际值进行调整。

$$\text{每分比率差} = (\text{最高比率} - \text{标准比率}) \div (\text{最高评分} - \text{标准评分})$$

$$\text{调整分} = (\text{实际比率} - \text{标准比率}) \div \text{每分比率差}$$

(4)对各项评价指标计分并计算综合分数。

$$\text{指标评分} = \text{标准评分值} + \text{调整分}$$

(5)形成评价结果。

【例 9 - 4】某企业是一家中型电力企业，以中型电力生产企业的标准值为评价基础，则 2016 年其综合评分标准如表 9－9 所示。

表 9－9 综合评分表

指标	评分值	标准比(%)	行业最高比率(%)	最高评分	最低评分	每分比率的(%)
盈利能力：						
总资产报酬率	20	5.5	15.8	30	10	1.03
销售净利率	20	26.0	56.2	30	10	3.02
净资产收益率	10	4.4	22.7	15	5	3.66
偿债能力：						
自有资本比率	8	25.9	55.8	12	4	7.48
流动比率	8	95.7	253.6	12	4	39.48
应收账款周转率	8	290	960	12	4	167.5
存货周转率	8	800	3 030	12	4	557.5
成长能力：						
销售增长率	6	2.5	38.9	9	3	12.13
净利增长率	6	10.1	51.2	9	3	13.7
总资产增长率	6	7.3	42.8	9	3	11.83
合计	100			150	50	

标准比率以本行业平均数为基础，在给每个指标评分时，应规定其上限和下限，以减少个别指标异常对总分造成不合理的影响。上限可定为正常评分值的 1.5 倍，下限可定为正常评分值的 0.5 倍。此外，给分不是采用“乘”的关系，而采用“加”或“减”的关系来处理，以克服沃尔评分法的缺点。

例如，总资产报酬率每分比率的差为 1.03% ＝（15.8% －5.5%）÷（30－20），即总资产报酬率每提高 1.03%，多给 1 分，但该项得分不得超过 30 分。

假设实际的总资产报酬率为 10%。

调整分 ＝ 4.5%/1.03% ＝ 4.37；

得分 ＝ 标准评分值 ＋ 调整分 ＝ 20 ＋ 4.37 ＝ 24.37

根据这种方法，对该企业的财务状况重新进行综合评价，得 124.94 分（表 9－10），是一个中等略偏上水平的企业。

表 9－10 财务情况评分

指标	实际比率 1	标准比率 2	差异 3＝1－2	每分比率 4	调整分 5＝3÷4	标准评分值 6	得分 7＝5＋6
盈利能力：							
总资产报酬率	10	5.5	4.5	1.03	4.37	20	24.37
销售净利率	33.54	26.0	7.54	3.02	2.50	20	22.50
净资产收益率	13.83	4.4	9.43	3.66	2.58	10	12.58

续表

指标	实际比率 1	标准比率 2	差异 3 = 1 − 2	每分比率 4	调整分 5 = 3 ÷ 4	标准评分值 6	得分 7 = 5 + 6
偿债能力：							
自有资本比率	72.71	25.9	46.81	7.48	6.26	8	14.26
流动比率	166	95.7	70.3	39.48	1.78	8	9.78
应收账款周转率	861	290	571	167.5	3.41	8	11.41
存货周转率	994	800	194	557.5	0.35	8	8.35
成长能力：							
销售增长率	17.7	2.5	15.2	12.13	1.25	6	7.25
净利增长率	−1.74	10.1	−11.84	13.7	−0.86	6	5.14
总资产增长率	46.36	7.3	39.06	11.83	3.30	6	9.30
合计						100	124.94

【任务实施】

根据已知资料，结合分项财务指标，运用传统杜邦分析法对宏泰公司财务状况进行综合分析，请完成下列任务，填写表 9－11。

表 9－11　宏泰公司财务状况综合分析表

分析方法	分析过程	综合评价
因素分析法		

【拓展领域】

项目质量分析法

财务报表分析较为常用的方法是财务比率分析法，一般包括偿债能力指标、营运能力指标、盈利能力指标、发展能力指标4个方面，每一方面又包括若干个财务指标。现有的财务报告分析多为运用这些财务指标来反映企业的财务状况和经营成果。然而财务指标比率分析存在时间的滞后性、易粉饰、反映内容不完整等缺点，难以对企业整体财务状况做出全面、客观的评价。因而，在财务报表分析方法的运用上，应将多种方法有机整合，不断加以完善和创新，在财务数据的基础上更多地结合其他相关信息，最大限度地挖掘财务比率背后的企业财务状况的实际质量，只有这样，才能为财务信息使用者提供更科学、有效的决策依据。

2000年，张新民教授首次提出项目质量分析法，即通过对财务报表的各组成项目金额、性质的分析，还原企业对应的实际经营活动和理财活动，并根据各项目自身特征和管理要求，在结合企业具体经营环境和经营战略的基础上对各项目的具体质量进行评价，进而对企业的整体财务状况质量作出判断。在这种方法下，财务报表分析可以包括资产质量分析、资本结构质量分析、利润质量分析以及现金流量质量分析，最终上升到财务状况整体质量分析。项目质量分析法的特点有以下几个：

(1)针对重大项目和异动项目制定个性化的分析方案；

(2)还原项目背后的经济活动；

(3)透视财务质量背后的管理质量；

(4)重视对报表附注的分析与利用，强调报表分析的会计色彩，挖掘项目的具体会计含义。

【技能训练】

一、选择题：

1. 在上市公司杜邦财务分析体系中，最具有综合性的财务指标是(　　)。

A. 销售净利率　　B. 净资产收益率

C. 总资产净利率　　D. 总资产周转率

2. 当今社会与沃尔所处的时代相比，已有很大变化。根据沃尔评分法，一般认为企业财务评价的内容首先是(　　)。

A. 成长能力　　B. 偿债能力

C. 盈利能力　　D. 获取现金流量能力

3. 在杜邦分析体系中，假设其他情况相同，下列说法中错误的是(　　)

A. 权益乘数大则财务风险大

B. 权益乘数等于资产负债率的倒数

C. 权益乘数等于所有者权益比率的倒数

D. 权益乘数大则净资产收益率大

二、判断题：

1. 2015 年 A 公司实现净利润 100 万元，营业收入为 1 000 万元，平均股东权益总额为 600 万元，预计 2016 年净利润增长 5%，其他因素不变，则 A 公司 2016 年净资产收益率为 17.5%。(　　)

2. 在总资产净利率不变的情况下，资产负债率低，净资产收益率高。(　　)

附录

附录一：复利终值系数表($F/P,i,n$)

n	1%	2%	3%	4%	5%	6%	7%	8%	9%	10%	12%	14%	15%	16%	18%	20%	24%	28%	32%	36%
1	1. 010 0	1. 020 0	1. 030 0	1. 040 0	1. 050 0	1. 060 0	1. 070 0	1. 080 0	1. 090 0	1. 100 0	1. 120 0	1. 140 0	1. 150 0	1. 160 0	1. 180 0	1. 200 0	1. 240 0	1. 280 0	1. 320 0	1. 360 0
2	1. 020 1	1. 040 4	1. 060 9	1. 081 6	1. 102 5	1. 123 6	1. 144 9	1. 166 4	1. 188 1	1. 210 0	1. 254 4	1. 299 6	1. 322 5	1. 345 6	1. 392 4	1. 440 0	1. 537 6	1. 638 4	1. 742 4	1. 849 6
3	1. 030 3	1. 061 2	1. 092 7	1. 124 9	1. 157 6	1. 191 0	1. 225 0	1. 259 7	1. 295 0	1. 331 0	1. 404 9	1. 481 5	1. 520 9	1. 5609	1. 643 0	1. 728 0	1. 906 6	2. 087 2	2. 300 0	2. 515 5
4	1. 040 6	1. 082 4	1. 125 5	1. 169 9	1. 215 5	1. 262 5	1. 310 8	1. 360 5	1. 411 6	1. 464 1	1. 573 5	1. 689 0	1. 749 0	1. 810 6	1. 938 8	2. 073 6	2. 364 2	2. 684 4	3. 036 0	3. 421 0
5	1. 051 0	1. 104 1	1. 159 3	1. 216 7	1. 276 3	1. 338 2	1. 402 6	1. 469 3	1. 538 6	1. 610 5	1. 762 3	1. 925 4	2. 011 4	2. 100 3	2. 287 8	2. 488 3	2. 931 6	3. 436 0	4. 007 5	4. 652 6
6	1. 061 5	1. 126 2	1. 194 1	1. 265 3	1. 340 1	1. 418 5	1. 500 7	1. 580 9	1. 677 1	1. 771 6	1. 973 8	2. 195 0	2. 313 1	2. 436 4	2. 699 6	2. 986 0	3. 635 2	4. 398 0	5. 289 9	6. 327 5
7	1. 072 1	1. 148 7	1. 229 9	1. 315 9	1. 407 1	1. 503 6	1. 605 8	1. 773 8	1. 828 0	1. 948 7	2. 210 7	2. 502 3	2. 660 0	2. 8262	3. 185 5	3. 583 2	4. 507 7	5. 629 5	6. 982 6	8. 605 4
8	1. 082 9	1. 171 7	1. 266 8	1. 368 6	1. 477 5	1. 593 8	1. 718 2	1. 850 9	1. 992 6	2. 143 6	2. 476 0	2. 852 6	3. 059 0	3. 278 4	3. 758 9	4. 299 8	5. 589 5	7. 280 8	9. 217 0	11. 703
9	1. 093 7	1. 195 1	1. 340 8	1. 423 3	1. 551 3	1. 689 5	1. 838 5	1. 999 0	2. 171 9	2. 357 9	2. 773 1	3. 251 9	3. 517 9	3. 803 0	4. 435 5	5. 159 8	6. 931 0	9. 223 4	12. 166	15. 917
10	1. 104 6	1. 219 0	1. 343 9	1. 480 2	1. 628 9	1. 790 8	1. 967 2	2. 158 9	2. 367 4	2. 593 7	3. 105 8	3. 707 2	4. 045 6	4. 411 4	5. 233 8	6. 191 7	8. 594 4	11. 806	16. 060	21. 647
11	1. 115 7	1. 243 4	1. 384 2	1. 539 5	1. 710 3	1. 898 3	2. 014 9	2. 331 6	2. 580 4	2. 853 1	3. 478 5	4. 226 2	4. 652 4	5. 117 3	6. 175 9	7. 430 1	10. 657	15. 112	21. 119	29. 439
12	1. 126 8	1. 268 2	1. 425 8	1. 601 0	1. 795 9	2. 012 2	2. 252 2	2. 518 2	2. 812 7	3. 138 4	3. 896 0	4. 817 9	5. 350 3	5. 936 0	7. 287 6	8. 916 1	13. 215	19. 343	27. 983	40. 037
13	1. 138 1	1. 293 6	1. 468 5	1. 665 1	1. 885 6	2. 132 9	2. 409 8	2. 719 6	3. 065 8	3. 452 3	4. 363 5	5. 492 4	6. 125 8	6. 885 8	8. 599 4	10. 699	16. 386	24. 759	36. 937	54. 451
14	1. 149 5	1. 319 5	1. 512 6	1. 731 7	1. 979 9	2. 260 9	2. 578 5	2. 937 2	3. 341 7	3. 7975	4. 887 1	6. 261 3	7. 075 7	7. 987 5	10. 147	12. 839	20. 319	31. 691	48. 757	74. 053
15	1. 161 0	1. 345 9	1. 558 0	1. 800 9	2. 078 9	2. 396 6	2. 759 0	3. 172 2	3. 642 5	4. 177 2	5. 473 6	7. 137 9	8. 137 1	9. 265 5	11. 974	15. 407	25. 196	40. 565	64. 359	100. 71

续表

n	1%	2%	3%	4%	5%	6%	7%	8%	9%	10%	12%	14%	15%	16%	18%	20%	24%	28%	32%	36%
16	1. 172 6	1. 372 8	1. 604 7	1. 873 0	2. 182 9	2. 540 4	2. 952 2	3. 425 9	3. 970 3	4. 595 0	6. 130 4	8. 137 2	9. 357 6	10. 748	14. 129	18. 488	31. 243	51. 923	84. 954	136. 97
17	1. 184 3	1. 400 2	1. 652 8	1. 947 9	2. 292 0	2. 692 8	3. 158 8	3. 700 0	4. 327 6	5. 054 5	6. 866 0	9. 276 5	10. 761	12. 468	16. 672	22. 186	38. 741	66. 461	112. 14	186. 28
18	1. 196 1	1. 428 2	1. 702 4	2. 025 8	2. 406 6	2. 854 3	3. 379 9	3. 996 0	4. 717 1	5. 559 9	7. 690 0	10. 575	12. 375	14. 463	19. 673	26. 623	48. 039	86. 071	148. 02	253. 34
19	1. 208 1	1. 456 8	1. 753 5	2. 106 8	2. 527 0	3. 025 6	3. 616 5	4. 315 7	5. 141 7	6. 115 9	8. 612 8	12. 056	14. 232	16. 777	23. 214	31. 948	59. 568	108. 89	195. 39	344. 54
20	1. 220 2	1. 485 9	1. 806 1	2. 191 1	2. 653 3	3. 207 1	3. 869 7	4. 661 0	5. 604 4	6. 727 5	9. 646 3	13. 743	16. 367	19. 461	27. 393	38. 338	73. 864	139. 38	257. 92	468. 57
21	1. 232 4	1. 515 7	1. 860 3	2. 278 8	2. 786 0	3. 399 6	4. 140 6	5. 033 8	6. 108 8	7. 400 2	10. 804	15. 668	18. 822	22. 574	32. 324	46. 005	91. 592	178. 41	340. 45	637. 26
22	1. 244 7	1. 546 0	1. 916 1	2. 369 9	2. 925 3	3. 603 5	4. 430 4	5. 436 5	6. 658 6	8. 140 3	12. 100	17. 861	21. 645	26. 186	38. 142	55. 206	113. 57	228. 36	449. 39	866. 67
23	1. 257 2	1. 576 9	1. 973 6	2. 464 7	3. 071 5	3. 819 7	4. 740 5	5. 871 5	7. 257 9	8. 254 3	13. 552	20. 362	24. 891	30. 376	45. 008	66. 247	140. 83	292. 30	593. 20	1 178. 7
24	1. 269 7	1. 608 4	2. 032 8	2. 563 3	3. 225 1	4. 048 9	5. 072 4	6. 341 2	7. 911 1	9. 849 7	15. 179	23. 212	28. 625	35. 236	53. 109	79. 497	174. 63	374. 14	783. 02	1 603. 0
25	1. 282 4	1. 640 6	2. 093 8	2. 665 8	3. 386 4	4. 291 9	5. 427 4	6. 848 5	8. 623 1	10. 835	17. 000	26. 462	32. 919	40. 874	62. 669	95. 396	216. 54	478. 90	1 033. 6	2 180. 1
26	1. 295 3	1. 673 4	2. 156 6	2. 772 5	3. 555 7	4. 549 4	5. 807 6	7. 396 4	9. 399 2	11. 918	19. 040	30. 167	37. 857	47. 414	73. 949	114. 48	268. 51	613. 00	1 364. 3	2 964. 9
27	1. 308 2	1. 706 9	2. 221 3	2. 883 4	3. 733 5	4. 882 3	6. 213 9	7. 988 1	10. 245	13. 110	21. 325	34. 390	43. 535	55. 000	87. 260	137. 37	332. 95	784. 64	1 800. 9	4 032. 3
28	1. 321 3	1. 741 0	2. 287 9	2. 998 7	3. 920 1	5. 111 7	6. 648 8	8. 627 1	11. 167	14. 421	23. 884	39. 204	50. 066	63. 800	102. 97	164. 85	412. 86	1 004. 3	2 377. 2	5 483. 9
29	1. 334 5	1. 775 8	2. 356 6	3. 118 7	4. 116 1	5. 418 4	7. 114 3	9. 317 3	12. 172	15. 863	26. 750	44. 693	57. 575	74. 009	121. 50	197. 81	511. 95	1 285. 6	3 137. 9	7 458. 1
30	1. 347 8	1. 811 4	2. 427 3	3. 243 4	4. 321 9	5. 743 5	7. 612 3	10. 063	1. 327	17. 449	29. 960	50. 950	66. 212	85. 850	143. 37	237. 38	634. 82	1 645. 5	4 142. 1	10 143
40	1. 488 9	2. 208 0	3. 262 0	4. 801 0	7. 040 0	10. 286	14. 794	21. 725	31. 408	45. 259	93. 051	188. 88	267. 86	378. 72	750. 38	1 469. 8	5 455. 9	19 427	66 521	*
50	1. 644 6	2. 691 6	4. 383 9	7. 106 7	11. 467	18. 420	29. 457	46. 902	74. 358	117. 39	289. 00	700. 23	1 083. 7	1 670. 7	3 927. 4	9 100. 4	46 890	*	*	*
60	1. 816 7	3. 281 0	5. 891 6	10. 520	18. 679	32. 998	57. 946	101. 26	176. 03	304. 48	897. 60	2 595. 9	4 384. 0	7 370. 2	20 555	56 348	*	*	*	*
	* >99 999																			

附录二:复利现值系数表($P/F,i,n$)

n	1%	2%	3%	4%	5%	6%	7%	8%	9%	10%	12%	14%	15%	16%	18%	20%	24%	28%	32%	36%
1	0.990 1	0.980 4	0.970 9	0.961 5	0.952 4	0.943 4	0.934 6	0.925 9	0.917 4	0.909 1	0.892 9	0.877 2	0.869 6	0.862 1	0.847 5	0.833 3	0.806 5	0.781 3	0.757 6	0.735 3
2	0.980 3	0.971 2	0.942 6	0.924 6	0.907 0	0.890 0	0.873 4	0.857 3	0.841 7	0.826 4	0.797 2	0.769 5	0.756 1	0.743 2	0.718 2	0.694 4	0.650 4	0.610 4	0.573 9	0.507 0
3	0.970 6	0.942 3	0.915 1	0.889 0	0.863 8	0.839 6	0.816 3	0.793 8	0.772 2	0.751 3	0.711 8	0.675 0	0.657 5	0.640 7	0.608 6	0.578 7	0.524 5	0.476 8	0.434 8	0.397 5
4	0.961 0	0.923 8	0.888 5	0.854 8	0.822 7	0.792 1	0.762 9	0.735 0	0.708 4	0.683 0	0.635 5	0.592 1	0.571 8	0.552 3	0.515 8	0.482 3	0.423 0	0.372 5	0.329 4	0.292 3
5	0.951 5	0.905 7	0.862 6	0.821 9	0.783 5	0.747 3	0.713 0	0.680 6	0.649 9	0.620 9	0.567 4	0.519 4	0.497 2	0.476 2	0.437 1	0.401 9	0.341 1	0.291 0	0.249 5	0.214 9
6	0.942 0	0.880 0	0.837 5	0.790 3	0.746 2	0.705 0	0.666 3	0.630 2	0.596 3	0.564 5	0.506 6	0.455 6	0.432 3	0.410 4	0.370 4	0.334 9	0.275 1	0.227 4	0.189 0	0.158 0
7	0.932 7	0.860 6	0.813 1	0.759 9	0.710 7	0.665 1	0.622 7	0.583 5	0.547 0	0.513 2	0.452 3	0.399 6	0.375 9	0.353 8	0.313 9	0.279 1	0.221 8	0.177 6	0.143 2	0.116 2
8	0.923 5	0.853 5	0.787 4	0.730 7	0.676 8	0.627 4	0.582 0	0.540 3	0.501 9	0.466 5	0.403 9	0.350 6	0.326 9	0.305 0	0.266 0	0.232 6	0.178 9	0.138 8	0.108 5	0.085 4
9	0.914 3	0.836 8	0.766 4	0.702 6	0.644 6	0.591 9	0.543 9	0.500 2	0.460 4	0.424 1	0.360 6	0.307 5	0.284 3	0.026 3	0.225 5	0.193 8	0.144 3	0.108 4	0.082 2	0.062 8
10	0.905 3	0.820 3	0.744 1	0.675 6	0.613 9	0.558 4	0.508 3	0.463 2	0.422 4	0.385 5	0.322 0	0.269 7	0.247 2	0.226 7	0.191 1	0.161 5	0.116 4	0.084 7	0.062 3	0.046 2
11	0.896 3	0.804 3	0.722 4	0.649 6	0.584 7	0.526 8	0.475 1	0.428 9	0.387 5	0.350 5	0.287 5	0.236 6	0.214 9	0.195 4	0.161 9	0.134 6	0.093 8	0.066 2	0.047 2	0.034 0
12	0.887 4	0.788 5	0.701 4	0.624 6	0.556 8	0.497 0	0.444 0	0.397 1	0.355 5	0.318 6	0.256 7	0.207 6	0.186 9	0.168 5	0.137 3	0.112 2	0.075 7	0.051 7	0.035 7	0.025 0
13	0.878 7	0.773 0	0.681 0	0.600 6	0.530 3	0.468 8	0.415 0	0.367 7	0.326 2	0.289 7	0.229 2	0.182 1	0.162 5	0.145 2	0.116 3	0.093 5	0.061 0	0.040 4	0.027 1	0.018 4
14	0.870 0	0.757 9	0.661 1	0.577 5	0.505 1	0.442 3	0.387 8	0.340 5	0.299 2	0.263 3	0.204 6	0.159 7	0.141 3	0.125 2	0.098 5	0.077 9	0.049 2	0.031 6	0.020 5	0.013 5
15	0.861 3	0.743 0	0.641 9	0.555 3	0.481 0	0.417 3	0.362 4	0.315 2	0.274 5	0.239 4	0.182 7	0.140 1	0.122 9	0.107 9	0.083 5	0.064 9	0.039 7	0.024 7	0.015 5	0.009 9
16	0.852 8	0.728 4	0.623 2	0.533 9	0.458 1	0.393 6	0.338 7	0.291 9	0.251 9	0.217 6	0.163 1	0.122 9	0.106 9	0.098 0	0.070 9	0.054 1	0.032 0	0.019 3	0.011 8	0.007 3
17	0.844 4	0.714 2	0.605 0	0.513 4	0.436 3	0.371 4	0.316 6	0.270 3	0.231 1	0.197 8	0.145 6	0.107 8	0.929 0	0.080 2	0.060 0	0.045 1	0.025 9	0.015 0	0.008 9	0.005 4
18	0.836 0	0.700 2	0.587 4	0.493 6	0.415 5	0.350 3	0.295 9	0.250 2	0.212 0	0.179 9	0.130 0	0.094 6	0.808 0	0.069 1	0.050 8	0.037 6	0.020 8	0.011 8	0.006 8	0.003 9

续表

n	1%	2%	3%	4%	5%	6%	7%	8%	9%	10%	12%	14%	15%	16%	18%	20%	24%	28%	32%	36%
19	0. 827 7	0. 686 4	0. 570 3	0. 474 6	0. 395 7	0. 330 5	0. 276 5	0. 231 7	0. 194 5	0. 163 5	0. 116 1	0. 008 3	0. 070 3	0. 059 6	0. 043 1	0. 031 3	0. 016 8	0. 009 2	0. 005 1	0. 002 9
20	0. 819 5	0. 673 0	0. 553 7	0. 456 4	0. 376 9	0. 311 8	0. 258 4	0. 214 5	0. 178 4	0. 148 6	0. 103 7	0. 072 8	0. 061 1	0. 051 4	0. 036 5	0. 026 1	0. 013 5	0. 007 2	0. 003 9	0. 002 1
21	0. 811 4	0. 659 8	0. 537 5	0. 438 8	0. 358 9	0. 294 2	0. 241 5	0. 198 7	0. 163 7	0. 135 1	0. 092 6	0. 063 8	0. 053 1	0. 044 3	0. 030 9	0. 021 7	0. 010 9	0. 005 6	0. 002 9	0. 001 6
22	0. 803 4	0. 646 8	0. 521 9	0. 422 0	0. 341 8	0. 277 5	0. 225 7	0. 183 9	0. 150 2	0. 122 8	0. 082 6	0. 056 0	0. 046 2	0. 038 2	0. 026 2	0. 018 1	0. 008 8	0. 004 4	0. 002 2	0. 001 2
23	0. 795 4	0. 634 2	0. 506 7	0. 405 7	0. 325 6	0. 261 8	0. 210 9	0. 170 3	0. 137 8	0. 111 7	0. 073 8	0. 049 1	0. 040 2	0. 032 9	0. 022 2	0. 015 1	0. 007 1	0. 003 4	0. 001 7	0. 000 8
24	0. 787 6	0. 621 7	0. 491 9	0. 3901	0. 310 1	0. 247 0	0. 197 1	0. 157 7	0. 126 4	0. 101 5	0. 065 9	0. 043 1	0. 034 9	0. 028 4	0. 018 8	0. 012 6	0. 005 7	0. 002 7	0. 001 3	0. 000 6
25	0. 779 8	0. 609 5	0. 477 6	0. 375 1	0. 295 3	0. 233 0	0. 184 2	0. 146 0	0. 116 0	0. 092 3	0. 058 8	0. 037 8	0. 030 4	0. 024 5	0. 016 0	0. 010 5	0. 004 6	0. 002 1	0. 001 0	0. 000 5
26	0. 772 0	0. 597 6	0. 463 7	0. 360 4	0. 281 2	0. 219 8	0. 172 2	0. 135 2	0. 106 4	0. 083 9	0. 052 5	0. 033 1	0. 026 4	0. 021 1	0. 013 5	0. 008 7	0. 003 7	0. 001 6	0. 000 7	0. 000 3
27	0. 764 4	0. 585 9	0. 450 2	0. 346 8	0. 267 8	0. 207 4	0. 160 9	0. 125 2	0. 097 6	0. 076 3	0. 046 9	0. 029 1	0. 023 0	0. 018 2	0. 011 5	0. 007 3	0. 003 0	0. 001 3	0. 000 6	0. 000 2
28	0. 756 8	0. 574 4	0. 437 1	0. 335 0	0. 255 1	0. 195 6	0. 150 4	0. 115 9	0. 089 5	0. 069 3	0. 041 9	0. 025 5	0. 020 0	0. 015 7	0. 009 7	0. 006 1	0. 002 4	0. 001 0	0. 000 4	0. 000 2
29	0. 749 3	0. 563 1	0. 424 3	0. 320 7	0. 242 9	0. 184 6	0. 140 6	0. 107 3	0. 082 2	0. 063 0	0. 037 4	0. 022 4	0. 017 4	0. 013 5	0. 008 2	0. 005 1	0. 002 0	0. 000 8	0. 000 3	0. 000 1
30	0. 741 9	0. 552 1	0. 412 0	0. 308 3	0. 231 4	0. 174 1	0. 131 4	0. 099 4	0. 075 4	0. 057 3	0. 033 4	0. 019 6	0. 015 1	0. 011 6	0. 007 0	0. 004 2	0. 001 6	0. 000 6	0. 000 2	0. 000 1
35	0. 705 9	0. 500 0	0. 355 4	0. 253 4	0. 181 3	0. 130 1	0. 093 7	0. 067 6	0. 049 0	0. 035 6	0. 018 9	0. 010 2	0. 007 5	0. 005 5	0. 003 0	0. 001 7	0. 000 5	0. 000 2	0. 000 1	*
40	0. 671 7	0. 452 9	0. 306 6	0. 208 3	0. 142 0	0. 097 2	0. 668 0	0. 046 0	0. 031 8	0. 022 1	0. 010 7	0. 005 3	0. 003 7	0. 002 6	0. 001 3	0. 000 7	0. 000 2	0. 000 1	*	*
45	0. 639 1	0. 410 2	0. 264 4	0. 171 2	0. 111 3	0. 072 7	0. 047 6	0. 031 3	0. 020 7	0. 013 7	0. 006 1	0. 002 7	0. 001 9	0. 001 3	0. 000 6	0. 000 3	0. 000 1	*	*	*
50	0. 608 0	0. 371 5	0. 228 1	0. 140 7	0. 087 2	0. 054 3	0. 033 9	0. 021 3	0. 013 4	0. 008 5	0. 003 5	0. 001 4	0. 000 9	0. 000 6	0. 000 3	0. 000 1	*	*	*	*
55	0. 578 5	0. 336 5	0. 196 8	0. 115 7	0. 068 3	0. 040 6	0. 024 2	0. 014 5	0. 008 7	0. 005 3	0. 002 0	0. 000 7	0. 000 5	0. 000 3	0. 000 1	*	*	*	*	*
	* <0. 000 1																			

附录三:年金终值系数表($F/A,i,n$)

n	1%	2%	3%	4%	5%	6%	7%	8%	9%	10%	12%	14%	15%	16%	18%	20%	24%	28%	32%	36%
1	1.000 0	1.000 0	1.000 0	1.000 0	1.000 0	1.000 0	1.000 0	1.000 0	1.000 0	1.000 0	1.000 0	1.000 0	1.000 0	1.000 0	1.000 0	1.000 0	1.000 0	1.000 0	1.000 0	1.000 0
2	2.010 0	2.020 0	2.030 0	2.0400	2.050 0	2.060 0	2.070 0	2.080 0	2.090 0	2.100 0	2.120 0	2.140 0	2.150 0	2.160 0	2.180 0	2.200 0	2.240 0	2.280 0	2.320 0	2.360 0
3	3.030 1	3.060 4	3.090 9	3.121 6	3.152 5	3.183 6	2.214 9	3.246 4	3.278 1	3.310 0	3.374 4	3.439 6	3.472 5	3.505 6	3.572 4	3.640 0	3.777 6	3.918 4	3.062 4	3.209 6
4	4.060 4	4.121 6	4.183 6	4.246 5	4.310 1	4.374 6	4.439 9	4.506 1	4.573 1	4.641 0	4.779 3	4.921 1	4.993 4	5.066 5	5.215 4	5.368 0	5.684 2	6.015 6	6.362 4	6.725 1
5	5.101 0	5.204 0	5.309 1	5.416 3	5.525 6	5.637 1	5.750 7	5.866 6	5.984 7	6.105 1	6.352 8	6.610 1	6.742 4	6.877 1	7.154 2	7.441 6	8.048 4	8.699 9	9.398 3	10.146
6	6.152 0	6.308 1	6.468 4	6.633 0	6.801 9	6.975 3	7.153 3	7.335 9	7.523 3	7.715 6	8.1152	8.535 5	8.753 7	8.977 5	9.442 0	9.929 9	10.980	12.136	13.406	14.799
7	7.213 5	7.434 3	7.662 5	7.898 3	8.142 0	8.393 8	8.654 0	8.922 8	9.200 4	9.487 2	10.089	10.730	11.067	11.414	12.142	12.916	14.615	16.534	18.696	21.126
8	8.285 7	8.583 0	8.892 3	9.214 2	9.549 1	9.897 5	10.260	10.637	11.028	11.436	12.300	13.233	13.727	14.240	15.327	16.499	19.123	22.163	25.678	29.732
9	9.368 5	9.754 6	10.159	10.583	11.027	11.491	11.978	12.488	13.021	13.579	14.776	16.085	16.786	17.519	19.086	20.799	24.712	29.369	34.895	41.435
10	10.462	10.950	11.464	12.006	12.578	13.181	13.816	14.487	15.913	15.937	17.549	19.337	20.304	21.321	23.521	25.959	31.643	38.593	47.062	57.352
11	11.567	12.169	12.808	13.486	14.207	14.972	15.784	16.645	17.560	18.531	20.655	23.045	24.349	25.733	28.755	32.150	40.238	50.398	63.122	78.998
12	12.683	13.412	14.192	15.026	16.917	16.870	17.888	18.977	20.141	21.384	24.133	27.271	29.002	30.850	34.931	39.581	50.895	65.510	84.32	108.44
13	13.809	14.680	15.618	16.627	17.713	18.882	20.141	21.495	22.953	24.523	28.029	32.089	34.352	36.786	42.219	48.497	64.110	84.853	112.30	148.47
14	14.947	15.974	17.086	18.292	19.599	21.015	22.550	24.215	26.019	27.975	32.393	37.581	40.505	43.672	50.818	54.196	80.496	109.61	149.24	202.93
15	16.097	17.293	18.599	20.024	21.579	23.276	25.129	27.152	29.361	31.772	37.280	43.842	47.580	51.660	60.965	72.035	100.82	141.30	198.00	276.98
16	17.258	18.639	20.157	21.825	23.657	25.673	27.888	30.324	33.003	35.950	42.753	50.980	55.717	60.925	72.939	87.442	126.01	181.87	262.36	377.69
17	18.430	20.012	21.762	23.698	25.84	28.213	30.840	33.750	36.974	40.545	48.884	59.118	65.075	71.673	87.068	105.93	157.25	233.79	347.31	514.66

续表

n	1%	2%	3%	4%	5%	6%	7%	8%	9%	10%	12%	14%	15%	16%	18%	20%	24%	28%	32%	36%
18	19.615	21.412	23.414	25.645	28.132	30.906	33.999	37.450	41.301	45.599	55.750	68.394	75.836	84.141	103.74	128.12	195.99	300.25	459.45	770.94
19	20.811	22.841	25.117	27.671	30.539	33.760	37.379	41.446	46.018	51.159	63.440	79.969	88.212	98.603	123.41	154.74	244.03	385.32	607.47	954.28
20	22.019	24.297	26.870	29.778	33.066	36.786	40.995	45.762	51.160	57.275	72.052	91.025	120.44	115.38	146.63	186.69	303.60	494.21	802.86	1 298.8
21	23.239	25.783	28.676	31.969	35.719	39.993	44.865	50.423	56.765	64.002	81.70	104.77	118.81	134.84	174.02	225.03	377.46	633.59	1 060.8	1 767.4
22	24.472	27.299	30.537	34.248	38.505	43.392	49.006	55.457	62.873	71.403	92.50	120.44	137.63	157.41	206.34	271.03	469.06	812.00	1 401.2	2 404.7
23	25.716	28.845	32.453	36.618	41.430	46.996	53.436	60.883	69.532	79.543	104.60	138.30	159.28	183.60	244.49	326.24	582.63	1 040.4	1 850.6	3 271.3
24	26.973	30.422	34.426	39.083	44.502	50.816	58.177	66.765	76.790	88.497	118.16	152.66	184.17	213.98	289.49	392.48	723.46	1 332.7	2 443.8	4 450.0
25	28.243	32.030	36.459	41.646	47.727	54.863	63.294	73.106	84.701	98.347	133.33	181.87	212.79	249.21	342.60	471.98	898.09	1 706.8	3 226.8	6 053.0
26	29.526	33.671	38.553	44.312	51.113	59.156	68.676	79.954	93.324	121.10	150.33	208.33	245.71	290.09	405.27	567.38	1 114.6	2 185.7	4 260.4	8 233.1
27	30.821	35.344	40.710	47.084	54.669	63.701	74.484	87.351	102.72	134.21	169.37	238.50	283.57	337.50	479.22	681.85	1 383.1	2 798.7	5 624.8	11 198.0
28	32.129	37.051	42.923	49.968	58.403	68.528	80.698	95.339	112.97	148.63	190.70	272.89	327.10	392.50	566.48	819.22	1 716.1	3 583.3	7 425.7	15 230.3
29	33.450	38.792	45.219	52.966	62.323	73.460	87.347	103.97	124.14	164.49	214.58	312.09	377.17	456.30	669.45	984.07	2 129.0	4 587.7	9 802.9	20 714.2
30	34.785	40.568	47.575	56.085	66.439	79.058	94.461	113.28	136.31	164.49	241.33	356.79	434.75	530.31	790.95	1 181.9	2 640.9	5 873.2	12 941.0	28 172.3
40	48.886	60.402	75.401	95.026	120.80	154.76	199.64	259.06	337.89	442.59	767.09	1 342.0	1 779.1	2 360.8	4 163.21	7 343.2	27 290	69 377	*	*
50	64.463	84.579	112.80	152.67	209.35	290.34	406.53	573.77	815.08	1 163.9	2 400.0	4 994.5	7 217.7	10 436	21 813	45 497	*	*	*	*
60	81.670	114.05	163.05	237.99	353.58	533.13	813.52	1 253.2	1 944.8	3 034.8	7 471.6	18 535	29 220	46 058	*	*	*	*	*	*
	* >99 999																			

附录四:年金现值系数表($P/A,i,n$)

n	1%	2%	3%	4%	5%	6%	7%	8%	9%	10%	12%	14%	15%	16%	18%	20%	24%	28%	32%
1	0.990 1	0.908 4	0.970 9	0.961 5	0.952 4	0.943 4	0.934 6	0.925 9	0.917 4	0.909 1	0.892 9	0.877 2	0.869 6	0.862 1	0.847 5	0.833 3	0.806 5	0.781 3	0.757 6
2	1.970 4	1.941 6	1.913 5	1.886 1	1.859 4	1.833 4	1.808 0	1.783 3	1.759 1	1.735 5	1.690 1	1.646 7	1.625 7	1.605 2	1.565 6	1.527 8	1.456 8	1.391 6	1.331 5
3	2.941 0	2.883 9	2.828 6	2.775 1	2.723 2	2.673 0	2.624 3	2.577 1	2.531 3	2.486 9	2.401 8	2.321 6	2.283 2	2.245 9	2.174 3	2.106 5	1.981 3	1.868 4	1.766 3
4	3.902 0	3.807 7	3.717 1	3.629 9	3.546 0	3.465 1	3.387 2	3.312 1	3.239 7	3.169 9	3.037 3	2.913 7	2.855 0	2.798 2	2.690 1	2.588 7	2.404 3	2.241 0	2.095 7
5	4.853 4	4.713 5	4.579 7	4.451 8	4.329 5	4.212 4	4.100 2	3.992 7	3.889 7	3.790 8	3.604 8	3.433 1	3.352 2	3.274 3	3.127 2	2.990 6	2.745 4	2.532 0	2.345 2
6	5.795 5	5.601 4	5.417 2	5.242 1	5.075 7	4.917 3	4.766 5	4.622 9	4.485 9	4.355 3	4.111 4	3.888 7	3.784 5	3.684 7	3.497 6	3.325 5	3.020 5	2.759 4	2.534 2
7	6.728 2	6.472 0	6.230 3	6.002 1	5.786 4	5.582 4	5.389 3	5.206 4	5.033 0	4.868 4	4.563 8	4.288 3	4.160 4	4.038 6	3.811 5	3.604 6	3.242 3	2.937 0	2.677 5
8	7.651 7	7.325 5	7.019 7	6.732 7	6.463 2	6.209 8	5.971 3	5.746 6	5.534 8	5.334 9	4.967 6	4.638 9	4.487 3	4.343 6	4.077 6	3.837 2	3.421 2	3.075 8	2.786 0
9	8.566 0	8.162 2	7.786 1	7.435 3	7.107 8	6.810 7	6.515 2	6.246 9	5.995 2	5.759 0	5.328 2	4.946 4	4.771 6	4.606 5	4.303 0	4.031 0	3.565 5	3.184 2	2.868 1
10	9.471 3	8.982 6	8.530 2	8.110 9	7.721 7	7.360 1	7.023 6	6.710 1	6.417 7	6.144 6	5.650 2	5.216 1	5.018 8	4.833 2	4.494 1	4.192 5	3.681 9	3.268 9	2.930 4
11	10.367 6	9.786 8	9.252 6	8.760 5	8.306 4	7.886 9	7.498 7	9.139 0	6.805 2	6.495 1	5.937 7	5.452 7	5.233 7	5.028 6	4.656 0	4.327 1	3.775 7	3.335 1	2.977 6
12	11.255 1	10.575 3	9.954 0	9.385 1	8.863 3	8.383 8	7.942 7	7.536 1	7.160 7	6.813 7	6.194 4	5.660 3	5.420 6	5.197 1	4.793 2	4.439 2	3.851 4	3.386 8	3.013 3
13	12.133 7	11.348 4	10.635 0	9.985 6	9.393 6	8.852 7	8.357 7	7.903 8	7.486 9	7.103 4	6.423 5	5.842 4	5.583 1	5.342 3	4.909 5	4.532 7	3.912 4	3.427 2	3.040 4
14	13.003 7	12.106 2	11.296 1	10.563 1	9.898 6	9.295 0	8.745 5	8.244 2	7.786 2	7.366 7	6.628 2	6.002 1	5.724 5	5.467 5	5.008 1	4.610 6	3.961 6	3.458 7	3.060 9
15	13.865 1	12.849 3	11.937 9	11.118 4	10.379 7	9.712 2	9.107 9	8.559 5	8.060 7	7.606 1	6.810 9	6.142 2	5.847 4	5.575 5	5.091 6	4.675 5	4.001 3	3.483 4	3.076 4
16	14.717 9	13.577 7	12.561 1	11.652 3	10.837 8	10.105 9	9.446 6	8.851 4	8.312 6	7.823 7	6.974 0	6.265 1	5.954 2	5.668 5	5.162 4	4.729 6	4.033 3	3.502 6	3.088 2
17	15.562 3	14.291 9	13.166 1	12.165 7	11.274 1	10.477 3	9.763 2	9.121 6	8.543 6	8.021 6	7.119 6	6.372 9	6.047 2	5.748 7	5.222 3	4.774 6	4.059 1	3.517 7	3.097 1
18	16.398 3	14.992 0	13.753 5	12.689 6	11.689 6	10.827 6	10.059 1	9.371 9	8.755 6	8.201 4	7.249 7	6.467 4	6.128 0	5.817 8	5.273 2	4.812 2	4.079 9	3.529 4	3.103 9
19	17.226 0	15.678 5	14.323 8	13.133 9	12.085 3	11.158 1	10.335 6	9.603 6	8.950 1	8.364 9	7.365 8	6.550 4	6.198 2	5.877 5	5.316 2	4.843 5	4.096 7	0.538 6	3.109 0

续表

n	1%	2%	3%	4%	5%	6%	7%	8%	9%	10%	12%	14%	15%	16%	18%	20%	24%	28%	32%
20	18. 045 6	16. 351 4	14. 877 5	13. 590 3	12. 462 2	11. 469 9	10. 594 0	9. 818 1	9. 128 5	8. 513 6	7. 469 4	6. 623 1	6. 259 3	5. 928 8	5. 352 7	4. 869 6	4. 110 3	3. 545 8	3. 112 9
21	18. 857 0	17. 011 2	15. 415 0	14. 029 2	12. 821 2	11. 764 1	10. 835 5	10. 016 8	9. 292 2	8. 648 7	7. 562 0	6. 687 0	6. 312 5	5. 973 1	5. 383 7	4. 891 3	4. 121 2	3. 551 4	3. 115 8
22	19. 660 4	17. 658 0	15. 936 9	14. 451 1	13. 163 0	12. 041 6	11. 061 2	10. 200 7	9. 442 4	8. 771 5	7. 644 6	6. 742 9	6. 358 7	6. 011 3	5. 409 9	4. 909 4	4. 130 0	3. 555 8	3. 118 0
23	20. 455 8	18. 292 2	16. 443 6	14. 856 8	13. 488 6	12. 303 4	11. 272 2	10. 371 1	9. 580 2	8. 883 2	7. 718 4	6. 792 1	6. 398 8	6. 044 2	5. 432 1	4. 924 5	4. 137 1	3. 559 2	3. 119 7
24	21. 243 4	18. 913 9	16. 935 5	15. 247 0	13. 798 6	12. 550 4	11. 469 3	10. 528 8	9. 706 6	8. 984 7	7. 784 3	6. 835 1	6. 433 8	6. 072 6	5. 450 9	4. 937 1	4. 142 8	3. 561 9	3. 121 0
25	22. 023 2	19. 523 5	17. 413 1	15. 622 1	14. 093 9	12. 783 4	11. 653 6	10. 674 8	9. 822 6	9. 077 0	7. 843 1	6. 872 9	5. 464 1	6. 097 1	5. 466 9	4. 947 6	4. 147 4	3. 560 4	3. 122 0
26	22. 795 2	20. 121 0	17. 876 8	15. 982 8	14. 375 2	13. 003 2	11. 825 8	10. 810 0	9. 929 0	9. 160 9	7. 895 7	6. 906 1	6. 490 6	6. 118 2	5. 480 4	4. 956 3	4. 151 1	3. 565 6	3. 122 7
27	23. 559 6	20. 705 9	18. 327 0	16. 329 6	14. 643 0	13. 210 5	11. 986 7	10. 935 2	10. 026 6	9. 237 2	7. 942 6	6. 935 2	6. 513 5	6. 136 4	5. 491 9	4. 963 6	4. 154 2	3. 566 9	3. 123 3
28	24. 316 4	21. 281 3	18. 764 1	16. 663 1	14. 898 1	13. 406 2	12. 137 1	11. 051 1	10. 116 1	9. 306 6	7. 984 4	6. 960 7	6. 533 5	6. 152 0	5. 501 6	4. 969 7	4. 156 6	3. 567 9	3. 123 7
29	25. 065 8	21. 844 4	19. 188 5	16. 983 7	15. 141 1	13. 590 7	12. 277 7	11. 158 4	10. 198 3	9. 369 6	8. 021 8	6. 983 0	6. 550 9	6. 165 6	5. 509 8	4. 974 7	4. 158 5	3. 568 7	3. 124 0
30	25. 807 7	22. 396 5	19. 600 4	17. 292 0	15. 372 5	13. 764 8	12. 409 0	11. 257 8	10. 273 7	9. 426 9	8. 055 2	7. 002 7	6. 556 0	6. 177 2	5. 516 8	4. 978 9	4. 160 1	3. 569 3	3. 124 2
35	29. 408 6	24. 998 6	21. 487 2	18. 664 6	16. 374 2	14. 498 2	12. 947 7	11. 654 6	10. 566 8	9. 644 2	8. 175 5	7. 070 0	6. 616 6	6. 215 3	5. 538 6	4. 991 5	4. 164 4	3. 570 8	3. 124 8
40	32. 834 7	27. 355 5	23. 114 8	19. 792 8	17. 159 1	15. 046 3	13. 331 7	11. 924 6	10. 757 4	9. 779 1	8. 243 8	7. 105 0	6. 641 8	6. 233 5	5. 548 2	4. 996 6	4. 165 9	3. 571 2	3. 125 0
45	36. 094 5	29. 490 2	24. 518 7	20. 720 0	17. 774 1	15. 455 8	13. 605 5	12. 108 4	10. 881 2	9. 826 9	8. 282 5	7. 123 2	6. 654 3	6. 242 1	5. 552 3	4. 998 6	4. 166 4	3. 571 4	3. 125 0
50	39. 196 1	31. 423 6	25. 729 8	21. 482 2	18. 255 9	15. 761 9	13. 800 7	12. 233 5	10. 961 7	9. 914 8	8. 304 5	7. 132 7	6. 660 5	6. 246 3	5. 554 1	4. 999 5	4. 166 6	3. 571 4	3. 125 0
55	42. 147 2	33. 174 8	26. 774 4	22. 108 6	18. 633 5	15. 990 5	13. 939 9	12. 318 6	11. 014 0	9. 947 1	8. 317 0	7. 137 6	6. 663 6	6. 248 2	5. 554 9	4. 999 8	4. 166 6	3. 571 4	3. 125 0

参考文献

［1］财政部会计资格评价中心．财务管理［M］．北京：中国财政经济出版社，2015.

［2］杨淑君，谢振．财务管理学［M］北京：高等教育出版社，2015.

［3］孔德兰．财务管理实务［M］．北京：高等教育出版社，2008.

［4］张新民，钱爱民．财务报表分析［M］．2 版．北京：中国人民大学出版社，2011.

［5］马元兴．企业财务管理［M］．北京：高等教育出版社，2011.

［6］王娟莎．财务管理项目化实训［M］．北京：经济科学出版社，2011.

［7］陈姗姗．财务管理实务［M］．西安：西北工业大学出版社，2011.

［8］中国注册会计师协会．财务成本管理［M］．北京：中国财政经济出版社，2015.

［9］王遐昌，沈济业．财务管理学——案例与训练［M］．北京：立信会计出版社，2004.

［10］袁建国，周丽媛．财务管理［M］．大连：东北财经大学出版社，2008.

［11］田钊平．企业财务管理［M］．北京：中国人民大学出版社，2010.

［12］刘智宏．财务管理实务［M］．北京：中国物资出版社，2011.